浙江省哲学社会科学规划课题"媒介革命：西方注意力经济学派研究"（编号：07CGXW005YBG）研究成果
本书获浙江工业大学专著与研究生教材出版基金资助（编号20070102）

张雷 著

媒介革命：
西方注意力经济学派研究

Media revolution:
the research of the western attention economy school

中国社会科学出版社

图书在版编目（CIP）数据

媒介革命：西方注意力经济学派研究/张雷著．—北京：中国社会科学出版社，2009.2
ISBN 978-7-5004-7795-2

Ⅰ．媒… Ⅱ．张… Ⅲ．经济理论—研究—西方国家 Ⅳ．F019

中国版本图书馆 CIP 数据核字（2009）第 076297 号

责任编辑　郭　鹏
责任校对　韩天炜
封面设计　格子工作室
技术编辑　戴　宽

出版发行	中国社会科学出版社		
社　址	北京鼓楼西大街甲 158 号	邮　编	100720
电　话	010—84029450（邮购）		
网　址	http://www.csspw.cn		
经　销	新华书店		
印　刷	北京新魏印刷厂	装　订	广增装订厂
版　次	2009 年 2 月第 1 版	印　次	2009 年 2 月第 1 次印刷
开　本	880×1230　1/32		
印　张	12.625	插　页	2
字　数	330 千字		
定　价	35.00 元		

凡购买中国社会科学出版社图书，如有质量问题请与本社发行部联系调换
版权所有　侵权必究

前　言

"将未来最有可能持续的注意力危机作为学校课程的内容，在当前要比以往任何时候都显得重要。"

——《纽约时报》1999 年 11 月 24 日

经世济民是经济的本义，但是当我们真要把这一理念付诸行动时，有时也会遇到不可避免的阻力。阿瑟·塞尔登说："新观念总是被那些不得不面对日常生活现实的头脑僵化的人嘲笑为空想的东西"。① 注意力经济的观念在我国的传播也必定经历这样一个过程。

北京市的一位副市长曾经在一个非常重要的场合，面向观众对自己不了解注意力经济和对注意力经济的偏见表示悔意。这是他与日本环球经济研究所所长山浦远进行了 5 个小时谈话后的感悟。他说："关于注意力经济，我跟山浦远先生讨论时说到，我过去不太赞成这个表述，认为注意力经济还不能称为一种严格的经济现象，或者认为它的学术原则不够经济学化，但是我现在越来越感觉到我们的认识要调整……的的确确，我们认为，注意力是一种重要的经济现象。"② "很多商业机会就是跟注意力联系在

---

① 弗里德里希·冯·哈耶克著，姚中秋译：《货币的非国家化》，新星出版社 2007 年第二版，前言。

② 北京市副市长陆昊在 2006 亚洲时尚大会开幕式上的讲话。http://lady.tom.com.

一起……北京有最宝贵的 2008 年奥运会,所以在全球范围内讨论注意力经济,北京也是有地位的。"山浦远将新经济的表现形式定义为人才经济、创造力经济和注意力经济。

1996 年《路透社商业信息杂志》曾经以"死于信息"这样一个吓人的标题,向我们揭示了信息过载带来的严重的社会问题和心理问题。① 如何在一个信息泛滥的社会有效配置自己的注意力,成为每个人都需要关心的问题。一些有着远见卓识的学者则惊呼:我们已经进入注意力经济时代!

注意力经济观念的普及可以当作人类社会一场新的启蒙运动。西方有学者甚至认为,未来社会有没有注意力经济学素养将成为区别一个人有没有文化的一个标志。当然注意力经济学素养包括哪些内容,这些素养具体对应的社会生活效益是什么?这些问题都可以讨论。

作为一种经济现象,注意力经济之所以引人关注,是基于这样一个基本事实:农业社会最为短缺的核心资源是土地;工业社会最为短缺的核心资源是能源;信息社会最为短缺的核心资源是注意力。人类社会的每一次发展都对我们的注意力提出新的要求。现在已经到了该把注意力放在注意力自身的时候了。

注意力经济是基于注意力这种稀缺资源的生产、加工、分配、交换和消费的新型经济形态。或许有人会问:在这五个过程中注意力的表现是什么?注意力是怎样被生产出来的?既然是生产,那么其产量的限定和质量的核查标准是什么?别急,这恰恰是注意力经济学派要讨论的问题。不过有一点是非常明确的,注意力经济与传播媒介和文化产业密切有关。2006 年,"网民"当选为美国《时代》杂志的年度人物。这一特殊的群体的共同特

---

① 托马斯·达文波特、约翰·贝克著,谢波峰、王传宏、陈彬、康家伟译:《注意力管理》,中信出版社 2002 年版,第 327 页。

征就是以注意力行为代替体力行为，以眼球运动代替肢体运动。网民规模的迅速扩大和网络社会的形成，把注意力经济真真切切地摆在了我们的面前。注意力经济是网络世界一种占主导地位的经济现象。在这里传统的经济学理论失去了它的解释能力。一个新的学派——注意力经济学派应运而生。

注意力经济的思想源头最早可以追溯到诺贝尔经济学奖获得者赫伯特·西蒙的研究。早在20世纪70年代，他就提出了信息丰富导致注意力资源短缺的思想。大约过了20年的时间，"注意力经济"（the Economy of Attention）的概念才开始出现。近几年，随着网络的发展和信息的严重过剩，这一概念迅速在世界各地传播开来，目前注意力经济在西方已经成为一种社会思潮、一种学术流派、一种经济形态，其影响与日俱增。

学派的基本特征是观点的另类，因为是"派"，因此它就不只是一个人观点的另类，而是一群人观点的另类。

学派的形成有四个基本条件：公认的代表人物、公认的代表性著作、学术共同体、相对完整的概念体系。

目前在西方从事注意力经济研究的主要代表人物有：美国著名学者米切尔·高德哈伯（Michael H. Goldhaber）、奥地利维也纳科技大学教授乔治·法兰克（Georg Franck）、美国加州大学洛杉矶分校的教授理查德·莱汉姆（Richard A. Lanhaml）、美国达特茅斯大学教授达文波特（T. H. Davenport）和美国加州大学洛杉矶分校教授贝克（J. C. Beck），这些研究者都有良好的跨学科教育和研究背景。高德哈伯对注意力经济思潮的形成起了极为重要的作用，虽然注意力经济的概念并不是他最先提出，但许多热心于注意力经济研究的学者都把他尊为开山鼻祖。高德哈伯的研究成果是一系列的论文，见解独特，观点激进，给人们开辟了一个全新的视野。虽然他的思想充满智慧，但高德哈伯并没有建立严密的理论体系，尽管他早就声称要出专著，彻底颠覆传统经济学，但我们至今还没有看到他的专著出版。乔治·法兰克拥有经济学博士的头衔，他的研究对媒介和大众文化给予了特别的关注，带有明显的文化批判主义的倾向。他的注意力经济研究几乎与高德哈伯同时，而且也很有见地。只是由于他的早期研究论文是用德文发表的，加上那时网络发展还只是开始，注意力短缺的问题还没有凸显，因此并没有引起人们足够的重视。达文波特和贝克的研究主要体现在对注意力资源的管理上，他们的关注既有战略层面的，也有技术层面的。

在注意力经济学派中，有一些公认的有影响的论文和专著，其中论文有高德哈伯的《注意力的购买者》和《注意力经济——网络的自然经济》。乔治·法兰克的论文《注意力经济》在翻译成英文以后也产生了巨大的影响。如果提到权威杂志对注意力经济学派的关注，法兰克在《科学》杂志发表的论文《科学传播：一个虚荣市场》具有标志性意义。与传统的认为科学研究是出于好奇心的观点不同，在这篇论文中作者把科学的动力归结为注意力的获取和对学术荣耀的追求，整个学术传播领域遵循一种注意力经济的原则。乔治·法兰克在1998年出版的《注意力经济》，是目前可见的最早的这一领域的专著之一，但因为是德文版，该书没有很好地在世界范围传播开来。达文波特和贝克于2001年共同撰写出版的《注意力经济：理解商业新通货》一书是一本畅销书，在许多国家和地区都有译本，中国大陆的第一版翻译为《注意力管理》。此外还有莱汉姆于2006年出版的《注意力经济学：信息时代的形式与本质》。虽然他的专著出得较晚，但早在1994年莱汉姆就发表了他的《注意力经济学》一文，这是至今可以见到的最早专门探讨注意力经济问题的论文。确切地说莱汉姆是一位著名的修辞学家、一位人文学者。因为传统的经济学家只关注能够标准化生产的物质经济，他们从来就没有给文化领域提供有价值的理论。所以人文学者不得不行动起来，研究自己领域的经济问题，用于传统经济学截然不同的话语体系和思维方式思考与探索新的经济现象。

学术共同体包括学术组织、杂志和学术交流会等，当然还包括学校教育体系。注意力经济学派的学术共同体正在形成，说"正在形成"包含了两层意思：一群对注意力经济研究饱有热情的专家学者已经有了经常性的学术交流活动，并且队伍不断壮大，一些组织甚至专门把注意力经济作为自己的主要研究课题。但是也有一些研究者还在孤军奋斗，他们的思想诚然可贵，但缺少与志同道合的人的深入讨论，一些概念还没有完全取得共识。对注意力思潮产生影响的有两次重要的会议，1997年会议的重要成果体现在《未来的广告——注意力经济研究的新方法》的会议报告中，此次会议有22位专家参加，这是传播学界群体介入该领域研究和讨论的一个重要标志。2006年召开的第二次会议是与新出现的信息技术联系在一起的，这个以注意力经济为主题的会议虽然带有更多的技术色彩，强调注意力经济的操作性问题，但是会议也提出了有关注意力经济许多值得研究的问题，显示了注意力经济丰富的内涵和广泛的社会影响。这两次会议激进主义代表人物高德哈伯都参加了。他的思想确实给会议带来清新的空气。当然也有一些人对高德哈伯的激进观点提出了批评，他们中的许多人并没有真正理解高德哈伯的思想精髓，至少没有全面把握他的思想的革命性方面，他们总是以传统的经济思维方式来理解他的注意力经济观点。从这里也可以看出，传统的思维习惯和偏见是多么可怕。在美国，还有一些专门研究注意力经济的机构，如爱信哲（Accenture）战略变化研究所、注意力托拉斯等。此外，有不少出版物，包括一些有影响力的杂志如《第一个星期一》，对注意力经济的关注度也在不断上升，发表的论文数量和质量都在迅速提高。

注意力经济学派已经形成了自己最基本的概念和话语体系，

其中包括"注意力经济"、"注意力资本"、"虚荣市场"、"注意力银行"、"明星体制"、"平等关注权"、"注意力交易"、"注意力分配"、"注意力管理"、"注意力市场"、"虚假注意力"、"注意力遗产"、"主观真实",等等。这些概念和话语体系是注意力经济学派表达他们另类思想和观点的载体。比如高德哈伯认为明星体制是注意力经济的基本制度,这种制度具有普遍性,在这种体制中,存在着两个基本的阶级,明星和追星族。明星是注意力资本家,追星族为明星付出注意力,他们为明星打工。法兰克则认为注意力财富作为遗产是可以继承的,这种遗产的继承性并不像物质财富,可以从法律上给予剥夺,它具有社会的自然属性,具有不可剥夺性。如名人的后代就可以获得比常人多得多的注意力,并因此在经济上获得收益。不仅名人自己出书,名人的后代也可以借助父辈的名声出书赚钱。达文波特和贝克的思想带有明显的管理学派色彩,他们还发明了注意力测量装置,以便分析组织的注意力流向,为注意力管理提供依据。在网络世界,注意力经济学派还发现了人类慷慨的一面,人们并不像传统经济学所说的是"自私的动物",人们非常大方地把自己制作的产品供人免费欣赏,并提供各种帮助。为什么这种行为在网络社会是如此的普遍,传统经济学无法提供解释。注意力经济学派的解释是获得注意力,一种虚荣心的满足。人类社会存在着一种虚荣市场,这是人们寻求精神满足的场所。虚荣的追求在传统的社会都是被伦理价值观所否定,但法兰克认为虚荣是推动社会进步的动力,追求荣耀不仅不应该遭到谴责,而是应该得到更多的鼓励。如果提到观点的另类,高德哈伯可以说是注意力经济学派之最。他认为在一个纯粹的注意力经济社会,金钱是不必要的,养老金也是多余的。任何一个人,只要有足够的注意力,就可以获得一切自己所需的东西。当然注意力经济学派并不都是这么极端,其中持中庸观点的莱汉姆就认为,人类社会同时存在着两个世界,物质的世界和非物质的世界，在这两个世界遵循的经济法则是完全不同的，在物质世界遵循的是传统的经济学理论，而在非物质世界遵循的则是注意力经济的原则，问题在于如何弥合两者之间的鸿沟。但是这个鸿沟现在已经用"长尾理论"得到较好的解释。实际上物质经济与精神经济并不是截然分离的两个世界，与过去相比，当前社会物质的东西越来越体现其注意力的价值，虚拟货币已经冲击现实的货币，虚拟世界和现实世界，物质世界和非物质世界的鸿沟正在消退。

在注意力经济学派的学者们看来，注意就是一段体验，生命的意义在于寻找体验，这样体验经济就被纳入了这个学派研究的范畴。体验来自信息的刺激，刺激形成主观的感受，这样主观的真实在注意力经济中就有了特殊的意义。人们可以通过环境的营造来构筑主观的真实，达到体验的目的。甚至有人认为体验并不是都需要外部的刺激，梦就是一种生命体验形态，它并不需要刺激。梦境是典型的主观真实，而意向主观真实的构筑中起着极为重要的作用，意向主导着注意力的分配。强调"清晰地"做梦和主观真实的构筑更多的具有人文主义的色彩，甚至有点类似宗教。但是商业主义的思考却带来另一种截然不同的结果，最近又有人把消费者的意向和意向的表达作为商业资源来加以开发，形成了注意力经济学派的又一支派——意向经济学派。以上这些观点确实值得我们深思。

国内注意力经济的研究开始于 20 世纪末，比较有代表性的论文有《信息资源和注意力资源的关系——信息社会的一个重要问题》[1]、《注意力的经济学描述》[2] 等，也出现一些译著介绍

---

[1] 李志昌：《信息资源与注意力资源的关系——信息社会中的一个重要问题》，《中国社会科学》1998 年第 2 期。

[2] 汪丁丁：《注意力的经济学描述》，《经济研究》2000 年第 10 期。

了一些国外的相关研究，除了达文波特和贝克的专著《注意力管理》外，还有笔者编译的论文《注意力的经济观》和《媒介在注意力经济中扮演的角色》等。国内该领域的学术专著有两部即《注意力经济》[①]和《注意力经济学》[②]，后者有两章约6万字的篇幅对西方注意力经济的研究和思潮作了介绍。注意力经济概念传播到中国以后，媒介出于注意力竞争的需要进行了庸俗化的处理，演变为"眼球经济"和"美女经济"。在国内传播学界，"媒介经济的基础是注意力经济"正逐渐形成共识。最近有学者提出媒介经济的实质是"影响力经济"，还有人提出"舆论经济"，这都有一定的道理，但注意力经济是更为基本的东西。迄今国内对注意力经济还缺少深入研究，对正在崛起的西方注意力经济学派还缺少全面的了解。尽管有些研究者把注意力经济的思想源头追溯到传播政治经济学的创始人，但注意力经济并不局限于此领域，它以媒介与传播为核心，但同时又有着自己广泛的生长空间。西方注意力经济思潮涉及许多方面，但缺少系统的梳理。

笔者从1998年左右开始关注和研究注意力经济，2002年浙江大学出版社出版了我在该领域的第一本研究专著《注意力经济学》，形成了注意力经济学的基本框架。这也是我国注意力经济研究最早的系统化的学术成果之一。因为是开拓性的工作，现在看来还有不少地方需要补充和完善。其中最为遗憾的是没有对注意力经济的人性依据做更为清晰的梳理，而这种梳理在西方的学者中也没有做到位。笔者认为注意力经济的人性依据是注意力经济研究的逻辑出发点和归结点。因此在《注意力经济学》出版以后不久，我又发表了《注意力经济的人性依据》[③]一文。这

[①] 石培华：《注意力经济》，经济管理出版社2000年版。
[②] 张雷：《注意力经济学》，浙江大学出版社2002年版。
[③] 张雷：《注意力经济的人性依据》，《钱江学术》第一辑，百花洲出版社2003年版。

篇论文成为本书第一章的基础。

在注意力经济时代,一个非常重要的素质是注意力的配置能力,包括付出注意、吸引注意和逃避注意的能力。笔者研究注意力经济的最大感悟是:注意意味着爱情;注意意味着金钱;注意意味着名声,把握了注意力也就把握了生命的意义。注意力经济学包含了一种新的世界观和人生观,具有积极的社会意义。

有经济学家认为经济学自建立以来历经了七次"革命":亚当·斯密的"看不见的手"的革命、新古典学派的"边际革命"、凯恩斯主义的国家干预革命、弗里德曼的货币主义革命、市场不完全竞争的罗宾逊—张伯伦革命、理论预期革命以及目前正在兴起的博弈论和信息经济学革命。[①] 那么注意力经济学革命是不是正在到来的第八次革命?我相信它是,而且这场经济学的革命比前面的七次要猛烈得多。

[①] 贾文毓:《中国经济学家应有自己的"meme"》,《光明日报》2005年9月20日。

目　录

第一章　人性的逻辑起点 …………………………………（1）

　第一节　人的动物性——注意力经济发展的原始依据 ……（2）

　第二节　人的社会性——注意力经济发展的现实依据 ……（9）

　第三节　人的符号性——注意力经济发展的终极依据 ……（13）

　第四节　总结 ……………………………………………（20）

第二章　殊途同归 ……………………………………………（22）

　第一节　信息过载 ………………………………………（23）

　第二节　西蒙的预言 ……………………………………（29）

　第三节　多源汇成的流 …………………………………（35）

第三章　注意力"爱因斯坦" ………………………………（51）

　第一节　网络的自然经济 ………………………………（52）

　第二节　注意力竞争 ……………………………………（60）

　第三节　未来图景 ………………………………………（70）

第四章　新旧理论的较量 …………………………………（82）

　第一节　死亡边缘的经典 ………………………………（83）

　第二节　新商业主义 ……………………………………（95）

第三节　新旧经济学的根本分歧 ……………… （104）

第五章　虚荣市场 ………………………………… （111）
　　第一节　法兰克与法兰克的对话 ……………… （112）
　　第二节　媒介扮演的角色 ……………………… （121）
　　第三节　科学传播与科学家的荣耀 …………… （130）

第六章　文化人的经济学自救 …………………… （137）
　　第一节　虚拟本身是一种真实的存在 ………… （138）
　　第二节　人类的注意力游戏 …………………… （146）
　　第三节　艺术家的新定义 ……………………… （154）

第七章　通货革命 ………………………………… （164）
　　第一节　货币的新思维 ………………………… （165）
　　第二节　货币竞争 ……………………………… （176）
　　第三节　货币的非国家化 ……………………… （182）

第八章　注意力托拉斯 …………………………… （190）
　　第一节　为了一个共同的目标 ………………… （191）
　　第二节　手势的独立宣言 ……………………… （200）
　　第三节　建立注意力标准 ……………………… （211）

第九章　颠倒的买卖 ……………………………… （218）
　　第一节　意向经济 ……………………………… （219）
　　第二节　意外的丢失 …………………………… （227）
　　第三节　众说纷纭 ……………………………… （232）

目 录

第十章 意向的神秘力量 (242)
第一节 非凡的经历与非凡的思想 (243)
第二节 意向的显现方式 (251)
第三节 因果关系与意向显现 (257)
第四节 心理福利 (261)

第十一章 独特的战略管理 (269)
第一节 战略层面的注意力意识 (270)
第二节 组织注意力管理要点 (278)
第三节 环境战略与信息污染的控制 (288)

第十二章 寻找生命的意义 (296)
第一节 意义的交换 (297)
第二节 戏剧化的经济活动 (305)
第三节 探索幸福之路 (318)

第十三章 地球脑与资源开放 (327)
第一节 地球脑的生成 (328)
第二节 惊异中的期待 (336)
第三节 迎接资源开放时代的到来 (344)

第十四章 并存的社会制度 (354)
第一节 精神资本主义 (355)
第二节 新的阶级社会 (368)
第三节 网络共产主义 (373)

后记 (386)

3

第一章 人性的逻辑起点

认识自我乃是哲学探究的最高目标。
——恩斯特·卡西尔

本章重要人物介绍

恩斯特·卡西尔（Ernst Cassirer, 1874—1945年），德国犹太人。20世纪世界著名哲学家，曾任汉堡大学教授，后流亡于美国。他在西方哲学界具有不可取代的、独特的重要地位。其主要代表作《人论》把人定义为符号的动物，这成为信息时代解决人类自我认识危机的一把金钥匙，它为我们打开了一扇神秘的门，让我们看到了自身进化的一个重要方向。卡西尔在有生之年出版了大量的著作，研究涉及哲学的广泛领域，《人论》是他生前出版的最后一部著作，已经被翻译成多种文字，流传甚广，影响巨大。卡西尔认为，把人定义为"理性的动物"存在着重大的缺憾，只有用"符号的动物"来取而代之，我们才能认清人的独特之处，才能理解对人开放的新路——通向文化之路。

一切经济的归结点都是生命的经济，而生命经济的基础是注意力经济，所谓注意力经济就是注意力资源的生产、加工、分配、交换和消费的人类活动方式。在注意力经济活动中，媒介无疑处在中心地位。我们在讨论注意力经济其他问题之前，有一个问题必须首先解决，这就是隐藏在纷繁复杂的注意力经济现象背后的深层根源是什么。也就是说，我们分析一切注意力经济现象的逻辑起点从哪里找。我认为与传统经济学一样，应该从人的本性上去寻找。

第一节 人的动物性——注意力经济发展的原始依据

人到底是什么动物？有人说人是社会的动物，也有人说人是符号的动物，我在这里要告诉大家，人是"注意力经济的动物"。所谓聪明究其本意就是耳聪目明，是"千里眼、顺风耳"。聪明的人能够感知常人所无法注意到的事物。在聪明之上是智慧，人类最高的智慧是控制注意力，包括对自身注意力的控制和对他人注意力的控制。

一 动物的三种本能

从某种意义上说，动物世界的竞争乃至人类当代社会的竞争都是注意力的竞争，这种竞争基于人的三种非常重要的生存本能，即付出注意力、获取注意力和逃避注意力。

本能出自深层的需要。从人类的原始状态看，无论是付出注意力、获取注意力还是逃避注意力，都是为了满足温饱、寻求安全和繁衍生命的基本需要，这与一般的动物并没有多少差别。注意力的付出和获取是人类生命确立的基础。人类生命的本质和意义在于任何一个个体他既能够付出自己的注意力获得一段体验，又能够获取他人的注意力寻找人生的社会价值。由于任何一个个体在他的生命历程中关注的对象和持续的时间不同，也就是说在各个对象之间注意力资源配置的不同，因此每个个体对世界和生命意义的感知和体验是各不相同的。注意力的流动构成一个人生命的整个精神内涵，并在一定程度上通过特殊方式转化为物质享受。一个人生命历程的注意力动态分布和积淀是一个人生命的全部意义之所在。"控制注意力意味着控制经历，因而控制了生活质量。"（米哈林）[①]

注意力是人类社会每一个个体生存的必要条件。一个人来到这个世界上，首先要具备的就是获取他人注意力的能力。"会哭的孩子多吃奶。"对婴儿来说，"哭"是引起父母注意、表达自己欲望的一种最简单和最有效的手段。此后，在成长过程中他还必须付出注意力，通过模仿学习各种生存技能。

逃避注意力的行为对原始人类来说既是出于捕猎的需要也是出于安全和自我保护的需要。在通常情况下，动物的假死、伪装、隐藏不是为了逃避天敌，就是为了捕猎，或者是为了保护好自己的食物或后代。

二 生存竞争的核心问题

我们可以把动物世界的竞争归结为注意力这个核心问题。在动物的生存竞争中，经常遇到觅食与安全的矛盾，通常情况下，"一心一意"比"三心二意"在注意力资源配置方式上更有效率，这就成为注意力经济社会分工形成的内在动因。由于注意力资源的有限性，在动物世界，不少"弱势群体"出于生存和安全的需要，已经开始群体注意力的优化配置，进行合理的分工，如群体觅食时，常常有"警戒者"。这样，一个群体中的

[①] 转引自托马斯·达文波特、约翰·贝克曼，谢波峰、王传宏、陈彬、康家伟译：《注意力管理》，中信出版社2002年版，第5页。

某个个体注意力的付出，就可以保证整个群体的安全觅食。可见注意力经济"意识"并不是人类社会所特有，它是动物的一种本能。在人类社会，任何一个组织为了实现自己的目标，都在有意无意地把组织中每个成员的注意力分配给一定的工作对象。这种配置是否恰当，是否有效率，直接关系到组织的生存与发展。

蝙蝠的感觉器官进化为它赢得了一个新的优势空间——黑夜。虽然说自然界的生存法则是"弱肉强食"，但是，即使是"强势群体"，它们要生存下来，也需要与"弱势群体"进行注意力资源的竞争。强者与弱者之间玩的"游戏"是基于自身体能的"注意力游戏"。"强者"要猎得"弱者"，必须在发起追捕之前把自己隐蔽好。而"弱者"要避免被"强者"吞食，则必须及时发现危险的存在。在激烈的竞争条件下，特别是面临生死考验的情况下，注意力资源的配置是最有效率的。这是经济学一般原理在动物世界的表现形式。随着人类注意力资源稀缺性的增加，对注意力资源的竞争必然会日趋激烈，社会注意力资源的配置方式也会日趋经济有效。

在自然界，一些动物为了获取猎物，设计了种种"死亡陷阱"，用各种各样的"诱饵"吸引捕猎对象的注意力，消耗它的注意力资源，使对象不再拥有足够的注意力资源来保持警戒，从而为成功捕猎创造条件。人类社会的许多活动也类似，我们不仅需要自身的注意力，还需要他人的注意力，拥有了他人的注意力，我们就可以引导其思想和行为。

进化过程中的注意力经济"本能"还表现在，人类的大脑从熟悉的事物中发现异常总是比在异常中发现正常更为容易，也就是说人类的本能倾向于把注意力资源更多地配置在异常的事物上面。因为异常往往意味着危险，当然异常也常常意味着机会。对异常的关注是人的动物本能，这是为什么在注意力经济时代非常强调创新和个性的原因之一。但过多创新和个性又会带来新的问题——信息过剩。为了躲避鹰的追捕,有些鸟总是喜欢成千上万结群生活,一旦遇到攻击,所有的鸟立刻无规则快速飞行,以分散天敌的注意力,扰乱它的视觉神经。最终的结果往往是鹰无可奈何的放弃。人类社会的信息爆炸和信息无序同样产生了这种效果:物质商品过剩导致商品信息过剩和购买者注意力短缺;文化产品过剩导致文化信息过剩和消费者注意力短缺;知识经济发展导致知识信息过剩和学习者注意力短缺;网络经济发展导致工作信息过剩和劳动者注意力短缺;投资渠道增加导致投资信息过剩和投资者注意力短缺;社会变化加速导致社会信息过剩和全社会注意力短缺。注意的能力首先是排除无关信息的能力,在信息纷繁复杂的世界,排除"噪声"成为一件非常困难的事情。在过剩的社会选择成为一种高成本的行为,它需要消耗大量的注意力资源,人们不得不学会放弃。

在动物世界有没有能力吸引异性,意味着有没有资格来繁衍自己的后代。为此无论是雌性动物,还是雄性动物,它们都会以各种方式在异性面前展示自己的魅力。它们吸引注意力的方式可以通过"诱人"的气味或"动人"的外表,甚至用高超的舞姿和优美的歌喉。人类繁衍后代同样需要注意力。根据佛洛姆的解释,爱是一种注意力的高度集中。爱的付出主要是注意力的付出。那么我们就可以把相爱看做是注意力的大量、高强度、高频率的交易,这种交易如果严重失衡,就会导致注意力的破产,体验不到生命的意义。严重的会导致自杀,或者杀人。前 NBA 巨星,美国著名篮球运动员乔丹的恋人,拉拉队队员唐娜在自杀前留下的遗书是这样写的:"你太爱打球了,根本不能注意别的什么;而我太爱你了,无法容忍你爱别的任何东西。"[①] 她是以死

[①] 王越:《乔丹挥手发妻》,《钱江晚报》2007 年 1 月 8 日。

来赢得所爱的人的关注,这多少有些悲壮,但这也是注意力交易寻求公平的本性体现。可见注意力资源对一个人的价值。实际上爱的深度从注意力经济的角度看是可以测量的,这就是用注意力付出的多少来表示。

三 两种形式的经济

注意力经济既包括群体经济,也包括个体经济。注意力群体经济是指注意力作为"社会人力资源"在社会整个"经济活动"过程的各个环节、领域和对象中的有效分配,是社会的宏观经济,这里每一个个体的注意力成为他人分配的客体性资源;注意力的个体经济是指注意力作为"个体人力资源"在个人整个"心理活动"过程的各个环节、领域和对象中的有效分配。这一个层面也是我们理解的所谓的"人性"层面上的东西,是个体的微观经济,这里个人自身注意力成为自己分配的主体性资源。人工智能研究者大卫·马尔(David Marr)认为,所谓视野其实就是把外界景物减少到有用范围的一种过程。这个过程也就是自身注意力资源分配的过程。

从人类的生理特点来说,人类的进化也是遵循注意力经济的原则——使自己的注意力资源配置尽可能达到最佳的效益。注意力资源的有限从生理学角度看是因为它受到了人类身体新陈代谢速度或生物化学反应速度的限制。我们只能听到一定频率范围的声音、只能看到可见光,是因为音频和视频范围的信息与我们人类的生存密切有关。我们的痛觉也在提醒我们注意自己受到伤害的身体,强烈的疼痛迫使我们强烈地关注,这是生理学意义上的注意力经济本能。

物质经济关注的是物质世界的客观性,而注意力经济的意义表现在心理现实或者说是主观真实,也即精神价值。心理现实与注意力资源有着密切的联系。由于注意力资源有限,客观世界并不能完全转化为心理现实；同样原因——还是由于注意力资源的有限，外部世界在转化为心理现实的过程中会以一种经济和简约的形式出现，从而产生一定程度的扭曲和变形。

注意力经济的群体经济与个体经济存在着这么一种关系：个体经济是群体经济的人性依据，是群体经济的出发点和归结点，群体经济活动必须遵循个体的注意力经济需求；群体经济是个体经济实现的重要条件，个体经济通过群体经济活动提供的各种产品和服务得到更好的实现。群体的注意力经济活动在一定条件下会改变个体注意力的"经济形式"和"经济机制"，也即改变人类个体对外部世界的注意和感知方式。注意力经济活动的增加促成了人类自身的"进化"。

四 进化遵循的经济原则

人的本能的注意力经济倾向在信息社会的人类"进化"过程中得到了进一步的证实。实验表明在电视和网络时代长大的新一代，在感知外部信息对象时，比起他们的前辈，其注意力配置的效率要高得多。[①] 比如除了重要信息，对于一般信息人们只是粗粗地浏览；在逐字逐句阅读之前，人们积极通过有限的信息确定是否值得阅读；人们把更多的信息选择权交给自己信赖的朋友和专家。

从心理层次上说，注意力的配置方式可以通过环境的"训练"加以改变，新一代的这种"进化"只是这一意义上的"进化"。但人类整体对信息感知方式的变化并成为类似"本能"的东西，则是人类社会演化进程中的自然结果，它无疑是一种人类的进化，一种根据注意力经济原则产生的一种自然的进化，这原

---

① 戴维·刘易斯、达瑞恩·布里格著，江林、刘伟萍译：《新消费者理念》，机械工业出版社2002年版，第229—237页。

本是一个漫长的过程，但现在这一过程正在加快。

注意力有各种形态，我们说注意力是一种无形的、有限的、最基本的心理资源。不仅是指各种形态注意力的总量有限，也是指每一种注意力的资源总量有限。看需要注意、听需要注意、思需要注意，触觉、味觉和嗅觉也都需要注意。不同的人在不同的时间和空间条件下注意力的稀缺表现为不同的类型，或缺乏视觉的注意力、或缺乏听觉的注意力、或缺乏思考的注意力。

各种形态的注意力在一定条件下可以互相取代，如盲人常常以听觉和触觉来取代视觉，并在此基础上有效地发展和挖掘了这些感觉器官的潜力。动物感觉器官的进化是环境的产物，人类感觉器官的进化与人类自身的经济活动密切相关。

根据注意力经济学的观点，注意力的付出是为了获得价值的回报，交换是经济活动的普遍形式，那么，在动物世界有没有用注意力来交换物质的现象呢？答案是有。亚当·斯密指出，虽然"我们从未发现两犬审慎地交换骨头，也从未见过一种动物，以姿势或自然呼声，向其他动物示意说：这为我有，那为你有，我愿意以此易彼"。但是我们不能因此否认交换在动物中的进行。事实上，"当一个动物想得到人或其他动物的东西时，它没有其他的说服方法，只能讨那些提供给它所需要的服务的人和动物的喜欢，人有时也向他的同胞使用同样的手段"。[①] 这种交易方式从本质上说是情感传播。属于注意力参与并作为重要价值的交换活动。有时动物通过臣服的姿势和表达，还可以从强者身上得到一些物质上的好处。这种表达实际上树立了强者的形象，构筑了其王者的地位，具有原始的注意力资本化意义。这种形象资本一直延续到今天，并在注意力经济时代发挥着重要的作用

---

① 亚当·斯密著，郭大力译：《国民财富的性质和原因研究》（上卷），商务印书馆1996年版，第13页。

（见图 1-1）。

图 1-1 动物生存竞争的三种本能

注：动物的感觉器官进化遵循注意力经济的原则；动物的竞争是基于本能的注意力竞争。

第二节 人的社会性——注意力经济发展的现实依据

从人的动物性角度看，付出注意力比获取注意力占有更为重要的地位。获取注意的需要虽然在动物世界也可以找到，但更多的是人的社会性需要的产物。人类的精神生活的满足，常常需要社会和他人的关注。如果说人是社会关系的总和，那么这种关系的建立和维系显然离不开注意力的"交易"。

一 表现性的社会角色

每一个人都要在社会中扮演各种各样的角色，角色的扮演只有在获得他人注意的情况下才有意义。社会互动都是在注意力的交换中实现的。就马斯洛的人的需要层次理论来说，从生理需要、安全需要、社交需要、尊重需要到自我实现需要，每一个层次需要的满足都是离不开注意力付出、获取和回避的。所谓"尊重"，它的另一种说法就是"重视"，获得"尊重"也就是获得更多的关注。在动物世界，"尊重"意味着权力和机会。早期的人类社会就已经懂得如何用"引人注目"的饰品来赢得尊重。马斯洛把自我实现——如何最大限度地实现自我的生命价值，看做是人类最高层次的需要。毫无异议，这种需要的满足与一个人注意力的历史配置和现实投入密切相关。

我们这个社会注意力资源的稀缺不仅涉及自身注意力的稀缺，也涉及他人注意力的稀缺，这是一个问题的两个方面。如果我们完全是一个社会的"旁观者"，就不会涉及他人注意力的稀缺。但我们每个人都是社会的"参与者"，我们需要他人对自己的关注。

注意是人与自然、人与社会建立联系的基础。经济活动离不开人的行为。根据《辞海》的解释，"行为"是"生物以其外部和内部活动为中介与周围环境的相互作用"。注意是一种个人行为，也是一种社会行为。注意力经济的发展导致人类行为主流模式的变化。人的行为模式可以分为外部模式和内部模式。外部模式主要表现为以体力为基础的行为方式。内部模式则是以注意力为基础的行为方式。虽然这两者之间存在着一定程度上的区别，但它们之间相互渗透也是显而易见的。值得注意的是人们往往忽视了"注意"是一种"独立"的行为。"注意"这种行为不仅对注意力付出的一方产生影响，也会对注意的对象产生影响。这种影响不仅存在于人与人之间，也存在于人与动物、动物与动物之间。"注意"并不完全属于心理活动的"内部行为"范畴，因为注意有许多外在的表现，如举目、侧耳、抚摸等适应性动作，注意的同时常常会停下无关的活动，生理也会发生一系列变化，如心跳、呼吸。在观察一个对象时，如果记录下注意的运动轨迹和路径，我们还可以发现注意这种行为还有"行迹"或"行径"。注意不仅是"内部行为"的另一个依据是，它可以直接产生社会互动，如对他人投以"爱的目光"和"仇视的目光"会带来完全不同的结果。"洗耳恭听"与"心不在焉"也会给对方的心理和行为产生不同的影响。在农业和工业社会,"注意"作为人类的行为并没有充分凸显出来。但在信息社会和注意力经济高度发达的时代,这种行为模式的重要性不断上升,并在许多领域逐渐取代了体能行为,成为人类社会行为的主流模式。在互联网世界,"点击"是一种行为,但这种行为只是"注意"这一行为的"辅助动作"。

人的社会性的增加使得人类更多地把自己的注意力投到人类自身,人与人之间直接的互相关注开始增加。这就是说人类的需求层次已经更多地从原始的对生理和安全的需要,转移到社交的需要和尊重的需要层次上来。

二 注意力资本化

媒介是注意力资本的运作者,注意力资本是一种社会资本,它在社会中得以表现。作为社会的人,人们不仅在人与人之间的注意力交换中直接得到精神的满足,而且开始了注意力的资本化历程。注意力的资本化有两种基本的形态:一种是自身注意力的资本化;另一种是社会注意力的资本化。自身注意力的资本化是指自身知识和经验的增加,这是传统经济学意义上的人力资本的增殖。教育作为注意力资本化的重要形式,在人类进入文明社会初期就开始出现,不过在我国,注意力资本化作为一种普遍的社会现象还是在科举制度建立以后。"科举"使经济地位与政治地位紧密联系在一起,读书成为注意力资本化过程最为有效的投资形式。

社会注意力的资本化与一个人的身份和名声有关,这种资本主要来自社会对一个人的关注和信任程度。媒介具有强大的社会注意力分配功能,对名声的建立和消费具有重要的作用。在注意力经济活动中,人类的消费活动大量地表现为身份的消费,这种消费如果不能引起他人的注意就没有任何意义,也没有任何价值。身份的表现形态我们可以称为形象。研究表明，个人的形象与个人的经济收入有着很强的正相关。可见人的审美特性成为个人的人力资本以外的另一种资本，即形象资本。[①] 良好的个人形象可以带来良性的社会互动，因而也就有更多成功的机会。形象影响一个人的社会生存状态。

正是因为形象是一种资本，人们特别是女性就愿意在形象的消费上进行大量的投入，因为这种消费同时又是一种投资，它能带来一系列回报。媒介一直在引导这种消费。

在注意力经济社会，一个人的社会经济地位与其名声有着更为直接的联系。名利之间的互相转换更加制度化，名利市场更为发达。名人体制从演艺界、体育界开始不断延伸，成为各行各业争相模仿的体制。不论是歌星、影星、球星还是媒体的名主持人、学校的名教授、医院的名医、法律界的名律师等都成为重要的经济资源。明星和名人的价值在于注意力的吸引。拥有同样的能力，如果名声不同，人才的价值可以大不相同。名声不仅可以获得直接的精神满足，还可以带来一系列经济利益。名利的高度结合促使更多的人去追求名声。

三 有待清晰的权利

与获得注意力和付出注意力的本能类似，逃避注意力的需要也根植于人类的动物性中。这种需要并没有因为人的社会性的增加而消失或减退，相反，它的内涵和表现变得更加的丰富。由于现代社会变得越来越拥挤，个人的空间变得越来越狭小，信息技术的发展使个人逃避社会注意力越来越为困难，个人隐私屡屡被侵犯。人们需要一个自由的空间，需要有一种安全感。

---

① 王宁：《消费与认同——对消费社会学的一个分析框架的探索》，《社会学研究》2001 第 1 期，第 11 页。

与注意力密切有关的人的三种基本需要,衍生出每个公民的三种基本权利:

1. 付出注意力的权利——公民在多大程度上及何种意义上具有根据自己的意愿关注或不关注某一对象的自由。

2. 获取注意力的权利——公民在多大程度上及何种意义上具有根据自己的意愿获取政府和社会关注的自由。

3. 逃避注意力的权利——公民在多大程度上及何种意义上具有根据自己的意愿避免被社会和他人注意的自由。

以上这三种权利常常发生矛盾,它们的关系如何处理,是注意力经济发展过程中不可回避的问题。

第三节 人的符号性——注意力经济发展的终极依据

人的动物性和人的社会性对注意力经济的解释既是历史的也是现实的,但人性对注意力的解释不限于此。我们还需要从人的符号性角度对注意力经济的发展作进一步做出解释。这种解释既是现实的,也是超现实的。

一 人何以成为符号的动物

在信息社会,人的活动领域和活动方式都发生了一系列重大的变化。人到底是什么,我们需要重新认识。德国哲学家恩斯特·卡西尔(Ernst Cassirer)把人定义为"符号的动物"。[1] 这一定义凸显了人的最为本质的时代特征,对我们理解当前的注意力经济具有极其重要的意义。

符号和信号是有区别的,信号是物理世界存在的一个部分,

---

[1] 恩斯特·卡西尔:《人论》,上海译文出版社1985年版,第34页。

符号则是人类的意义世界存在的一个部分。卡西尔认为，符号化的思维和符号化的行为是人类生活中最富有代表性的特征，人类文化的全部发展都依赖于这些条件。符号系统应该成为我们追溯根源的东西，它是一个具有广泛适用性的普遍原理。布鲁墨（Blumer）在他的著作《符号交往主义》中也指出，人类所组成的社会，其最显著的人文特征就是符号交往即意义的建立，所以人类社会应当理解为是由符号交往所形成的社会。①

值得注意的是，在动物群体中，有时被交换的实体完全丧失了意义。交易变成了一种礼仪。例如，求偶喂食是一种交换形式，广泛存在于求偶的鸟类，但通常并不发生真正的食物传递（Immelmann and Beer，1992：63）。② 可见人类社会广泛存在的符号交易的经济行为根植于动物性中。

传统经济学假设人是理性的。这种假设来自于一种广为流传的对人的定义——"人是理性的动物"。实际上这一定义非常片面，因为"理性"只是人性的一个方面，人性中更为深层的东西是"情感"。注意力经济活动中包含着大量的感性活动，这是它与工业经济最大的不同之一。如果说人已经进化为"符号的动物"，那么注意力经济的发展使人的符号化更彻底。通过符号生产人类为自己构筑了丰富多彩的理性和情感世界；通过符号的消费人类经历和体验了这种色彩斑斓的人生。

二 符号的注意力经济意义

"符号"的注意力经济意义表现在三个方面：

---

① 汪丁丁：《观念创新与符号交往的经济学》，《社会学研究》2001年第1期，第28页。

② 转引自哈伊姆·奥菲克著，张敦敏译：《第二天性——人类进化的经济起源》，中国社会科学出版社2004年版，第19页。

第一章 人性的逻辑起点

1. 符号的创造和意义的建立都是基于注意力资源的分配

历史发展到今天,人类注意的对象已经从自然的"物质世界"大量地转移到人工的"符号世界",人类的消费大量地从满足生理需要的物质消费转移到满足精神需要的符号消费。人类对世界的认识在不断加深,人类的视野也在不断拓宽,人类的创造物正在日益丰富。这意味着我们注意力资源的配置需要在一个更大的空间里进行安排。随着人类认识在广度和深度上的不断延伸,人们需要不断地进行符号的创新以传达新的体验、新的认识和新的观念。

2. 符号的演变过程遵循注意力经济的原则

从经济学角度看,人类的符号交往过程也必然伴随着简约过程,这种现象随处可见,汉字简化的过程,就是符号的经济过程。越是使用频繁的符号,越趋向于简约。网络环境是注意力经济最为活跃的场所。网络世界是一个信息的海洋,基于注意力资源的严重短缺,网络信息大量采取"经济性"语言。这里所说的经济性指的是简洁明了,最吸引读者注意力的形式。人的本能总是倾向于用最少的精力来获取最多的信息和知识,节约读者注意力和精力的信息总是受欢迎。网络语言过程的经济性还表现在它尽可能地采取最节约讲述者时间的形式,这在网络虚拟社区表现得尤为突出,网民们自觉不自觉地根据经济的原则对传统的文字语言符号进行了改造。

3. 符号的生产和消费可以最大限度地满足人类对生存意义的追求

没有一个符号的意义是固定不变的,人类早期的语言是身体和口头语言,后来发展出文字语言。现在,商业社会又发展和创造出一种新的"语言"——符号化的消费品。商业活动把新的体验不断的商品化,他们不断创造新的概念,传播新的体验。我们前面已经分析了人的三种本能——付出注意力、获取注意力和逃避注意力。这三种本能在人类还没有高度"进化"之前，甚至在工业社会时期还只是被认为是实现需要的手段，但在信息社会，在人们越来越追求精神满足的时代，它们已经不只是手段，它们本身已经表现为直接的需要。人们通过这三种需要的满足，来表现和体验生命的价值和意义。所以经济的发展总是表现在人类这三种基本需要的满足和基本能力的增加。我们的产品不是为了延伸自己的注意力，就是为了获取更多的注意力，或者是为了逃避注意力。

三 三种人性的关系结构

那么人的动物性、社会性和符号性是一种什么样的关系呢？

动物性是人格的核心，社会性是人格的中间层，而符号性则处在表面层。其结构如图1-2所示：

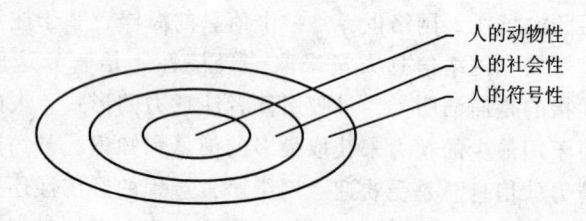

图1-2 人格的三环结构

注：在人格的三个层次中，在农业社会，人更多地表现为动物性；在工业社会人更多地表现为社会性，而在信息社会，人更多的表现为符号性。

需要指出的是，人性的这三个层面并不是互相孤立的，它们相互依存、相互作用、相互渗透，在此基础上不断演化，形成新的复合型人格（见图1-3）。

四 挑战生命的极限

一个人的一天总共只有24个小时，这是一个时间上的极限，

第一章 人性的逻辑起点

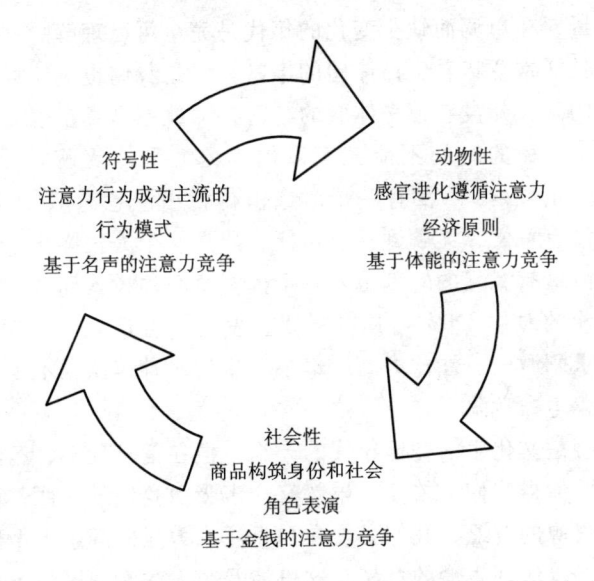

符号性
注意力行为成为主流的
行为模式
基于名声的注意力竞争

动物性
感官进化遵循注意力
经济原则
基于体能的注意力竞争

社会性
商品构筑身份和社会
角色表演
基于金钱的注意力竞争

图 1-3 人性的循环、渗透和演进

这种极限从根本上制约了一个人可提供的注意力资源总量。但时间的极限并不等同于注意力的极限，注意力的极限也并不等同于注意的极限，因为注意力是可以替代的，现在的智能媒介如谷歌，从某种意义上说就是人类感觉器官的延伸。既然注意力的流动构成生命的体验和生命的意义，人类就会通过各种可能的途径去丰富生命的体验，寻找生命的意义。这是注意力经济发展的根本动力，或者说是终极的动力。

自古以来人类一直试图通过各种方法和途径来延伸自身的生命。生命的延伸包含着两层意义：一层是生命时间的延长。这是历来为多数人接受的观点，是医学上解决的问题。它被认为是生命的绝对延伸。另一层是体验的丰富。这是需要建立的观点，是经济学要解决的问题。它与注意力的流动和注意力的配置有关，我们可以称之为生命的相对延伸。把时间的延长作为生命延伸的

17

唯一考量，在单调而缺少变化的年代是完全可以理解的，因为寿命的延长通常意味着生命体验的丰富。但是我们也应注意到，如果生命的延长并没有带来体验的丰富，那就不是真正意义上的生命延伸。生命的时间不能充实以内容，就是"无聊"。"无聊"的经济学定义是："没有一个对象值得付出注意力。"无聊意味着生命没有意义，无聊到极点可能会导致一个人去终止自己的生命。生命最有意义的时刻也是一个人全身心地投入到某一活动或某项事业的时候。"人类具有寻找、发现、创造它们的倾向。"[①]人们追求刺激——注意力高度集中产生的一种体验，不少人甚至为此去冒生命危险。

无聊是文化生活贫乏年代的产物，但在信息社会，已经有太多的东西值得我们去关注。虽然有众多吸引我们的东西，但由于注意力资源的贫乏，我们必须在自身注意力投向问题上做出最佳的安排，以体现生命的意义。这里涉及个人注意力资源效用的最大化问题。人类在注意力经济的发展过程中逐渐懂得了用"节约注意力"的形式来"节约生命"。游戏型学习软件的盛行是一个典型的例证。这种类型的产品比纯粹的学习软件或纯粹的游戏软件更具有注意力经济价值，也更符合人性。它可以让个人注意力的消费需求和注意力的投资需求同时得到满足，实现了注意力资源效用的最大化。但是也有人认为游戏会分散学习的注意力，其学习效率对于一些人来说是不高的，反而是要么好好学习，要么好好游戏来得好。这是因为没有一个把游戏与学习完美结合的产品。

人具有创造"理想世界"的能力，人的本质就是无限的创造活动。这是恩斯特·卡西尔对人的基本观点。人对自身的超越

[①] 托马斯·达文波特、约翰·贝克著，谢波峰、王传宏、陈彬、康家伟译：《注意力管理》，中信出版社2002年版，第35页。

第一章　人性的逻辑起点

包括对自身体能的超越和对自身精神的超越。但较之体能的超越，精神的超越具有更为重要的意义。实际上，许多体能超越首先来自于精神的超越——对世界认识的深化。人类有一种不断超越自我的内动力，这种动力来自于人们对生命意义的追求，从经济学的角度看，就是以最小的投入来获取最大的生命价值。

生命的价值可以从注意力的付出和回报来体现。一方面人们希望以最低的投入来获得最丰富、最愉快的体验；另一方面，人们还希望以最小的投入获取更多的关注和肯定。前者与自身的注意力有关，而后者不仅与自身的注意力有关，还与他人和社会的注意力有关。

注意力经济是一种现实的经济，通过它的活动为人们构筑了精神生活空间。那么什么是现实呢？现实就是对人产生效果和影响。物理现实性并不决定心理的现实性程度。心理的现实性就是"产生效果"。注意力经济活动中创造和生产的大量产品，不管是真实的还是虚拟的，对我们来说都是现实的，因为它对人们的生活产生影响。在注意力经济时代，"虚拟"不再只是对真实的虚拟，虚拟本身已经成为新的"真实"形态而普遍存在于这个社会。我们这个社会已经由原始的"第一度真实"——自然的世界走向高度人造的"第二真实"——符号的世界。注意力经济活动注重的是事物的外观。外观和实在有所不同，但由于经验和习惯我们常常把它感知为一个实实在在的真实，人们往往忽视媒体的真实和实在的真实的差别，而注意力的形成和心理的体验产生只需要刺激我们的感官。信息技术的进步成功地把刺激模式从实在的物质性中分离出来，并不断加以完善。通过信息技术，人类可以把"第一真实"转换为"第二真实"，让人感受常态下无法经历的体验。借助于信息技术人类还可以"加快"事物变化的进程（如电影的"快镜头"）以达到节约生命的目的。信息构筑的世界完全可以是一个想象的空间，从这里人类开始"进入"神话般的世界。

人类在超越自我的过程不断向自己证实，这是科学所做的一切；但同时人类也在不断给自己制造感觉甚至错觉，这是艺术和现代商业所做的一切。每一种新的体验都是一次新的自我超越。人类在不断寻找新的体验，即使是虚幻的感觉也在所不惜。魔术、小说、电影、电视剧都是一些虚构的东西，但人们不仅心甘情愿被骗，而且乐此不疲。媒体在人类的自我超越过程中发挥着极为重要的作用，但现代媒体是建立在错觉基础之上的。自觉地制造错觉，是人类进行自我超越的一种常见方法。身份决定了人的生活方式，人们可以通过改变自己的身份来改变生活方式和生命的意义。但在现实社会，有些身份改变的成本非常高，有些身份根本无法改变。网络世界的情况大不相同，在这里人的身份只是一种符号，每个人都可以随心所欲，扮演各种各样的角色，充分感受生活的丰富内涵。注意力经济的发展大大拓展了人们的生活空间，注意力之所及就是生命之所及。生命的意义在付出注意力、获取注意力和逃避注意力的过程中得到充分的体现。

第四节　总结

通过上述分析，我们知道注意力经济根植于人性的基础，这里更值得我们注意的是人性中注意力欲望的演化所带来的社会形态变革。通过注意力经济的窗口，我们窥见了信息社会本质。这种本质特点通过与工业社会和农业社会的比较得以清晰的显现（见表1-1）。

第一章 人性的逻辑起点

表 1-1　　三种社会的经济形态与人性表现特征比较

社会形态	核心资源	交易方式	生活空间	人类主体	欲望中心	经济形态	人性表现
农业社会	土地	物—物	农村	村民	解决温饱	产品经济	动物性
工业社会	能源	金钱—商品	城市	市民	物质享受	市场经济	社会性
信息社会	注意力	注意力—信息	网络	网民	生命意义	注意力经济	符号性

问题：

1. 为什么说如何合理分配自身有限的注意力资源已经成为一种重要的能力？

2. 信息社会中人的符号化演进对人的社会性和动物性有何影响？

3. 你是否感觉到人类在信息环境中的进化，人类对信息的感知方式发生了什么变化？

4. 获取他人注意力对人类社会的生存竞争有何现实意义？

第二章 殊途同归

信息的丰富导致注意力的贫乏，因此需要在过量的可供消费的信息资源中有效分配注意力。

——赫伯特·西蒙

本章重要人物介绍

赫伯特·西蒙（Herbert Simon，1916—2001年）诺贝尔经济学奖获得者，美国著名的博学家。他最早提出注意力资源短缺问题，被认为是注意力经济学的先驱。瑞典皇家科学院的官方诺贝尔奖颁奖词赞扬他说："赫伯特·西蒙的科学贡献远远超过了他担任教授之职的学科：政治科学、行政学、心理学和信息科学。作为引领者，他的科学理论成果被广泛应用到数学、统计学、经济学和商业以及公共行政等诸多领域……"

一个学派的生成往往有着一定的社会背景，思想可以超越现实，但它的最初源头都离不开现实给予人们的启发。"你知道得越多，你就越不开心"，"像节制午餐一样节制信息，你才能获得身心的健康与解放"，"死于知情，或生于不知情，其实就这么简单"，[1] 这些语言出现在一家前卫的杂志上并不稀奇。因为

---

[1] 《新周刊》2007年9月15日。

第二章 殊途同归

我们已经进入一个信息泛滥的社会。

第一节 信息过载

根据注意力经济学者莱汉姆的观点——信息是对材料的加工；知识是对信息的加工；智慧是对知识的加工。但是因为注意力资源的不足，我们得到信息，并没转化成知识；得到知识，也没转化成智慧。全人类都患上了严重的信息反应不良与信息焦虑症。

一　惊人的数据

有时我觉得／我的精神就要崩溃

有时我感到／我的心绪正在失去控制

有时我希望／我有一副铁石般的心肠

不再感受

无法感受

信息过载、信息过载……

人们说美好的未来……它就在芯片中珍藏

可谁又知道／我们正在搭乘一条下沉着的船／去远航

仅有10%的控制权

仅剩10%的决定权

信息过载、信息过载、信息过载……

我不要这样生活／夏日的心焦／医治你的良药何处寻找

摇动这蓝色的忧愁／我还要为你付出多少

我的忧郁是如此的深蓝／它已经在黑色中躲藏

我的忧郁是如此的深蓝／它时时还会再来拜访

信息过载、信息过载、信息过载、信息过载……

在茫茫的网络信息海洋冲浪，我无意中看见这首英文小诗，我不知道作者是谁，但我在这里看到了大海里一个脆弱的生命在无望地挣扎。我的心灵被震撼了！

信息过剩最初发生在 20 世纪 80—90 年代，这个时期信息增长的速度确实非常惊人，经济学家爱里·奴姆（Eli Noam）提供的数据能很好地说明这一问题：

● 科学知识以每年 4%—8% 的速度增长，每 10—15 年就增加一倍。

● 在美国工作的科学家和工程师从 1950 年的 55.7 万人发展到 1986 年的 440 万人。增加了近 700%。

● 1907--1938 年《化学文摘》出版 100 万条文摘花了 32 年时间。出版第 2 个 100 万条文摘花了 18 年，第 3 个 100 万花了 8 年，第 4 个 100 万花了 4 年多 8 个月，而第 5 个 100 万只花了 3 年 4 个月。

● 平常《纽约时报》一天所编辑的信息要比 17 世纪一个英国人一生接触的信息还要多。

● 1980—1990 年世界上生产的图书总量上升了 45%，仅仅在美国，每年出版的图书就达 4 万种。

● 自称是世界上最大图书商店的网络公司——亚马逊公司，声称可提供 150 万册随时可得的纸质图书书名（另外 100 万册是非纸质的）

● 美国每年邮寄的各种商品目录册有 130 亿多件。

● 每分钟有一个网站出现。

● 不仅我们信息生产能力迅速增加，而且我们信息的传播和扩散能力也迅速增强。世界上现在有电视机 12 亿台，6.91 亿部电话，2 亿台个人计算机。在美国，99% 的家庭有电视，94% 的家庭有电话，62% 的家庭有有线电视，大约 40% 的家庭拥有上网的计算机。1996 年，美国有 4000 万手机用户。①

人类已经演化为信息海洋的动物。面对海量的信息,难怪有人说:"抱歉,我不想知道。"信息过剩时代的"不知情权"被提到了公众议题。

二　没完没了的变化

信息来自变化,快速多变是现代社会的一个重要特征,这个社会唯一不变的就是"变"。一位美术工作者设计了100个形态各异的"变"字,称为"百变图"。这是对当今时代的真实写照。

我们追求变化说明以前不完美,人们希望更好。但是当我们还在为变化带来的日新月异欢欣鼓舞的时候,社会和信息专家已经向我们提出警告:变化本身已经成为一个严重的社会问题。

赫里芬(F. Heylighen)指出,科学、技术、文化和社会领域的革新和变化是如此的惊人,可以说没有人能跟得上这种步伐。人们需要不断地进修学习,以使自己的技能可以适应不断变化的环境。西方国家失业和贫富分化问题的加剧,主要原因就是许多人不能适应不断学习的需要。随着传统的工农业工作岗位的消减,人们需要不断适应信息社会对人才的苛刻要求,如果缺少必要的教育背景,就很难对正在发生的变化做出合理、有效的反应,即使是智力出众的群体,如研究人员、教育工作者、经理阶层和技术专家,他们也会常常感受到来自自己熟悉领域的变化所带来的巨大压力。

显然,太多的变化会导致个人和组织的紧张。1970年未来

---

① *The Future of Advertising*: *New Approaches to the Attention Economy*, by Richard P. Adler, Charles M. Firestone, 1997, pp. 1 – 2.

学家阿尔温·托夫勒对变化的加速以及因此带来的对心理的影响有详细的研究和论述。他指出这种变化会导致一系列身体和精神上的不适和失调，他把这种现象称为"未来冲击综合征"，就像战争和天灾会导致人的精神崩溃一样，处在快速多变的现代社会，同样也会导致人的无助和绝望。

研究人员发现在变化和身体疾病之间确实存在着强的正相关性。"生活变化指数"（Life Change Scale）是一种用来测量一个人在一定时期经历的变化程度的心理检测方法。测定"生活变化"的调查问卷要求被调查者在下列选项中标出近来有哪些重要的变化：搬迁新居、更换工作、结婚、离婚、孩子出生、家庭成员死亡、旅行、晋升等等。一个人的总得分是经历各种变化加权的总和。这个指数表示，一个人如果处在高度变化的等级，意味着很可能导致疾病。更为惊人的是，研究结果表明，疾病与所有的变化有关，无论变化是积极的（如结婚、晋升）还是消极的（如离婚、失业）。

变化对身体的影响显然是通过对精神状态的影响实现的。与变化有关的情绪反应首先是觉醒：当新颖的事物引起好奇、兴奋和惊奇时，就可能导致积极的情感；如果是缺乏理解、困惑、紧张或恐惧，就会产生消极情绪。然而，这样的觉醒持续的时间越长，兴趣就越可能逐步消退并产生疲劳。如果一个人不能对新奇和刺激做出适当的反应，他就会在精神上失去控制而遭受不幸。

赫里芬进一步指出，动物面对压力状态有三种基本的反应类型：一是"搏斗"，二是"逃避"，三是"惊恐"。我们人类的负面情绪反应也是如此。"搏斗"反应与"愤怒"、"进攻"有关；"逃避"与"害怕"、"焦虑"有关；"惊恐"是动物面对无法控制的危险所表现出的一种"假死"状态，人类与之相应的情绪反应是"麻木"、"绝望"和"消沉"，这些都是无助的表

第二章 殊途同归

现。"进攻"是一种短期的反应，它不可能长期持续，但"焦虑"可能长期出现。

担心和害怕的对象一般是明确具体的，但焦虑指向的对象是不明确的、抽象的，人们总是担心说不清的坏事情可能发生，这很可能是人们对持续经历的不可预测和不可控制的变化的一种心理反应。冷漠和消沉是长期不能控制、改变和适应环境压力的结果。

不仅是个人，整个社会也会受到这个多变时代的负面影响。动物的三种基本反应模式在现行的社会行为模式中清晰可见。进攻性的基本反应表现为破坏艺术的行为、流氓行为以及不断出现的枪击无辜者的事件，等等。无助和绝望表现为消沉综合征，吸毒上瘾就是这种症状的表现形式之一。

现代社会最为普通的病症很可能就是焦虑导致的神经衰弱，治疗这种病症的药物使用量的大量增加就是一个证明。焦虑的症状有失眠、忧虑、易怒、紧张不安、消化系统紊乱等。焦虑也会产生莫名其妙的恐慌和恐惧，并产生不恰当的反应。例如1991年海湾战争引起恐慌的本来应该是伊拉克和科威特的临近国家，然而，在整个世界尤其是美国，民航业却连续数月不景气，无论到何处旅行，人们都感到害怕和担心。比利时虽然远离海湾，人们却开始囤积食品，如糖、咖啡和面粉。很明显，当前这些潜在的担忧和焦虑常常会爆发，并因媒体对坏消息的偏好而放大、强化。

从社会经济层面上看，忧虑表现为日益增加的不安全感。人们越来越担心受到攻击，这种担心的加剧远远超过实际的犯罪率增加速度。即使在经济状况良好的时候，政府也在感叹缺少"感觉良好的因素"。不确定性使人们热衷于为未来存钱，而不是用于现在的投资，而促进销售的"消费信心"又总是那么难以捉摸，这里的主要原因是持续的失业威胁，在西方国家虽然家庭的平均收入比 20 年前要高得多，但劳动力市场动荡使得人们对自己未来的收入无法把握。忧虑还表现在公众对各种权威机构和权威人士不信任程度的增加，不管它们是政府、警察、医疗机构还是教会。这种不信任被媒体对腐败、权力滥用和专业人员不正当的行为的广泛报道所强化。但是，更多的报道并不意味着更多的案例发生，媒体之所以这么做是因为注意力竞争的需要。

产生不确定和不安全感的另一个根本原因是现行的信仰系统遭受侵蚀和破坏：宗教，如天主教和印度教的教义；意识形态，如 18 世纪的启蒙哲学。这些信仰给人提供了世界观，提供了伦理和价值体系。据此，人们对未来有了积极的态度，知道自己应该如何生活，如何使自己的生活变得有意义。科学、文化和社会的急速发展，使得许多传统的信念变得无效。结果，传统的权威不断地失去，而社会的多变又使新的信仰系统难以建立，许多人因此迷失了方向、丧失了信心。社会学研究表明，不安全感和不信任感在缺少宗教和意识形态信仰的人中表现得最为突出。传统世界观的崩溃，导致了"后现代主义"思潮的出现。

随着变化的不断加快，为了赶上时代的步伐，人们对信息的需求也会不断增加，这势必带来心理、生理和社会的问题。一项世界范围的调查研究发现，有三分之二的管理者感受到了不断增加的压力，三分之一的管理者因信息过载而患上疾病。心理学家大卫·赖维斯建议用"信息疲劳综合征"来描述这种症状，这种症状的表现包括焦虑、不善决策、记忆和回忆困难、注意范围变窄。"信息疲劳综合征"的出现只会进一步增加因适应变化而产生的压力。

技术的进步使信息复制、生产、分配变得非常容易，这也导致大量的信息垃圾，辛可（Shenk）把这些数量巨大的低质量信息称为"数据烟雾"，它好比大量使用化肥造成的对河流和海洋的污染，或摄入太多的热量（营养）对身体的伤害。

多变社会的这个潜在机制可以称为"矫枉过正":因为前进和发展都有一定的惯性,即使在需求满足以后社会还会有一个继续向前运动的惯性。尽管过去信息常常稀缺,占有更多的信息是好事情,但现在看来它已经到了饱和的顶点,我们需要限制对它的使用。

当今社会面临的最大问题不是发展太慢而是太快,我们的精神、生理乃至社会结构都难以适应这种惊人的变化速度和如此大量的信息。不幸的是,变化、复杂和信息过载这些抽象的现象很难让人领会,困惑导致焦虑情绪的产生。在西方国家,人们在解释他们含糊不清的不满时,希望能够找到更为明显、直接和具体的原因,如失业、污染、犯罪、腐败或移民带来的问题。这些现象之所以更为常见,是因为它们吸引媒体的注意力,因而担当了替罪羊的角色。人们抱怨生活质量低劣,而实际上生活质量与这些相关甚少。媒体在这方面的大量报道又给整个社会增加了阴影,使人们倍感精神压抑。[①]

赫里芬的上述分析无疑是正确的,也富有启发意义,但问题是面对这么一个状况,我们该怎么办?

第二节 西蒙的预言

新的时代呼唤新的智慧。变化和信息泛滥,带来了人们对注意力资源的思考,伟大的科学家之所以伟大,就在于他的预见能力,当人们还完全处在不知不觉状态的时候,他已经洞察到事情的本质。这里我们不能不提到一位超重量级人物——诺贝尔经济学奖获得者赫伯特·西蒙。

[①] *Change and Information Overload: negative effects*, by F. Heylighen, Feb 19, 1999. http://pespmcl.vub.ac.be/chinneg.html.

一　新的短缺产生新的经济

早在 1971 年，西蒙就指出："……在一个信息丰富的世界，信息的丰富意味着其他东西的缺乏——信息消费的不足。显然，信息消费的对象是其接收者的注意力。信息的丰富导致注意力的贫乏，因此需要在过量的可供消费的信息资源中有效分配注意力。"诺贝尔奖的获得给西蒙带来强大的关注效应，在西方绝大多数研究注意力经济的学者都认定最先预见到注意力资源短缺问题的就是西蒙本人。新的短缺产生新的经济，西蒙的预言预示着一个新的时代的到来。

西蒙的正规教育是政治与行政学，然而他却在经济学领域获得诺贝尔奖，对此他自己也感到吃惊。因为他的研究涉及复杂信息处理、认知科学和计算机科学（在这一领域他获得"图灵奖"），因此对注意力资源抱有强烈的敏感性也是在情理之中。西蒙取得成功是自身注意力配置优化的结果。他不仅具备开阔的视野和广博的知识，而且有着自己的特殊偏好，这导致其注意力的长期偏置。在一个专门化的社会，资源的偏置往往会产生效率，但西蒙却涉及如此广泛的领域并取得如此大的成就，许多人都感到疑惑不解。对此西蒙曾经向学生解释说："我是一个偏执狂，我对决策情有独钟。"

一个人的成功与一个人的意向或者说方向感有很大的关系，稳定的意向决定未来的注意力配置。1933 年，西蒙准备进入芝加哥大学时就有了大致的发展方向，即社会科学。他认为社会科学要像"硬"科学一样取得辉煌的成就，就必须建立在严谨精确的基础之上。他要为自己成为严谨的社会科学家打好基础。通过正规的教育和自习研究，他获得了经济学和政治学领域的广泛知识，并将其与先进的数学、数理逻辑、数学统计学技能结合在一起，形成自己独特的知识体系。

第二章 殊途同归

西蒙的远见卓识还来自他的跨学科背景，据他自己所言，在芝加哥大学他最重要的导师是一位计量经济学家，但他又在逻辑学、数学、生物物理学以及政治科学领域与一些著名的教授、学者合作研究。为了培养自己的数学技能，同时也为了了解什么是真正的"硬"科学，他甚至专门进行了一项严谨的、研究生层次的物理学研究。后来伴随其终身的广泛兴趣，都是这个时期的"副产品"。但是注意力经济的概念并不完全是"副产品"，因为在信息环境中的决策研究必定会涉及注意力资源问题。

任何新技术都不能增加一天的时间和人类心智吸收信息的能力。看到了这一点，西蒙认为真正设计问题不是提供更多的信息，而是分配接收信息的时间，以使人们仅仅得到最重要以及与决策有关的信息。其主要任务不是设计信息的分布系统而是智能的信息过滤系统。问题在于许多信息系统的设计者都错误地声称，他们的设计解决的是信息短缺问题而不是注意力短缺问题，结果他们建立的信息系统只是擅长于提供给人们越来越多的信息，然而人们真正需要的是系统过滤掉不重要或无关信息的能力。

人工智能的先驱人物之一，斯坦福大学教授爱德华·费金保（Edward Feigenbaum）说，西蒙是最早和最重要的行为科学家。他的天才穿透极为复杂的人类行为，建立了一个优雅而简单的行为产生模式。他可以说是20世纪最伟大的行为科学家。

有一种观点认为，传统的西方主流经济学困境，根源于西方传统哲学的内在缺陷。由于希腊传统的哲学体系过于强调理性主义，认为人可不受感性、偶然性的干扰甚至控制，由此在经济领域演化出现理性"经济人"的边沁—斯密范式，把理性作为个人经济行为的绝对标准，使经济学对现实世界的解释力大大削弱。而胡塞尔对西方哲学进行了重新解构，将人性中非理性主义、反理性主义的诉求融入理性主义的范畴之中，从而在很大程度上瓦解了作为现代经济学基础的边沁—斯密"利己主义"哲学体系,并在根本上改变现代经济学的发展方向。[①] 西蒙则直接参与了经济学的这场"革命",在经济学领域引进了心理学和行为科学,有力地推进了经济学的发展。他的"有限理性"推翻了组织决策总是建立在利润最大化基础之上,个人总是在众多的选择中选择最好的经典经济学观点。根据他的观察,人们承受太多的信息,已经超过了他们大脑的能力。其结果就是,接受价格还是继续讨价还价,并不取决于是否做出了"利益最大化"的选择,他们做出的第一选择是"足够好"而不是最好。也就是说人们的决策安于"自己满意"。赫伯特·西蒙已经注意到人的理性是有限的。完全理性所假设的充分信息状态,不符合真实世界的实际情况。他的出发点是决策而不是信息接受。在贫困的时代,人们没有选择消费余地,决策成本与经济成本(所付金钱)相比微不足道。以往的经济学之所以对此没有注意,至少是没有重视,就是因为这个缘故。然而,在物资丰富的社会里,决策成本却具有重要的意义。……比起金钱来,时间和社会评价甚至是更重要的因素。完全信息假设没有考虑注意力问题的现实性,这是工业社会留给经济学的历史局限性。[②]

二 先驱与后继者

需要指出的是虽然最初的注意力经济思想来自西蒙,西蒙因此成为公认的注意力经济学派的先驱人物。但是思想的伟大并不足以形成一个新的学术流派,因为流派的形成,需要一系列条件,包括拥有自己的核心概念和围绕着核心概念形成的概念体系

[①] 罗小芳:《胡塞尔哲学体系对西方主流经济学的影响》,《中南财经政法大学学报》2006年第6期。

[②] 姜奇平:《基于意义的注意力经济》,《互联网周刊》2005年6月27日。

第二章 殊途同归

和特殊的、与众不同的研究方法以及一些代表性的人物、观点、理论和著作。而学派成熟的标志通常还要有一个相对稳定的学术共同体,它们关注同一问题、利用相同的概念和方法进行研究,彼此经常有一些学术交流活动,互相关注,并伴有思想的交锋。他们会被自己或他人归为同一类。西蒙本人没有提出"注意力经济"的概念,这与他把对注意力经济的思考仅仅限定在决策研究有关,从这个意义上说,他的偏好影响了他对注意力经济进一步深入的挖掘。从他提出注意力经济思想到他去世的整整30年时间,社会的变化已经越来越凸显出注意力经济的普遍意义。但是西蒙并没有在这一领域有新的建树,这是一件令人遗憾的事情。这也在一定程度上影响了他的关于注意力经济思想的传播。好在他的名声给他带来非同常人的关注,他的思想才有机会被不断发扬光大。

西蒙的思想不是无本之源,在他之前心理学的研究成果就对注意力经济有所揭示,注意就其本义上说是有机体在长期的进化中发展起来的一种对外界信息的选择机制,它的存在说明人对外界信息不是被动地接受,而是主动地有选择地加工其中最重要、最有意义的信息。这是心理学家对"注意"问题形成的共识。如果一定要正本清源。心理学界的先行者才是我们的引路人。事实上,现有的资料也表明最早使用"注意力经济"(the Economy of Attention)一词的是一位名叫桑盖特(W. Thorgate)的心理学家,时间是在1990年。以此为标志,注意力经济的核心概念有了一种明晰的表达方式。不过最早提出并不意味着最有影响。对注意力经济概念最有力的解释者是后来崛起的注意力经济学派明星——高德哈伯。

对西蒙的思想,一些注意力经济研究者一直在挖掘他的更为广泛的意义。但是拘泥于先辈的思想有时恰恰阻碍了我们前进的步伐。近几年,西蒙对信息过剩作为经济问题的描述变得更加流行。"注意力经济"已经从少数人使用的学术用语,走上了大众的舞台,内涵也变得越来越丰富,商业战略开始广泛采用"注意力经济"这一专门术语,有人甚至预测"注意力交易"将取代"金钱交易"而占据我们经济系统的中心地位。信息系统研究者也接纳了这一思想,并且开始研究意在创造注意力产权的机制设计。

在经济学大家中,还有一位诺贝尔奖获得者对注意力经济学有间接的重要贡献。他就是美国芝加哥学派代表人物、芝加哥大学经济学和社会学教授加里·贝克尔(Gary S. Becker)。在《人类行为的经济学分析》一书中,他认为人的行为万变不离其宗,各种人类行为都可以归源为效用最大化,经济分析可以对人类行为做出统一的解释。陈体滇认为,贝克尔对现代经济学的突出贡献之一体现在"时间价值"概念的引入,他创立的时间经济学关注时间效用的最大化,这与注意力经济学关系密切。因为人的时间消费体现为注意力的支出,人的注意力消耗伴随着时间的消耗。贝克尔对时间价值的分析,使得经济学关于"经济人"的假定被大大扩展了,经济理性不仅在货币支出的行为中,而且在人类花费时间的一切行为中发挥作用,这样,经济学领域被拓展成了人类行为学。由于引入了时间价值的分析,新的"经济人"概念中一个不同于传统"经济人"概念的鲜明特点是从货币"经济人"到非货币"经济人"。人类的活动不仅限于市场,在一定的社会关系和社会制度下还从事追求权利、爱情、荣誉、宗教信仰等活动,通过"时间价值"的引入,这些都可以纳入到经济分析中去。只要不把利益仅仅看成是从市场上获得的货币,而将其扩展到所有的人类的效用,那么,"经济人"的"理性追求最大化"的假设仍然成立,人们花费时间从事的各种活动对消费者来说边际效用相等。

当然贝克尔的经济学思想具有更为广泛的意义,但是在他包罗万象的经济思想里面，注意力经济显然也隐含其中。

第三节　多源汇成的流

注意力经济思潮形成于20世纪末期，到21世纪开始进入高潮。但是在思潮形成之前，在一些不为人们注意的伟大思想的"岩层"底下，已经蕴藏着注意力经济智慧的涓涓细流。

一　进化论的观点

现代经济学从1776年创立开始，就涉及进化论的问题，这比达尔文的进化概念领先了近一个世纪。达尔文认为，个体是进化的，种群占据的环境（或多或少）是固定的。经济学之父亚当·斯密却认为，个体是固定的，生存环境（经济体制）是进化的。把查尔斯·达尔文和亚当·斯密联系在一起的核心是他们都承认存在着无设计者的设计的可能性，即自发秩序的可能性。这个秩序就是竞争导致优化。一个表述为"自然选择"，另一个表述为"看不见的手"。但是，达尔文疏忽、或者说几乎疏忽了交换这种生物学中固有的现象，就像它是经济学中的固有现象一样。[①] 遗憾的是传统经济学也一直疏忽了注意力参与的交换，特别是把注意力作为一种有价值的资源和商品参与的交换。也就是说传统经济学的交换理论是不彻底的。这种不彻底性在信息社会之前还可以理解，但是在人类的生存环境已经发生巨大变化的今天显然是不可原谅的。尽管贝克尔革命在一定程度上弥补了传统经济学的不足，但仅仅停留在他的时间经济理论显然还不能很好地回答现实中遇到的问题。我们应该更多地从信息和注意力的角

---

① 哈伊姆·奥菲克著，张敦敏译：《第二天性——人类进化的经济起源》，中国社会科学出版社2004年版，第29—30页。

度考察人类的演变过程。著名传播学者麦克卢汉指出:"任何新媒介都是一个进化的过程,一个生物裂变的过程。它为人类打开了通向感知和新型活动领域的大门。"而"进化论的伟大原则之一就是平均的信息量永远在增加"①。以达尔文进化论的观点观之,人类的进化伴随着注意力的进化,进化遵循经济的原则。假如我们的视觉能够穿透人的身体,假如我们能够听到宇宙射线,会有什么后果?不仅我们的注意力会被无关紧要的信息消耗殆尽,我们还无法让自己安然入睡。我们的痛觉神经也在承担着"惊醒"的作用,对病痛的忽视,很可能导致生命的丧失。用达尔文的话来说,就是"适者生存"。我们在第一章中从人的动物性角度对注意力经济做出的解释就沿用了达尔文进化论的方法。这种解释使得我们的理论有了坚实的根基。生存竞争决定注意力的配置方式。

信息爆炸是人类面临的全新环境,在这种环境,人类的进化向何处去?首先是遗忘和忽视能力的增强。虽然认知心理学一直以来都对人们记住相关信息抱有极大的兴趣,但充分遗忘不相关信息的能力也是非常重要的。遗忘是为了抵御不相关信息强行闯入记忆系统更新记忆,促进效率。它有时有意,有时则是无意的。遗忘能力是适应心理资源有限这一现实。它既保证不把注意力资源用于不必要的信息的编码储存,也防止由于不相关的信息占据记忆空间而造成已经存储的相关信息的回取困难。心理学的实验证明,人们有定向遗忘的能力。也就是说,根据自己的需要,有忽视不该记忆或不值得记忆的信息的能力。

我们不再阅读——我们只是浏览。过去维持一天的新闻现在只能维持几个小时。我们在新的信息环境中继续着我们演化的

---

① 威尔伯·斯拉姆、威廉·波特著,陈亮、周立方、李启 译:《传播学概论》,新华出版社1984年版,第42页。

进程。

二　欲望驱动论

人类的发展来自自身内在的动力——欲望。马斯洛的需要层次理论反映了不同层次欲望产生的注意力转移。这种观点也被其他的注意力经济学者引用。不过对注意力经济现象来说，下面的欲望似乎表现得非常的突出：

1. 性的欲望

弗洛伊德把这种动力归结为性欲的驱动，准确地说，他强调了性对注意力指向的潜在作用。从某种意义上说，事业心也来自荷尔蒙和性冲动的影响。在汉语中就有"雄心勃勃"的说法。确实，性爱是爱的极致，爱的本质是一种注意力的高度集中。实际上性在注意力经济中具有极为重要的地位，网络世界充满着色情的诱惑，性成了网络世界的"营养线"，成为新经济的重要元素。"男人通过征服世界的方式来征服女人，女人则通过征服男人的方式来征服世界"，从某种意义上说它揭示了隐藏在人类社会中的一个伟大的真理。在人类社会历史长河中，流传着经久不衰的英雄与美人的故事。关于性和注意力经济的关系，高德哈伯还有专门的论述。近年来，美国学校一些教师也不得不开始走性感路线，因为他们发现要吸引学生的注意力已经越来越难了。

"觅母"（meme）是英国的里查德·道金斯（Richard Dawkins）在其1976年出版的《自私的基因》（The Selfish Gene）一书中创建的新词，由希腊语"mimeme"（模仿）缩短而来，以使它的读音像基因（gene）。道金斯在其著作中称，人之所以要生儿育女，目的在于力图使自己的DNA不断地流传下去。Meme作为一种文化基因，也有自我繁殖的倾向。觅母复制的另一种说法是"模仿"。但斯坦（Stan）认为模仿意味着某种更为基础的东西——

注意力。没有付出注意力就不可能模仿。注意和吸引可以比作精神世界的"性交",我们可称为"神交"。注意什么就会在精神世界繁衍什么。性的本质就是复制和繁衍,因此吸引注意就是精神诱奸。根据这一观点我们可以非常合乎逻辑地得出惊人的结论:广告是对我们的性诱惑和性攻击。

获得注意力就是获得复制自身的机会。广告作为注意力的掠夺者,其强奸行为特征在这里得到了有效的理论证明。从这个意义上说生物学意义的性交行为是第二位的,性的第一行为是注意力。注意力复制和繁衍了注意的对象,我们的概念、思想和文化就是在他人的注意力中不断繁殖。这样看来,人的成名欲望与性欲望在本质上是一致的,就是繁殖自身的欲望。

我们如果把视野放得更宽就会发现,花就是植物的生殖器官,许多植物通过自身性的"魅力"的展示来吸引昆虫来帮助自己复制基因,繁殖后代。

根据贝特曼原理(Bateman's principle),雄性和雌性在繁殖行为中存在差异。"雌性对每一个受精卵的投入远大于雄性对精液的投入。正因为这个原因,卵的产生在数量、更重要的是在频率上都大大小于精子。因此,在很大程度上,雌性繁育成功的程度与它们在每个繁育周期中所拥有的配偶数量无关。相反,雄性繁育成功的程度与它们配偶的数量密切有关"。[①] 这样就出现了一种流行的说法:"女人希望在一个男人身上满足所有的欲望,而男人希望在所有女人身上满足一个欲望。"男人对性的兴趣要远远大于女人对性的兴趣。这种兴趣的基本差异,导致了注意力分配的差异。也导致了男女魅力标准的差异。研究表明:在世界各地的广告中,通常女性都会声称自己外表有吸引力,而男性则

[①] 哈伊姆·奥菲克著,张敦敏译:《第二天性——人类进化的经济起源》,中国社会科学出版社2004年版,第155页。

第二章　殊途同归

会强调自己财力雄厚。

人类的某些行为和观念是在与自然界相互适应、长期进化的过程中形成的，并已存在于人的潜意识当中。男性为何对孩子不会投入太多精力？进化心理学家认为这是基于一种生殖焦虑也称为生殖的不确定性，即由于女性排卵的不确定性，男性不能确定孩子是他的，为解决这一焦虑，他可能就会忽视和不投入。加拿大曾进行过一项相关研究，即把新生儿病房里的对话记录下来，结果发现，母亲及其亲属会更多地说孩子像父亲，以期解除父亲的疑虑。[①] 性一直是人类的中心话题。

2. 金钱欲望

马克思把人的动机归结为对财产的渴求，他的这种思想下面，隐藏着这么一种观点，即在资本主义社会，整个社会的注意力都围绕着金钱流动。只有"当人已经全面地、合理地控制了自然的时候，当社会已经消灭了经济冲突这一特征，'前历史'便宣告结束，一部真正的人类历史便宣告出现了，在这一历史中，自由的人是有计划、有组织地与大自然进行交往的，整个社会生活的目的或目标不是劳动和生产，而是人的力量自身最后体现。"[②] 这里需要补充的是人的力量在很大程度上体现为创造具有吸引力的事物的能力，包括创造富有魅力的人。吸引力越大，价值越大。因为在资本主义社会金钱是万能的，拥有金钱就等于拥有了一切，因此欲望和注意力的焦点都集中在金钱上。就是在今天，即使人们对精神生活的追求越来越强烈，金钱仍然拥有吸引注意力的强大力量。

[①] 据香港中文大学教育心理学系张雷教授在郑州大学教育学院心理系做了一场题为"性行为规范的进化心理学研究"的讲座资料。

[②] 埃里希·弗洛姆著，张燕译：《在幻想锁链的彼岸》，湖南人民出版社1986年版，第37页。

3. 权力欲望

在人类社会人们除了追逐金钱和美女,对权力的追逐也是基本的欲望表现形式。权力是力量最为直接的特征,获得权力就可以获得许多其他资源。在动物世界,权力在多数情况下是靠"决斗"赢得。胜败主要取决于体能的强弱。只是在现实社会,人类的权力竞争越来越依赖于智力。人们在寻找升迁的机会,把大量的注意力放在了与权力有关的事务上。而在一些注意力经济学家看来,现在力量的展示主要是通过获得他人的注意力来实现的,高德哈伯认为,获得一个人的注意力,意味着你的影响力要超过他对你的影响力,如果得到一个人全部的注意力,你就可以引导他的行为,让他做你所希望他做的任何事情。从猴王那里我们不难发现,权力成为动物群体的注意力中心。

4. 荣耀欲望

虚荣心根植在人性的深处。注意力经济学派的另外一位代表人物乔治·法兰克认为,物质财富的重要性在减少,人们对精神的追求在增加,在此基础上虚荣市场开始繁荣起来。他说:"有什么比对他人的仁爱和关注更为愉快?有什么比他人的仁慈与同情更令人难忘?有什么比亲切的耳语更让人激动?有什么比展示个人的魅力更具诱惑?全场的期待,全场的掌声,令人陶醉,令人鼓舞。让人关注是一种不可抗拒的诱惑,获得关注胜过一切,这是为什么荣耀胜过权力,杰出胜过财富的原因。这也是为什么在我们这个富足的社会把注意力的收入放在金钱之上并成为时尚和流行的原因。"美国麻省理工学院博士、在中国推广注意力经济出名的IT精英张朝阳在他的博客中写道:"虚荣心是人类的本质之一,被认可,被关注,被肯定是所有人都需要的,所有的人都在幼年成长的过程中,在被父母打造成对社会有用之人的过程中,积累挫败,积累被否定的感觉,所以人类对于被肯定的需求是饥渴难耐,贪得无厌的。在我看来,虚荣心、功名心、事业心，本质上是一回事。人类的功名心，虚荣心是好事情……精神追求越多，人与动物的距离越远。"在当今时代，名声已经逐步取代金钱与权力，成为社会新的注意力中心。

三 管理学派的视角

在注意力经济学派中，强调注意力管理重要性的要数达文波特和贝克，他们的《注意力经济》[①] 一书在中国曾经被翻译为《注意力管理》，这也反映了作者对注意力资源关注的侧重点。当西方一些学者把注意力从自身转向社会和文化时，他们发现对这个世界来说注意力实在是太重要了。因为随着新媒介的普及，注意力已经成为利益的焦点和核心。一方面社会和文化的视觉化和娱乐已经变得如此广泛，到处都有吸引我们的东西；另一方面，注意力又是那些商品、思想、知识和意识形态的"推销者"争夺的目标。我们已经深感注意力的贫乏和珍贵。问题是注意力并不会因为自己的谨慎和节约而积累增加，这就使得如何决定投资自己的注意力和博得他人的注意力成为必然选择。如何在越来越短的时间内获得和管理越来越多的信息，成为这个时代必须思考的重要问题。注意力管理学派的重心放在了组织内部的注意力资源合理配置。

管理学派的另一个思想来源是日本早稻田大学商学院教授远藤功。他在《可视力》一书中详细论述了重要事项进入视野的重要性，提出了实现可视化管理的5种方法，从一个非常独特的角度提出了对注意力如何进行管理的问题。

四 来自传播学的启示与文化批判

威尔伯·斯拉姆曾经提出了一个人选择某种信息的或然率公

[①] *The Attention Economy：Understanding the New Currency of Business*, by T. H. Davenport, J. C. Beck, Harvard Business School Press, 2001.

式,即报偿的保证/费力程度＝选择的或然率。① 在众多的信息面前,我们选择付出注意力少,而得到的信息价值大的交换方式。这是一种经济思想,或者更准确地说是经济本能在起作用。这是一只无形的"手"。

传播学在注意力的生产率测量方面做了许多有意义的工作,尤其是广告行业,这一领域的商业需要促进了注意力生产(吸引)技术和注意力测量技术的发展,并在此基础上不断完善它们自身的注意力加工技术。通过注意力加工,把各种各样的物质产品加工成为各种各样的消费符号,通过消费符号阐释人生的意义。

批判学派的学者们历来对现实采取怀疑的态度,他们的这种立场与偏好使他们能够不同于那些沉醉于现实的人们而能够从另一个角度发现隐藏着的问题,他们的观点常常给我们以警示。自信息社会的提法流行起来以后,社会出现了对信息的盲目崇拜。站在其对立面的,有一位勇于独立思考的美国历史学家西奥多·罗斯扎克(Theodore Roszak),作为加利福尼亚州立大学历史学教授,他以人文学者的敏锐洞察力,提出了自己对信息问题的反思。在1986年出版的《信息崇拜》一书中,他说观念是第一位的,因为观念界定、容纳,并且事实上产生信息。信息过多会排除观念,使人(尤其是年轻人)在空洞和零散的事实面前变得六神无主,迷失在无形的信息泛滥之中。观念影响视觉模式,使原本没有任何意义的墨迹斑点变得有意义——这在心理学有成功的实验。事实是散乱的、可能是含糊的符号;意识命令它们这样或那样,使它们符合自己创造的模式。观念是完整的模式。知识是形成观念的基础,甚至就等同于观念。据此他认为知识比信息

---

① 威尔伯·斯拉姆、威廉·波特著:《传播学概论》,新华出版社1984年版,第114页。

第二章 殊途同归

更为重要。

在书中西奥多·罗斯扎克有一段精彩的描述：

"大约在四个世纪之前，在文艺复兴向现代过渡时，西方的知识王国就像一个相信确定性的小岛屿，周围是崇尚神秘的海洋。在其玄奥的彼岸，海洋与上帝的智慧混在一起，它的内容只能通过信仰和行动才能获得。在岛上，主要的思想是基督教的经典、教会长老的著作、一部分流传下的希腊和罗马大师的学说，还可能包括一小部分杰出的犹太和阿拉伯思想家的思想。在中世纪的几百年中，这些来源经过精雕细刻，成为巨大的思想宝库，用来回答人们所期望回答的一切问题。"

在这样的文化中，信息已经没有一席之地，既然一切能被认识的都已经被认识，而且认为都是真理，事实也就无足轻重了。

而弗朗西斯·培根倡导的应该尽量按事物本来面目看待事物的方法，成为现代科学世界观的起始。这种方法就是通过观察，不断增加可以度量的、可靠的事实。科学的胜利，使得这种方法大行其道。但是西奥多·罗斯扎克指出，科学的发现，也需要思想和观念，否则人们就不知道从哪里开始寻找事实。这样又回到了古希腊先哲们争论的问题，即事物和我们关于事物的思想之间，哪一种更真实？知识来自于真实还是来自于意识。

观念是下意识的东西，它时时伴随我们，却又常常不为我们觉察。我们不知不觉地用它来感知世界，就像我们不知不觉地根据语法规则来说话。信息爆炸深埋了我们的观念，从长远看，没有观念就没有信息。[1]

显然在西奥多·罗斯扎克看来观念决定了人对世界的关注方式。

---

[1] 西奥多·罗斯扎克著，苗华健、陈体仁译：《信息崇拜——计算机神话与真正的思维艺术》，中国对外翻译出版公司1994年版，第80—97页。

另一位人文主义者麦克卢汉则一针见血地指出：商品带有"越来越强烈的信息特征"，因此财富的积累开始依赖于东西的命名，而不是东西的制造。① 很显然人们对商品的看法决定了商品的价值。

在注意力经济时代，人体的各个部位都可以作为吸引注意力的商品出卖，特别是明星，身体的各个部位都成为广告商争相抢夺的对象。因此，在这个疯狂的世界，"物质的东西在思索，而人反而沦为物质"。运动员上电视打广告，凡是能带进更衣室的产品，只要吹口气，就可以赋予它生命。②

一些批评家指出电视屏幕的框框控制了我们的视觉注意力，手机给我们带来的威胁影响了我们对社会各方面情况的关注能力，计算机的使用把我们训练成只会根据指令不断接收和回复信息的机器，根据克瑞（Crary）的观点，在商业社会，广告的目标是控制对方的经历和体验，或者以注意力作为动力系统，来增加资本主义世界的商品和消费。我们的注意力丧失了自主性。新的"注意力伦理"被提到议事日程。

五 爱思派报告

广告业被认为是典型的注意力经济，信息技术进步所带来的问题，对广告行业来说影响尤为显著。爱思派学院在注意力经济学派的形成过程也发挥了很大的作用。爱思派学院（Aspen Institute）是1950年建立于美国的一个非营利文化组织，总部设在华盛顿特区，并在科罗拉多州的爱思派（这是它最初的家）、纽约市、加利福尼亚州的圣芭芭拉和马里兰州的昆士顿都拥有自

---

① 马歇尔·麦克卢汉著，何道宽译：《理解媒介——论人的延伸》，商务印书馆2000年版，第9页。
② 同上，第14—15页。

己的校园。1996年10月爱思派学院传播与社会专业召集22位广告和媒介行业的领军人物、学者、政府官员和其他领域的专家举行讨论会，目的是审视新的媒介环境对广告体系的影响，讨论以消费者注意力为中心的"新经济学"带来的重大问题。会议结束以后，形成了一个正式的报告，并以书的形式出版，题目是《未来的广告：注意力经济的新方法》。该报告的作者、人与技术咨询公司总裁理查德·爱德勒（Richard Adler），以自己的观点总结会议讨论的这个大主题。

该报告指出，在工业时代，获得大量潜在消费者的注意力（或在政治广告中获得潜在选民的注意力）一直是广告的基本能力。一旦拥有消费者的注意力，广告主就可以给自己定位或传播信息。获得足够的注意力，广告主的市场份额就很可能上升。这一简单方法和规则在商品丰富但信息沟通渠道相对有限的时代一直行之有效。

技术的发展，宣告了一个新时代的诞生。通道容量的增加、新媒体的产生，使基于传统广告的经济学正经历着巨大的变化。由于生产和分配信息的能力增加，我们发现自己正遭受各种形式信息的狂轰滥炸。商场各种杂乱的信息在竞争我们的注意力。在这样的环境里，注意力成为珍贵的商品。

新技术不仅改变注意力经济学，它们也改变了消费者和生产者的关系。广播电视单向的信息传播让位于双向的信息互动。基于计算机技术的媒体使个人具备了自己寻找信息和拒绝信息的能力。这样，消费者在信息控制中处在一个非常有利的地位。研究显示，消费者尤其是年轻人对广告信息的解读更为明智。消费者自主权的增加对个人来说无疑是好事。但对广告业却带来一系列的问题。注意力短缺带来的最严重的问题是使广告的效果迅速下降。在20世纪60年代，每个美国人平均每天接触到的广告信息约560条，到20世纪90年代，这个数字上升到3000条。要穿透混乱的信息屏障，广告需要更加引人注目，甚至要变得更加面目可憎，以抓住消费者的注意力并保持足够的时间来传递它们的信息。但是，即使广告的精明和奇特足以引人注意，可它也会很快被人们遗忘。1986年，64%的电视观众能够说出他们前四个星期看过的一个电视广告，但到1990年，这个数字下降到48%。显然，面对信息过载，人们应对的策略就是迅速遗忘。实际上人类在新的信息环境中还在"进化"，定向遗忘能力的增强就是传播泛化时代"进化"的结果。

六　益泰科会议

在爱思派会议之后不久，陆续出现一些以注意力经济为话题的群体学术交流活动。但真正突出和明确注意力经济主题的还是于2006年召开的"益泰科"会议，这个会议翻译成中文就是"新兴技术会议"（Emerging Technology Conference）。这次会议规模很大，与会专家不少来自注意力经济的实践领域，他们既有自己的思想，也有自己思想的试验基地。他们提供了注意力资源开发与管理的各种尝试性手段。

会上斯蒂夫·基尔墨（Steve Gillmor）作了题为"注意力经济的检阅"的发言，他围绕着用户在网络生活中创造的数据流的所有权以及那些数据如何有价值的利用问题作了专门的阐述。注意力在网络世界已经表现为手势，而手势又演化为一系列的数据。他认为建立"手势银行"（the Gesture Bank）是摆在我们面前的一条出路。基尔墨也是非营利性组织"注意力托拉斯"（Attention Trust. org）的共同发起人。这个组织致力于消费者数据拥有权的保护，增加人们对自己注意力数据的控制能力。

在会议期间，一些人试图把注意力的概念落到实处。遗憾的是在注意力的定义问题上与会者难以取得一致意见。有些人把使用者的注意力定义为货币，另一些人则在寻找管理自身注意力的

第二章 殊途同归

方法。泰科脑梯（Technorati）执行总裁戴夫·雪富莱发言指出，在注意力经济中时间和人是两个最为重要的资源，而"时间是最伟大的民主者，它是有限的，我们不可能增加一天的长度"。人们上网只是建立一定的关系。正确开发和利用网络技术，提高信息传播的针对性，可以帮助建立有效的关系。

前微软公司处理社交事务的研究人员琳达·斯通（Linda Stone），对现代环境的"持续分心"（Continuous Partial Attention）现象做了描述：

一项调查显示，美国人上班时，每小时被打扰或思绪不集中的次数高达 11 次，累计全美一年因此所造成的损失高达 5880 亿美元。根据该项研究结果，工作者平均每日思绪分散的时间长达 2.1 小时，占工作时数比重达 28%；且工作者被打扰或思绪分散后，平均需要 5 分钟的时间才能接上原先的工作内容。持续分心导致效率低下。TNS 研究机构（TNS Research）受惠普公司委托开展的一项研究发现，当人们试图一边工作一边处理大量信息时，他们的智商在一天之中会暂时下降 10 个百分点。

持续分心是一种适应性行为。但我们却远远不能适应。在持续分心的状态下，我们的动机不是解决事情，而是引起注意，与其他人联系，寻找机会。我们把注意力扩张到极限，我们的注意力被碎片化。我们生活在一个连接的时代，网络成了新的地心引力中心。我们已经开始从价值生产转向价值连接。我们从创造机会发展到"扫描"寻找机会。我们进入所有的一切皆为机会洞悉的新时代。

琳达·斯通并指出，过去的 20 年我们一直都是"网络人"和"扫描器"，不断寻找新的关系、优化最佳机会。下一步我们需要的是设法脱离关系。传统的信息技术把我们带入被信息淹没和无保护的地方。我们需要的是穿透噪声去发现信号，提供这些产品和服务能够改善我们的生活质量。当前社会知识工作者正在转化成为智力和智慧工作者，这里充满新的机会。

但在还没有定型的注意力经济中我们如何增加自己的智商呢？这是摆在每个人面前的问题。

塞思·高斯坦因（Seth Goldstein）关注的是注意力与经济价值的联系，他的公司"鲁特市场"（Root Markets）可以让参与交易活动的用户"再生、精炼和优化他们的注意力"。该公司声称它为实时消费者数据创造了第一个定价和交易的平台，并且有一个可供下载的、能够俘获数据流并把它储存于在线金库的应用软件。鲁特市场有追踪用户网络路径的视觉仪表板，并为客户提供浏览历史的分析图表、个人最主要浏览区和时间花费的详细报告，以及谷歌和雅虎的搜索记录。鲁特的软件跟踪人们的网络行为并以数据视觉化的形式提供个人的注意力习性图。

高斯坦因还提出了 PPA（Promise to Pay Attention）的概念，即支付注意力的承诺，或者叫注意力合约（Attention Bonds）。人们和公司的合作的依据是注意力合约，如果谁不履行责任，谁的信誉就会遭受损失。在鲁特市场，每一份注意力都是非常有价值的，并且给予准确定价。高斯坦因也是"注意力托拉斯"的联合发起人。

这次会议的主题虽然是注意力经济，但因为涉及许多技术问题，带有很强的专业性，沟通上存在一定的困难，不少与会者觉得似懂非懂。不过会议期间展示的各种对注意力技术的思考和大量的各种各样的实践尝试，让人觉得注意力经济的前景已经初步展现在我们的面前。

在会上，高德哈伯带来更多理论的视角。他认为注意力经济主要不是关乎时间和金钱的问题，与会者多数还只是对注意力经济一知半解。他们一只脚踩在注意力经济中，而另一只脚却还在传统的经济范畴中。他说："你们所有的人都不十分了解自己所处的世界。"注意力是西方文化发展的新阶段，它所展示的是一个全新的文化层次。他把注意力经济描述为由明星和"粉丝"（追星族）主导的系统，这一系统被广泛应用，而不只是局限在好莱坞。在注意力经济中，人们通过表演、创作、寻找观众和注意，成为一个"感动者和被感动者"。在学校、广播电视媒介、出版物和互联网，在各种集合地点或公开场合，到处都有人在寻找注意力。

科学史学家乔治·戴森（George Dyson）指出，谷歌作为一个注意力引擎就像用户的感觉神经，它的搜索能力让人吃惊。它把一切资料都数字化，帮助我们迅速找到它们，并让人们留下踪迹。在20或30年的时间里，人们使用网络就像使用自己的大脑。他的这一观点并不是危言耸听，借助网络的发展，一个全新的概念和全新的事实正在形成，这就是"地球脑"（Globe Brain）。

从这次会议可以看出，人们对注意力经济都抱有极大的热情，但对注意力经济的理解还没有取得共识。丹·法博（Dan Farber）对会议的总结是"未定型的注意力经济"（参见图2-1）。

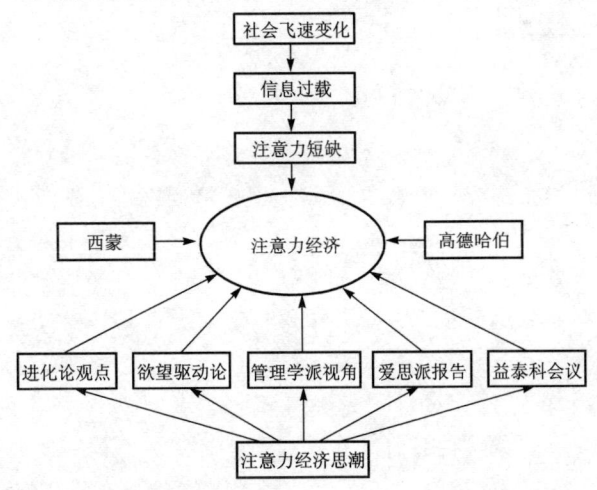

图2-1 注意力经济思潮的形成

问题：

1. 注意力经济的思想源头追溯到 20 世纪 70 年代赫伯特·西蒙的研究，20 年后，"注意力经济"的概念开始出现。为什么间隔了这么久？

2. 为什么对注意力经济感兴趣的人来自如此不同的领域。他们兴趣的相同点和不同点是什么？

3. 从宏观上说，解决注意力经济问题的关键在哪里？

第三章 注意力"爱因斯坦"

> 注意力经济是网络的自然经济。
> ——米切尔·高德哈伯

本章重要人物介绍

米切尔·高德哈伯（Michael Goldhaber），1968年在斯坦福大学获得物理学博士学位，在博士后阶段开始涉猎政治学和信息技术领域。他被公认为注意力经济之父。也有人把他誉为注意力"爱因斯坦"。这些赞誉不是空穴来风。在注意力经济研究领域高德哈伯的思想最为活跃、活动也最为频繁，影响也最大。他不仅是最早从事注意力经济研究的少数几个学者之一（在1992年以"注意力社会"的概念出现），而且观点非常独特、激进，因此引来的关注多，争议也多。这些都使得他在注意力经济思潮的形成过程中扮演着举足轻重的角色。这位原来的物理学家却是美国华盛顿特区政策研究院理事，伯克莱大学社会变革研究所访问学者，并致力于他自己的思想库建设。他与其他注意力经济学派的学者，特别是商业主义学派的学者最大的不同是，他认为注意力经济的思想可以应用到人类社会的任何事情上，他把注意力经济学的关注面大大地扩展了。而商业主义学派的注意力经济学者只把他们的视野局限在它的营销功能上。不幸的是在社会上多数人对注意力经济的理解还是停留在这个肤浅的层次上。这样高德哈伯的注意力经济思想就有了特殊重要的意义。

高德哈伯声称他所说的注意力经济是一个包罗万象的系统，它全面构筑我们的生活。注意力经济把人们大量的愿望和行为转化为一个复杂的经济整体，这个系统主要围绕着注意力的付出、接受和寻找。问题在于许多人仅仅把注意力经济这个术语当做金钱经济的一个特殊阶段和一种方式来接纳。他们认为基于金钱、市场和标准化生产的经济是永恒的，在那里生活的本质几乎就是商业，企业和市场是主角，供给与需求牢牢占据着统治地位，而银行、金融、股票市场具有决定性的力量。囿于那种观点，注意力被看做一种主要涉及广告主利益的资源，而"注意力经济学"只是研究如何最佳配置和构筑注意力以达到最大的金钱效益。高德哈伯认为这是对注意力经济的狭隘认识，与他所说的注意力经济根本是两码事。

第一节 网络的自然经济

1997年高德哈伯参加了一个"数字信息经济学"会议，并在网络杂志《第一个星期一》上发表了《注意力经济——网络的自然经济》[1]的文章。由于文章的观点是革命性的，再加上网络的强大传播功能，使得他的思想产生了非常大的影响。

---

[1] *The Attention Economy: The Natural Economy of the Net*, by Michael H. Goldhaber, First Monday, April 1997. http://firstmonday.org/issues/issue24/goldhaber/index.html

第三章 注意力"爱因斯坦"

一 网络世界的注意力

高德哈伯的对注意力问题的思考虽然已经有几十年的历史，但是给他带来名声的还是对网络的研究。网络时代是一个注意力经济时代，这是高德哈伯的一个中心思想。新经济围绕着注意力这个中心的证据是经济的非物质化。网络的出现使大量的经济从物质的束缚中解放出来，网络拒绝物质经济，因为物质不能从网上传送，可以在网上传送的东西是"数据信息"，而一切可以在网络传递的东西都会被促进和强化。

物质消费是有限度的。物质形态的重要性相对降低，除非它们能吸引或有助于吸引注意力。发达国家的经济在完成工业化后发生了一系列变化，传统的物质形态的产业工人数量在减少，而信息生产、管理和交易的从业人员在不断增加。这种经济现象多数人称之为"信息经济"。但高德哈伯认为这种说法不对，因为根据定义，经济学是研究一个社会如何使用它的稀缺资源。在网络时代稀缺的并不是信息，而是注意力。因此当今应该是注意力经济时代而不是信息经济时代。

历史上任何一种经济都有发生、发展、壮大和衰退的过程，这种新陈代谢是自然的现象。当社会的能量转向人们所渴望的新东西时，就会出现新的资源短缺。网络时代的欲望产生了注意力资源的短缺。

注意力经济时代是具有革命性的，它带来的变化超越了我们的想象。高德哈伯甚至认为注意力经济的纯粹形式不涉及任何类型的货币，也没有市场和其他类似的东西，它的生活模式与工业经济时代大不相同。在工业经济时代，工作和家庭、工作与玩乐、生产和消费是分离的。在注意力经济时代它们之间的界线变得模糊，我们要寻求的是注意力的获取和注意力的付出。在注意力经济时代，金钱的价值淡化，但金钱价值的淡化并不意味着社会矛盾的消除,而是社会矛盾的转化。可以说在注意力经济社会充满着新的矛盾。目前我们正处在传统经济向注意力经济转变的过渡时期,情况错综复杂。虽然来自传统经济基础的观念仍然影响着我们的行为,甚至主导着我们对世界的解释,但是这一基础正在解体。在此期间,从新秩序获得利益的人和当前还拥有影响力但又不断失去利益的人会发生尖锐的矛盾。这一转变就像早期西欧从封建社会向资本主义社会过渡的情形一样,互联网的发展只是这一变化的一个最为重要的部分。网络环境很适合注意力经济的发展,并会因此带来繁荣。今天我们走向计算机空间就像当年美国奔向欧洲的工业文明,其转变的速度比那个时候更快。随着技术的进步和参与人数的增加,计算机空间会急速膨胀,网络将成为人类生活的主要空间,就像人类现在生活在地球空间一样。而传统经济的踪迹将依然长期存在,但其重要性在不断下降。

　　面对物质产品的过剩,如果继续朝着原来物质经济的方向进行,人类的生活将很少得到改观。我们正在试图通过创造信息来改善生活。但摆在我们面前的不仅是物质产品过剩,而且信息产品更为过剩。信息的生产能力是巨大的,甚至可以说是无限的。如果把信息定义为消费者使用的东西,其供给的过量就远比物质产品更甚,我们被信息的洪流所淹没。如果说物质产品的生产受到消费能力的限制,那么信息产品的增加更是受到消费能力的限制。但是,信息生产还在不断增加,按照权威经济学的观点信息生产完全失去了理性。

　　如果对信息的欲求跟不上信息技术的发展,那么为什么信息技术还要发展而且在加速发展呢?信息可以在网上传播,但物质产品却不能。那么除了信息还有什么可以在网上流动呢?高德哈伯说:"只有一个答案,就是注意力。"信息的传递只有它同时在另一个方向传递注意力时才算完成传送。只不过我们一般不说注意力流动或把注意力看做可以通过网络线路流动的东西。但注意力是可以交换的财产，"如果你拥有我的注意力，另一个人拥有你的注意力，你很容易把我的注意力引导到那个人的身上"。互联网的超级链接使注意力流动和传递更加容易，并成为全球性的、独立的复杂系统。伴随着信息流动有一种有价值的稀缺资源也在网络空间流动，这种稀缺资源就是注意力。根据高德哈伯的观点，注意力经济才是网络经济的本质。网络的自然经济就是注意力经济。注意力经济的规律在主宰着网络世界的演变。

二 货币功能的退化

1. 网络世界的硬通货

"注意力是计算机空间的硬通货。"高德哈伯非常赞同这一观点。他说，"付出注意力"（pay attention to）这种说法就好像这种意识状态是一种物质。他断言："注意力的流动不仅预示着货币的流动，而且最终将完全取代货币。"为了讲清这一问题，他解释说，首先网络对货币交易并不热情，电子货币（以数字信息的形式存在）要求一个复杂的系统，如代码、密码、口令、防火墙等。注意力不需要加密技术，它可以自由地在网上流动。每一次直接或间接地关注他人在新经济中都被认为是"交易"，这是一种通常不涉及货币的交易。为什么货币的功能会退化呢？他说，"只要两个东西之间可以用价格进行比较，货币就是有用的。一夸脱牛奶相当于多少？相对于哪个？如果我到慕尼黑，每天三顿正餐需要多少钱？这些问题都可以回答。因为出卖的东西有大量的或多或少的标准化生产，如果每一个夸脱牛奶都是唯一的，那么一夸脱的价格就是不可知的。"而"注意力的作用和功效却不一样，如果我们已经准确地知道自己要获得的东西，我们就不大会再对它付出注意力"。

我对高德哈伯这句话的理解是，注意力与信息的交易特点是

"所见即所得"。评估商品价值的过程就是消费注意力的过程。信息产品一旦被消费者准确知道其价值，就意味着已经获得价值，没有必要再付出注意力。因此我们无法根据对象的价值来考虑我们付出多少注意力。这种观点虽然有一些道理，但我们有一定的预测能力，根据产品价值的有限展现，我们会确定值不值得继续付出注意力。关键在于，一个人的注意力是持续的付出过程，不是一次性付出。这样我们就可以根据对象提供的价值和价值变化及时调整自己付出的注意力，甚至停止支付。实践中的一个例子是电视节目，插播广告前明确提示广告需要的时间，并且告诉观众下面的节目内容是什么。据此，观众就可以决定是否继续收看。

高德哈伯认为没有两个人的注意力是相同的，即使注意力供给是有限的，它也不能用货币的方式或其他物质产品类似的标准化方式进行准确计算和度量。因此注意力经济社会与传统的经济社会是两个完全不同的世界。"如果说注意力是货币，它与传统意义上的货币也完全不同。"

高博雷斯（J. K Galbraith）说："历史上，货币一直这样困扰着人们：要么很多却不可靠，要么可靠但又稀缺，二者必居其一。"而注意力这种"货币"既不可靠又非常稀缺。因为，根据高德哈伯的观点，注意力的付出不一定保证获得相应的价值，而获得注意力又不能保证精确可信地握有。

注意力取代货币一般人不容易理解，高德哈伯认为历史提供了对这一基本观念的解释。在欧洲封建等级制度顶峰时期，因为土地主要是用来生产食品的，因此每个人都认为土地是第一位的，它以血统来确定是否对土地拥有所有权（永远不许出卖）。那时贵族头衔是有价值的，终止意味着财富的头衔对人们来说是不可想象的。随着工业经济的发展，食品生产成为一个行业，甚至不是一个很重要的职业，除了有血统的狗和赛马，血统也随之失去了它的重要性,"货币"这种几乎不存在的东西成为新经济(工业经济)的基础。①

在当今社会,人们在交易中涉及货币的总量可能增加,但全球注意力的交易增长得更快。高德哈伯说的注意力交易,指的是注意力在一定场合给了那些能够利用它的人,或者他能够把注意力转让给其他人。人们日复一日地在工作和生活中交换注意力,任何整天与网络打交道的人每天都可能要进行数百次这样的交易,这远远超过他们的货币交易。

在注意力经济社会,注意力交易通常在两人之间的双向流动中进行。但是"三方"注意力交易是非常重要的。高德哈伯曾经对采访他的若泽说:"如果你发表这一采访报告,你就会把你的读者或观众的注意力引向我,类似这种注意力的交换在注意力经济中一直在进行。"而在我们所熟知的货币经济中并没有这种类似的情况。注意力交易就像地球引力可以远距离进行,但它一刻也不能没有关注者的参与。我们不可能从一个人身上获取注意力,然后像钱一样把它以某种方式储存。

2. 难以购得的"商品"

注意力虽然短缺,也有普遍的使用价值,但高德哈伯认为它不是商品,无法购得。注意力很神秘,它似乎捉摸不定,也不像信息流动那样可以在技术上进行准确测定。例如,广告主为一则广告付费,他们只得到一个获取公众注意的机会,除非广告本身非常有趣,否则观众就会视而不见或转换频道。即使广告很吸引人,他们也不一定把注意力集中在广告要宣传的东西上。他说真正的注意力付出绝大多数情况下是自愿的发自内心的行为。既然难以通过购买而可靠、准确地获得,实现价值的真正让渡,那么

---

① 实际上,血统在注意力经济中依然重要,根据法兰克的观点,注意力财产是可以继承的,特别是名人后代,可以在祖辈那里获得大量的注意力遗产——名声。

注意力就不是商品，或者说不应该是商品。

注意力确实是难以购得的"商品"，不过我们也应该看到注意力事实上已经成为商品，广告行业就是一个例子。但是注意力要成为成熟而普遍的商品，首先需要开发出注意力的测量技术。传统的广告业在把注意力作为商品买卖时，虽然也注意对这种商品的计量，但因为在注意力资源还没有成为严重短缺的资源之前，注意力购买者对这种商品的计量准确性要求并不苛刻，电视收视率、报纸发行量和阅读率都是非常粗糙的计量方法。但是，随着注意力资源的越来越短缺，注意力竞争日趋激烈，人们对注意力计量的标准要求也会越来越高，如果说过去注意力就像"黄沙"，买卖以"吨"来计算，那么现在的注意力商品就越来越像"黄金"和"钻石"，需要用"盎司"和"克拉"来计算。注意力能否成为日常的商品和普遍通用的货币，关键是要看注意力计量技术的发展。但是注意力的准确测量又会带来隐私权问题，这是一个两难问题，目前还没有得到很好解决。

三 财富的新形式

1. 财产存在形式

注意力是一种非常珍贵的财产，这是注意力经济研究者的共识。与人不同的是高德哈伯认为这种财产存在的方式非常特别，它存在于他人的心中，存储在那些注意过你的人的大脑中。这种财产不需要像知识产权那样给予特别保护，注意力作为财产是一种自然的存在，他人很难把它抢走。

当然很难把它抢走并不是就无法剥夺。有人或许会说名人模仿秀在一定程度上可以抢走这种财产。其实模仿秀并没有抢走注意力财产，因为模仿可能给名人带来更大的关注。但是仿冒可以造成信誉财产的损失，信誉在注意力经济中是社会注意力资本化的一种重要形式，也是形象资本和社会关系资本的重要形式。要

第三章 注意力"爱因斯坦"

剥夺这种财产，必须对注意过你的人进行洗脑，或者改变他人对你的看法，对你进行名誉剥夺。在一些法律中就有剥夺名誉的"名誉刑"，这也可以说是剥夺注意力财产的方式。

高德哈伯指出，如果我们得到注意力，就意味着我们对关注自己的人的思想行为有一定的控制能力。有些人在这方面有很好的能力，能迷住观众，使观众成为自己的"奴隶"。网络空间在给每个人提供更多可能性的同时，也不断提供一个非常有效的工具和方法来完善注意力的交易。每个人都可以向全球的观众展示身手，都有成名的机会。今天不管你从事什么职业，荣誉的赢得就像货币的获得。荣誉在新经济中具有货币和财产的一些特征。荣誉带来关注，社会的关注意味着精神财富，也意味着物质财富。

在传统经济中不断地借助通货膨胀，政府可以秘而不宣地没收其公民的大部分财富。高德哈伯的观点让我想到在注意力经济中政府是不是同样可以通过注意力政策剥夺你的注意力财富，这是值得我们思考的问题。

笔者曾经在《注意力经济学》一书中谈到注意力资本化有两种形式，一种是社会注意力的资本化，就是荣誉、信誉、名声。还有一种是自身注意力的资本化，就是学习、受教育和经验的积累。就目前来说，贫困主要来源于没有很好地实现自身注意力的资本化，没有受教育的机会。而从长远来看，特别是高等教育普及以后，贫困很可能来自没有把社会注意力资源变为自身资本的能力，即无法获得他人的关注，建立自己信誉和名声。

2. 丰富的注意力矿藏

人们总是在注意，而有些人总是善于赢得注意。与以往不同的是现在有了新媒体，特别是网络，它为每个人准备了全世界潜在的观众，当然这些观众是潜在的而不是现实的。今天的明星可以获得数百万甚至十几亿的观众，这种状况以前很少。在印刷技术出现之前，可能有千百万人读过亚里士多德或孔子的书，但大多数是在作者去世之后成为他们的读者。高德哈伯说："书之类的商品是把注意力引向作者的媒介，就像你读这一句时不可能不意识到它是来自我的思想。"互联网发展的成果之一是它很容易获取我们周围的各种对象和事物都是谁发明和设计的。所以话题、商品之类的东西不只是简单地为了吸引注意力，而且是新经济实践中的应用，因为它们有一种把注意力引导到特定的人和事物上的能力。

虽然包括高德哈伯在内的主流注意力经济学家都认为注意力在当今社会是短缺的，但是也有人对此持相反的观点。他们认为在注意力经济时代不是注意力"短缺"而是注意力"富有"。他们所说的富有是指在媒介高度发达的今天，我们每一个人都有可能获得大量的注意力。媒介中，特别是网络媒介，储藏着大量的注意力资源，这个资源比历史上任何时候都要大得多。这为这一资源的开发和利用提供了广泛的可能性。

第二节　注意力竞争

我们前面已经说过，人类历史的发展离不开注意力的竞争，当然真正激烈的竞争是出现在网络时代。这是一场没有硝烟的战争。我们每个人都无法、也不能置身其外。那么，竞争的基本问题是什么？它的博弈方式有什么特点？竞争会带来什么样的社会后果？社会的阶级结构会引起什么变化？

一　注意力的基本问题

当我们注意的时候我们付出的到底是什么？注意力经济学构筑的第一个难题是界定"注意力"这个概念。没有人能够给它下一个真正的定义。这个术语无论是哲学、神经科学、宗教学，还是广告学和心理学都做过努力,遗憾的是都没有定论。高德哈伯并没有因此止步不前。他结合一些不同领域的研究试图粗略地给注意力付出,或者说"一个人付与另一个人注意力"做一个统一的理论解释。

1. 注意力付出的神经反应模式

首先,一个人付与另一个人注意力,这种付出不是全部直接的,而是通过这个人的行为、表情和思想来进行的。高德哈伯举例说,假如你在观看网球单打比赛。当你把注意力放在一个运动员身上的时候,就等于通过自己一定的神经链接行为感知到运动员的动作,你刺激了神经链。虽然有时自己也会不知不觉跟着动作,但多数情况下,你只是稍微动了一动。这一现象称为神经中枢反应。猴子盯着人看的时候会通过自己的大脑模仿他的行为。人类的反应模式与猴子一样,但更为精细。例如,如果你看到有人拿起一个杯子推测他准备喝水还是想把脏杯子扔到水槽,就会激发你脑中的不同神经元。

在观看网球比赛中,观众的心理运动不只是反应动作,还很可能反应意向——赢得情感和欲望。这些会促使观众去挑剔比赛者。他们希望某个运动员尽快取胜的情感不容易转变,因此不可能以完全相同的方式去注意他的对手。

高德哈伯说,正因为通过看,你成为了一个迷恋者。到目前为止,神经科学家对不同的注意力只有非常粗略的了解。结束比赛并不意味着注意力关系的告终,一旦发生注意力联系,这种影响就很难完全消除,因为我们头脑内部已经发生了微妙的变化。即使这场比赛结束,看到运动员的名字或者表情,观众就会恢复到第一次看她打球时建立起来的忠诚的情感。你看她看得越多,她对你的心灵占据也越多,而且你越是会想她赢,或者干脆希望她一切如愿!

反应神经元与运动动作的关系可以帮助我们解释为什么广义

的运动（包括所有的思想）都与一定的肌肉和体质有关。高德哈伯使用"精神运动"的概念，来反映思想争论这一隐性的运动。

2. 注意力短缺的一种解释

我对注意力短缺的解释是注意力单位时间的付出受到大脑新陈代谢速度即生化反应速度的限制。而高德哈伯的解释却有他独特的角度。他说，在网球比赛中，如果注意力的付出包含了行为的肌肉运动的准备，如果它们需要使用同一块肌肉，我们同样不能一次把注意力付予两个不同的动作。这种限制非常广泛。因为所有的思想都或多或少地涉及肌肉、情感等等。我们能够一边走路一边吃口香糖一边思考。但如果我们在有障碍的路上一边走一边看网球比赛就非常困难。可见注意力资源是有限的和短缺的。

3. 付出注意力往往伴随回忆

我们对任何一个人的注意，都会刺激了自己的脑细胞，类似或有关的信息很容易刺激相应的大脑区域，从而使我们生产回忆。这里所说的回忆应该理解为一个广义的，即每个人的注意所产生的感觉和理解都带有个人经历的烙印。也就是说注意的同时也是对象与关注者个性心理进行"合成"的过程。高德哈伯用"回忆"这个概念有他的考虑，主要是为了对注意力财产的性质做出解释。

4. 付出注意力是心理结盟

为了注意力经济的研究，高德哈伯学习了反映神经元方面的知识。他过去一直不愿意用这个术语讨论大脑，从某种意义上说，他现在依然对此保持谨慎。他把注意力的付出解释为把人的精神改造为思想、观点、智力和对所关注对象产生情感的过程。他说，你注意任何一个人，无论这是不是暂时的，都改造了你对她的精神状态，你思考她的思想，你感觉她的感觉，否则你就没有注意她。这样，如果以后你注意到与现在关注对象有关的信息就会自然产生回忆,并进一步强化与对象的心理"结盟"。

5. 人们为什么渴望注意力

获得注意力到底意味着什么?高德哈伯认为,从某种程度上说全神贯注于你的观众就是以隐性的方式站在你的一边。他们也在想你所思考的问题,这样就相当于扩张了你的精神疆域。即使在你死后,他们还可以通过对你的回忆,阅读你的文章,观看你的录像,继续为你付出注意力。而你的精神就会在一定程度上在他们心里重现,获得注意力在某种意义上可以使你的精神重生。这或许是人类能够死后再生和活着的时候延伸生命的最为接近的方式。

高德哈伯所说的这种生命的延伸与我所说的延伸不同,对于生命的延伸的理解,我的立场是主观的,即站在生命主体的体验角度而言,注意力在时间和空间上的扩展就是生命的延伸。活着是对他人而言还是对自己而言;是被他人观察到还是自己体验到;这种体验是互动的还是单向观察;这些都需要界定,因为出发点、立场不同,对生的理解也不同。生命对旁观者来说只是活动现象或现象的重现的一个片段。我认为,渴望注意力的原动力来自于对生命延伸的渴求。注意和被注意意味着复制和被复制,意味着生命精神形式的繁衍。

6. 无底的欲望

高德哈伯指出,因为我们不能一次把我们的身体往几个方向移动,因此我们付出注意力的能力也是有限的。但我们吸收注意力的能力却不会受到限制。互联网技术使得一个人拥有几十亿观众成为可能,没有什么可以限制一个人吸引成千上万人的注意力。整个社会对注意力的渴望越来越明晰可见,越来越普遍,越来越问心无愧。人们人始终处在注意力经济活动中,以各种不同的方式,不停地付出、获得和寻找注意力。

二 零和博弈

与信息不同,注意力是不能共享的东西。每个人的精力是有限的,不可能有太多的精力同时关注几件事情,这是一个事实。高德哈伯认为注意力竞争是一场零和博弈,一个人之所得就是另一个人之所失。随着世界范围的观众越来越多,注意力的馅饼会越来越大,但人均大小并不会变化。因为它总是受到人脑总量的限制,人脑越多注意力越多,但这些头脑需要的注意力也越多,因此平均每个人脑可获得的注意力总量是不会改变的。人们需要注意力的平衡,因此就产生了虚假的注意力,电视主持人、明星都用虚假的注意力与观众交流。实际上他们并没有看见我们,只是技术手段让他们看起来在注意我们。现在电子邮件的自动回复系统也给普通人制造了这种虚假的注意力。

我们都需要对注意力进行一些拓展,这是关键。问题在于我们并不能等量获得,这就解释了为什么为了获取一些注意力我们要不断努力,为什么要急切地引进互联网。在高德哈伯看来计算机空间提供了获取注意力的新机会。但它也使我们付出了代价,增加我们获取小部分这种有限资源的无情压力,同时导致我们对注意力资源需求的不断增加。

注意力竞争虽然是零和博弈,但如果人类通过有效的合作,就会提高注意力资源的利用效率,在一些可能的地方用计算机代替人脑,减少不必要的注意力开支。工业革命的大机器生产,代替的是人的体力,而计算机时代的网络革命,它所带来的效应是大量的脑力劳动被人工智能取代。即使注意力技术生产的是"虚假的注意力",只要产生的心理体验是真的,从经济学的角度来说,它就可以视同于真实的注意力,它们在市场上是等价的。后面我们会介绍"地球脑"的概念,这一概念与传统的"地球村"概念不同,它是人类作为整体智能的整合与延伸,是人类注意力经济的一场新的革命，这种革命超越了个体的生理意义上的注意力极限。

三　注意力资本家

在美国，主流的观点把当代美国社会分为三大阶级，即工人、资本家和中产阶层。但是高德哈伯的分析方法与传统的方法截然不同，他指出由于注意力财富的不平等，新的时代必定会出现新的阶级分化。在注意力经济中存在着两个基本的阶级，即"明星"和"追星族"，形成了以名人为核心的普遍的"明星体制"。明星是注意力的大赢家，是注意力资本家。他们拥有大量来自"追星族"的注意力资源，可以对这些资源进行支配，把它们转移给第三方，并从中获利。"追星族"关注明星，关注他们的成就。关注不是一种被动的行为，它不时伴有想象。"追星族"在注意力经济中做出了贡献，提供了新经济中的大部分成果。追星者为明星打工，就像传统经济中工人为老板打工。不过他们有一点不同，在传统的经济中，一个工人只有一个老板，而在注意力经济中迷恋者可以拥有许多明星。明星为了维持与迷恋者的注意力平衡，也常常给予他们虚假的注意力回报。

不过追星族也是分化的，在他们中间，有一种职业化的"粉丝"，他们通过与名人的特殊关系，获得名人产品和与名人交流的机会，并把这些产品和机会转化为商业活动，自己从中获得经济收益。但这种追星族已经不是纯粹意义上的"粉丝"，而是商人。虽然他们与传统的商人并不完全相同，但是有些"粉丝"因为有接近名人的机会而受到其他"粉丝"的追捧，成为小群体的准名人，一个注意力经济时代的"小老板"。

经济学家罗伯特·佛兰克和菲利浦·库克在《赢家通吃》一书中对美国的这一趋势已有证明。作者指出，在体育、娱乐、艺术行业盛行的明星制现在已经扩展到其他专业领域。《华尔街日报》1997年9月3日头版的大字标题写着:"执行总裁成了明星",他们如何获得报酬,怎样被雇用,怎样被使用又为何被解职,都成为新闻。他们在公司的经营活动更像是获取注意力而不是传统老板所做的那些东西。他们越来越多地被当做名人对待。他们离开时就像明星一样,带走一批注意力。高德哈伯认为在网络社区注意力交易是主要的,商品和物质交易只是处在配角的地位。许多人的目标是要在网络社区成为明星。注意力不仅从迷恋者流向明星,而且也能通过超级链接从一个明星流向另一个明星,或者从一个迷恋者流向另一个迷恋者。注意力可以在网络空间从一个地方跳到另一个地方。这样注意力财富的流动和转移也变得非常便捷。

注意力财富的流动带来社会财富的重新分配,出现了新的贫富阶层和新的阶级分化。其中一小部分人占据了社会的大部分财富,而社会的大多数人却只占有社会的小部分财富。根据佛兰克的观点,注意力经济中也是存在着先天的不平等,有些人生来就美丽动人,引人注意,甚至有人可以从先辈那里继承注意力财富,但媒介扩大了这种不平等,促进了注意力财富的进一步分化。对于注意力经济,高德哈伯的内心是矛盾的。一方面他喜欢平等关注,但另一方面他也喜欢得到公认和赏识,但两者不能兼得。

四 新贫民阶层

任何社会都存在着贫民阶层,传统的社会贫困意味着饥饿;意味着无家可归;意味着难以度过的严寒。在注意力经济时代,也存在着新的贫民,他们是注意力经济社会的失败者。失败者的一个主要特征是他们不能用任何方法出名或引起人们的关注,这可能是因为他们在引人注意方面有"障碍"。在失败者队伍中这种类型的人会不断增加,由于注意力竞争力的低下,这些人的整

第三章　注意力"爱因斯坦"

个生活都会变得困难。作为新经济时代的失败者，面临的是一种什么状况，等待着他们的是什么命运？高德哈伯认为首先是被忽视。这里他指的是那些没有清晰的身份、个性不明显的人，他们处在一个大的社区，因为注意力被分散了而难以获得关注，还是因为不能获取注意力，他们将失去一切。极端的情况是有些人就像无家可归的流浪者，死在路人的冷漠之中。

当然，在这里高德哈伯主要是指精神死亡和生命意义的失去，但是我们也不排除肉体死亡的可能性。因为在西方国家，包括美国在内，都有一些孤独老人在社会的冷漠中悄然死去，甚至死后数月才被发现。近年来，在一些国家，包括中国，一些社区开始注意在孤寡老人的住处安装求救电话，以提高他们获得关注的能力。现在的问题是越来越多的注意力被少数人垄断。因此已经有一些有识之士提出平等关注权的问题，社会注意力资源的分配必须考虑社会公平，必须关注社会弱势群体，这里政府和媒介的责任尤其重大，但平等关注权的实现还需要全社会的努力，现在我们需要讨论的是如何实现平等关注权。在学校培养注意力经济观念，提高注意力竞争能力是非常重要的，但注意力经济时代的伦理关照也是非常重要的。从某种意义上说，注意力经济素养比传统素养更为紧迫。在注意力经济社会，身份的等级也是明显的，处在社会上层的更容易从下层中获得注意力，当更高的一级领导出现的时候，下一级领导就会被忽视，当大明星出现的时候，原来停留在小名人身上的注意力就会流失。社会上"注意力贵族"对"注意力贫民"的掠夺是一种普遍的现象。今后，社会的福利不能仅停留在物质方面，获得关注、赢得尊重这些"精神福利"将成为"新贫民"阶层新的需要，同时社会也需要新的法则来规范人们获得注意力的行为。

这里需要思考的是在注意力经济中有没有中产阶级的存在。我认为有，不仅存在，而且还有相当大的规模。因为主流文化正在分化为无数的文化碎片,除了大明星为核心的主流文化,还有由大量小明星构成的亚文化群体。这种现象不仅在网络世界随处可见,现实社会的一些拥有一定社会地位的中上流社会人士,也都是注意力经济的中产阶级。他们虽然不足以以自己的注意力获得大量的金钱,或者把这些注意力直接转化为金钱,但是社会有一种潜在的规则,使得这些注意力资源相对富有的人拥有更多赚钱的机会,获得各种优越的待遇。这些人往往受到来自政府和社会更多的重视,如有一些专家学者、握有一定权力的政府官员和企事业单位领导、各种社会荣誉的获得者,人们把更多的注意力给了他们,也把更多的机会给了他们。在这一阶层中他们获得的注意力更多的是直接转化为自己的精神福利。

五 社会冲突与恐怖主义

托克维尔在《论美国的民主》中指出:"贸易是所有强暴欲的天敌。它促使人们独立并充分意识到自身的重要性,引导人们管理自己的事务并教会他们如何走向成功。因此,贸易鼓励人们追随的东西是自由而不是革命。"根据这一观点,注意力经济的发展,注意力自由交易的扩张,应该是消除暴力冲突的力量。但情况并不是这样,在一个物质和非物质世界构成的社会,物质财富同样是吸引人注意力的有效武器,物质财富的差异也会在现实世界带来注意力收入的差异。炫耀性消费会导致注意力配置的不均和社会心理落差,会形成仇富心理。

佛罗琳·若泽在一次采访中曾经向高德哈伯提问:"在注意力经济时代会不会发生像工业时代那样的工人造反?"[①] 因为根据卡尔·马克思的观点,任何经济学最终都会陷入一场针对稀缺

---

① *The Attention Economy Will Change Everything* by Florian Rötzer. http://www.heise.de/tp/r4/artikel/1/1419/1.html.

性"生产方式"的阶级斗争。

面对这个既有趣又严肃的问题。高德哈伯回答得有点犹豫不决，他说"可能会"，但马上又转口说他很难看清造反如何取得成功。其理由是：那些没有获得真正注意力的人会感到他们更加依赖明星。造反也需要领袖，这样领袖自然而然地成为明星，不再是一个失败者，而他的军队仍然是失败阶级，一场成功的革命要求注意力分配人人平等，因此他认为不大可能。

高德哈伯的这一观点显然不对，历史上许多农民和工人起义都提出某种意义上的平等口号，但在领导集体与普通起义群众之间，从来都不是平等的。不仅地位不平等，待遇也不平等。但这种领导者与被领导者之间的不平等，并没有影响到起义的成功，从某种程度上来说，正是在起义者内部有某些不平等存在，才会取得起义的成功，完全的平等就不可能有领袖的产生。实际上任何形式的起义和造反都只不过是期望社会利益重新分配的行动。在注意力经济中，领袖在造反过程获得更多的名声和注意力，而追随者也会因此改善获得注意力的机会，或者有了更多的他人的关注，在造反者队伍中人们就可以互相关注。因此在造反领袖和追随者之间并没有利益的直接对立，而是拥有更多共同的利益。关于注意力经济社会的矛盾和冲突问题，有一点可能是高德哈伯没有体会和想不到的，在中国还有一种普遍的社会现象，即注意力压迫，这个压迫主要来自于应试教育，学生注意力的自由支配权几乎彻底被剥夺，比如孩子为争夺"上网权"所发生的家庭暴力事件就演绎成为现实的抗争。

但高德哈伯认为在注意力经济时代肯定有暴力存在，如恐怖行动，甚至还有为了注意力资源而进行的战争。这种迹象已经很明显，为了某种目的采用获取注意力的武器装置。不过这个战争看起来有些不同，理由很简单，因为步兵要在这场战争中取得注意力的胜利是非常困难的。战争看起来好像是政治上对领地进行控制的最好办法,但在注意力经济中它并不是特别有效。一场为争夺网络空间的战争,用的是"软件"武器而不是枪炮。令人愉快的注意力可能从一个网站跑到另一个网站,这样的军队调动仍然不是很清楚,除非引人注目的东西或人才在他们一边,这样注意力战争才会有最终的结果和胜利者。简单的威胁不是一种有效的手段。

这里,高德哈伯又犯了一个错误,实际上当代恐怖主义玩的恰恰注意力游戏,恐怖分子通过制造恐怖事件来引起人们对某一问题的关注,并在民众中制造恐怖心理和恐怖体验,消耗社会注意力资源,以此达到自己的目的。无意中媒体对恐怖主义起到了帮凶的作用,它们通过自己的影响力,不知不觉地放大了恐怖主义的威力。而实际上恐怖主义制造的直接破坏性后果与交通事故相比较要小得多。媒体成为我们感知世界的代理人。但它们真的能代表我们的选择吗?告知义务与注意权在这里有没有冲突,媒介在告知人们真相的同时,是不是也促进了恐怖活动?在注意力经济时代,恐怖活动越来越像一个纯粹的、恐怖的注意力游戏、真真假假、虚虚实实,"诈弹"与"炸弹"拥有了同样的效果,甚至比"炸弹"的威力更大。

要推翻现有的社会基础,最巧妙、最有效的方式,莫过于扰乱通货。制造整个社会注意力的混乱是注意力经济时代暴力的一个特征。

第三节 未来图景

注意力经济的思想不仅具有现实性,也具有非常强的前瞻性。虽然未来有很大的不确定性,在一个多变而复杂的社会,未来就更加难以把握。高德哈伯对注意力经济的洞察可以说有远见卓识。虽然他的一些结论有待推敲,但是他的大胆预言却给了我们不少的启示。对于未来，他做了以下的预测。

一 "生产力"丧失意义

在过去的50年里，家庭平均人数不断减少，但在美国，为了维持中等以上的生活，"双职工"家庭数量反倒增加。在此期间，计算机价格明显下降，功能却有了惊人的发展。现在一台普通计算机的功能要比1950年世界上所有的计算机加在一起还要强大。奇怪的是计算机的功能增加了这么多，应用范围也不断扩大，但它并没有带来相应的可测量的生产力的高速增加。这使传统经济学对此感到困惑。高德哈伯认为其中的原因之一是如何测量生产力我们还不清楚。如果一家工厂生产一种完全标准化的产品，如60瓦的灯泡，一次又一次，年复一年，生产力很容易测量，只要把每年生产的灯泡总数除以总的工作时数即可，但如果在不同的年份生产不同的产品，如何进行比较就没有一致的方法。一辆1999年生产的富豪S70汽车等于几辆1960年生产的富豪544型汽车？这是很难确定的。

服务行业的比较也很困难。1999年律师的生产力比数年前在同一律师事务所工作的律师生产力高吗？唯一的方法是比较两者的律师费。但律师费又是基于律师们能得到什么案子。这一数字至少与对律师的需求和律师的供给有关。

律师的例子可以很好地说明与之类似的注意力经济。不是所有的律师都收相同的律师费，就像电影明星的情况一样，注意力越多，获得的正常收入也就越多，越有名的律师收入也越高，艺术家的情况也是这样。如果用美元数量测量一个艺术家的生产力，我们就会发现最引人注意的艺术家最赚钱。要是用工作时间或以每小时在画布上画的笔数为依据测量艺术家的生产力，其结果肯定是荒谬的。

最大的生产力就是万众瞩目的影视演员，如果不考虑观众的注意力，明星并不比一般演员有更多的产出，正因为明星能吸引更多的注意力，所以明星比一般演员的生产力更高，产出更多。这个例子表明测量生产力的正确方法是借助其注意力的吸引，即使普通商品也要吸引注意力，否则永远卖不出去。高德哈伯提出了这样一个注意力经济学原理："一方面，你认为得到某一东西后你获得的注意力越多，你就越愿意去购买，而且你也愿意为此付出更多的钱；另一方面，你觉得对某一东西愿意付出的注意力越多，你就越愿意为之付出更多的钱。"这一理论具有很强的阐释力，比如，我们买衣服，确实是希望它能帮助我们表现自己的品味、魅力、个性，甚至私家汽车也是为了引人注意，表现身份。符号消费理论是对注意力经济的另一种强有力的解释。

根据以上分析高德哈伯认为注意力经济时代的生产力应该定义为"注意力的获得与注意力的付出之比"。在注意力短缺以及零和博弈的世界，获得的注意力越多，就"近乎于"生产力越高。传统的生产力定义为金钱，这是因为人们都在追求金钱，现在人们追求的是注意力，因此生产力也应该定义为注意力。从个人来说，尽可能少付出注意力，获得尽可能多的注意力，就是生产力的最大化。从这个意义上说生产力意味着影响力。获得注意力越多，收入也越多。

但是也有人提出既然注意力是无法测量的，那么注意力经济的生产力也没有意义。这确实切中了要害。高德哈伯的思想存在着前后矛盾。当然我们也可以换一个思路：任何东西的测量都没有绝对准确的，不仅只是注意力，就是每一个苹果，也是有个性差异的，如果要认真计较起来，即使是标准化生产的工业产品，每一件也是有差别的，只是这种差别对消费者来说已经无足轻重了。那么注意力的个体差别和注意力的计量要求就要特别高吗？比如我们对时间的计量，在不同的领域要求是不一样的。对注意力的测量也是如此，只要测量的方法和标准能够为人们所接受，那么，注意力市场依然会繁荣。在这一点上商业的头脑或许比科学的头脑更有用。计量的目的不是客观准确，而是对人类有没有价值和意义。对于这个问题的认识，我们可以回顾人类社会数学发展的历史。对于数字我们的祖先本来是非常模糊和粗糙的，早期人类的交易行为中许多农产品是以"堆"来论数量的，交易双方大致可以接纳就行。到了现代社会，我们购买苹果，也是以"大致"的品质，来确定价格，以"大致"的重量来确定付出货币，我们不可能要求每个苹果的质量都一模一样，也不可能要求商家用天平称量，以精确到"毫克"。

二　广告业走向死亡

一般人认为注意力竞争的加剧，广告的地位一定会变得更为重要，广告业一定有更大的发展，但是高德哈伯给出的答案却让人吃惊：广告将终结。他在《广告的终结》一文中指出，广告比节目更为有趣，这是不少美国人的共同感受。广告一定要胜过节目，要不然商家就无法留住观众的注意力，让他们有足够的时间明白广告在推销什么。今天，一方面商品本身难以令人兴奋，而另一方面观众手中都握有遥控器，这对广告创作者来说无疑是一种强大的压力。

广告现在已变成一个完整的微型产品，一个吸引人的故事，它们更像一件"纯粹"的艺术品。广告产品仅仅是艺术作品本身的副产品，广告宣传的产品大多数情况下可以用其他相似的产品甚至根本不同的产品代替，而这样做不需要太多地去改变广告作为艺术产品的完整性。广告主的选择非常有限，他们必须为他们的产品寻找注意力，否则就销不出任何东西。因此他们要坚持不懈地与其他试图获取注意力的人和事进行竞争。

高德哈伯预测，具有艺术性质的广告代理公司的活动范围会越来越大，机会也会越来越多。更多的人会开始广告创作，给自己做广告。具有讽刺意味的是广告宣传技术的发展越来越多的不是服务于产品的宣传，而是服务于个人的自我宣传。

这在 20 世纪 60 年代中期诺曼·米勒的《为自己做广告》一书中有表述。不管是何种形式的表达，要成功必须自身具有吸引注意的能力，注意力是对我们所要表达的内容产生感知和理解的先决条件。所有开拓者的成长与发展都依赖于我们的注意力，这就像广告需要注意力一样。

从实践看，作为一种艺术形式的广告，其本身真正的含义是广而告之。就像对待小说、电影、音乐会或艺术展览一样，美国观众对出现在公众喜爱的电视节目中间的广告同样有着极大的兴趣，甚至有专门为有趣广告设立的奖项。

虽然现在广告创作者在公众中并不非常出名，但高德哈伯认为在不久的将来，互联网会从根本上改变这种状况。广告人可以像电影导演和摇滚歌星一样，很容易为自己建立"发烧友"网站。具有自己风格的广告"导演"将为大众所赏识，为大众所喜爱。著名的广告人，其本身也将成为大众文化的一个部分，这有助于我们把广告更多地看做是创作者的表达艺术。对为广告付钱的广告主来说，表面上看起来是为了自己的目的而委托他人做广告，而实际上完全变为这些艺术的"赞助人"，就像他们赞助艺术展览或歌剧作品一样。

注意力竞争的发展导致广告的开支越来越大，而效果越来越差。这种趋势必将因为一批广告艺术家的出现而宣告结束。根据高德哈伯的说法，这再现了电影和歌剧的历程，由于电影和歌剧价格的提高，导致这一领域大牌明星地位的结束，他们失去了来自迷恋者的珍贵礼物——注意力。尽管公司的广告意图是要让他们的产品在我们心目中占有地位，而他们所能做到的，就是让他们的产品与明星建立联系，让我们在不经意之间，唤起对产品的记忆。高德哈伯甚至说，随着注意力经济占据主导地位，广告行业不会再像今天这样存在,因为它的要点是劝诱人们花钱,而钱已经被废弃了,因此未来的广告只是直接或间接吸引注意力。

在西方许多学者都认为广告正在走向死亡。如《公关的兴起与广告的衰落》一书的作者阿儿·里斯和劳拉·里斯也有类似的观点。[①]

其实,广告是否死亡,主要看如何定义广告。注意力经济社会我们也可以说是一个大广告的时代,因为自我宣传在这个社会将发展到一个空前的高度,广告不仅无处不在,而且也到了无人不广告的地步。广告的生命力将渗透到社会的每一个角落,但是它已经是一个新的形式。当然就高德哈伯所说的狭义的广告而言,其疆土确实会越来越小。

三 明星成为注意力社会的地标

高德哈伯断言,注意力经济将带来一系列社会变革,包括我们的社会结构、理解方式、努力方向和日常生活,家庭、社会、国家的性质和政府的职能,谁成功、谁失败,意识、价值、伦理和道德等等。社会空间结构也会发生重大变化,人们更多地从现实空间走向网络空间。网络空间的"大都市"将是以人与人之间的关系而不是以物理距离的接近性来定义的,而且人与人之间的关系主要是注意力的联系。建筑物不再是这个空间的地界标志,真正发挥地界标志作用的是各种各样的明星。

这一观点非常有见地,明星无疑是我们这个社会注意力聚集的核心,人们谈论的话题、注意的事物都是围绕着明星。追星族并不以地域为界,而是以偶像为圆心,偶像就像太阳,追星族就像行星,因为它的吸引力而形成太阳系。另一位注意力经济学家

---

① 在中国这本书的译名为《公关第一·广告第二》,上海人民出版社 2004 年版。

莱汉姆认为名人构筑了强大的注意力向心力,这种向心力就像地球的引力,是一种自然的力量。求名的欲望把人们聚集在一起,否则我们就不会共享一个舞台。这应该说是一件好事情,因为在这里集体的力量得到了整合,个人生命的张力得以展露。出于指挥和引导群体行为的需要,向心力的获得在灵长类动物群体中是必需的。

高德哈伯强调成名的重要性在各个领域都在增加。如果本人不能引起我们的注意,那么他的话题也不大可能引起我们的注意。这在我们中国称为"人微言轻"。因为获得注意是推进一切事业的基础,而拥有名声的名人容易获得社会关注,因此名人已经成为当今这个时代任何一个社会组织的重要资源。引进名人、培养名人、生产名人成为这个社会的中心活动之一。

四 余暇越来越少

我们的休闲时间会越来越多吗?对于这个问题,高德哈伯分析说,购买计算机上网不仅可以让你了解世界,而且也可以通过这种技术让世界了解你,网络是注意力追逐和注意力分配的工具。追求注意力的主要难题在于,无论是在互联网还是在我们的生活周围,如此众多流动着的注意力都是独一无二的。一个起码的事实是你有了网页并不意味着有人会发现它并花时间去看它。人类社会的活动都是在直接或间接地互相关注,但是我们生活在一个注意力有限的世界,一旦我们把它全部集中,那么,除此以外就再也没有什么。我们所能做的和希望做的就是对它做出重新安排,如为我们自己获取更多的注意力。他说我们处在这么一个世界,在这个世界人类生产主要集中在注意力的获取,生产力不再上升。我们购买计算机确实提高了个人的生产力,但要是我们用从他人那里获取的注意力来测量,那么,许多产出都是"无效的产出"。高德哈伯认为我们不应该对注意力技术（以前我们错误地把它当做信息技术）的发展并不增加对一个国家和公司总的生产力贡献感到惊奇，"信息技术"的发展只是让我们把所有的一切都集中在注意力的获取上，并使这种竞争的压力越来越大、越来越困难。说得更确切一点，为了得到一般的注意力收入或保持我们已有的注意力，我们每个人都必须越来越努力地工作。我们每个人的压力越来越大，我们的日子会越来越紧张而不是越来越轻松。

高德哈伯的这种观点与传统观点大相径庭，传统观点认为随着经济的发展我们会拥有越来越多自由支配的时间，人们会过上轻松的日子。事实是"在农业社会，由于日出而作，日落而息，所以日常生活一直在社会生活中占据主导地位。然而，随着生产力的发展，随着工业时代的到来，日常生活逐步引退，而非日常生活的地位和作用逐渐提升。到了现代社会，非日常生活大有吞没日常生活的趋势，人类生活的节律演变为：工作—休息—工作……这里工作成为出发点和归宿，而休息成为工作的间歇，成为下一个工作日的准备。人们的闲暇时间大大缩短，人也不再有闲暇的心情。工作成为旋转的中心，人被异化了。"[①]

五 隐私观念出现颠倒

随着信息数据的增加和网络的发展，对网络的管理会不断加强，收集注意力也意味着被监察，个人隐私将会减少，这是否意味着逃脱关注的欲望会增加？有人对此表示担忧，这种担忧反映了网络社会人们的普遍心理。

针对这一问题，高德哈伯指出，"自愿注意"的欲望是无限制的。但我们多数人不想被迫付出注意力。他说在注意力经济时

---

① 李文阁：《哲学须回归生活世界》，《社会科学报》2008年4月3日。

代，隐私的观念也发生变化。隐私不是指不被看见，而是指不被迫看其他人。这种隐私观念与传统的隐私观念刚好调了个个。他认为这一隐私观念有丰富的内涵，尽管他现在还不能说得很清楚，但是这种变化是肯定的。为了佐证他的观点，他要我们想一想到处都是的那些个人网站，在那里年轻人常常详细展示他们的性行为、荒诞的想法和其他个人的糜烂生活。

人们对注意力的追逐已经变得疯狂，高德哈伯以戴安娜王妃为例，他说戴安娜逃避记者追踪只是因为不愿意向迷恋者公开她的婚外情，而迷恋者对她的关注却明显地提升了她的价值，过去几个世纪里并没有发生类似的情况。

高德哈伯对于"隐私观念出现颠倒"的判断很大程度上是来自直觉，虽然有一些现象能够描述这种变化，但高德哈伯本人也承认现在他还是不大说得清楚这个问题。我的理解是：强迫他人注意就是强行闯入他人精神世界的领地，从而侵犯他人隐私。侵犯隐私的直接后果是造成他人不愉快的体验，在这一点上，它与传统的隐私观念有着共同之处。如男性在女性面前露阴，传统的观点是性骚扰，根据高德哈伯的观点，这也是侵犯隐私，因为人们被迫看见不想看见的东西。当然新隐私观念不应该排斥传统的隐私观念，它只是对传统隐私观念的补充。

六 政府只扮演小角色

人们一般认为，市场营销只适用于企业。如市场营销的一个权威定义就是"一个企业为将其产品以营利性的方式出售给它的顾客所采取的所有方法"。事实上，营利性并不构成市场营销的必要条件。只要存在目标且目标的实现有赖于他人的行为，特别是还存在目标相似的竞争者，就可以应用市场营销观念。雅克·朗德维和德尼·林顿在《市场营销学》一书中给出的市场营销的广义定义就明显带有上述理念，他们认为"市场营销，是一个组织为了在相关的公众中推动有利于实现它自身目标的行为而运用的所有手段和方法"。① 在美国，政治也被市场化，总统竞选就是形象竞争，要对候选人的形象进行设计、包装、广告，最终推销给选民。佛罗琳·若泽在采访高德哈伯时提问：民主政治也是一种市场，在那里也有话题、策略以及个人为争取选民和选票的竞争，注意力经济会改变政治吗？如果会，它会导致什么结果？

高德哈伯回答：政治已经发生了很大的变化而且还要进一步变化，现在的趋势是，政治家的选举产生与其说是因为他们的政治立场，还不如说是因为他们引人注目。政治涉及一个独立政府的行为，它控制着一定疆土范围内的物质和货币资源，但是因为注意力成为更有价值的资源，政府将很可能只扮演小小的角色，因为在注意力流失的情况下，立法和税收都会非常困难。政府的功能因此简化。

七　注意力成为社会基本福利

拥有注意力就拥有财富，拥有注意力财富就拥有注意力经济时代的社会福利。高德哈伯预计：随着注意力流通的增加，网络空间也会变得更为重要；明星的重要性会增加，匿名者影响力会下降；大型组织的作用减少，因为它们不容易聚集和交换注意力；几乎每个人都有自己的网页；因为老有所靠，人们不会完全依靠社会保障、其他投资、货币储蓄或养老基金；各种类型的企事业单位都有每个人声望的详细清单，就像现在的好莱坞电影。他建议：为了新世纪过好日子，除了金钱我们每个人都应该用各种形式尽可能多地为自己建立和积累注意力的

---

① 李江帆、顾乃华：《以政府市场营销为途径发展总部经济》，http://hq.zhaoshang-sh.com/zbjj/rdzt/200606/20060630162934.html。

库存。不过，在这些库存里应该包含哪些形式的东西，还是值得我们好好思考。

总之，高德哈伯认为注意力是最为短缺的，注意力经济带来新的特有的财富形式、阶级划分和新的所有权形式，所有这些使得基于工业——金钱——市场的传统经济走向灭亡。

社会上流传着许多肤浅的注意力经济概念，对注意力经济的错误理解和使用影响了注意力经济的发展。高德哈伯认为这种品质低劣的注意力经济概念无法激发我们对真正变化的探索热情。他意识到注意力经济概念本身甚至比注意力经济的发展还难以把握。我们迫切需要注意力经济的原始的含义，除非有其他更好表达它的概念术语。遗憾的是他至今还没有给出注意力经济一个确切而满意的定义。但有一点必须承认，在个人注意力、寻找注意力、注意力市场以及注意力产业之间存在着差异。它们之间以某种方式建立联系，给我们生产了一系列注意力产品，包括名人、传媒产品和其他体现消费者身份的符号化商品等等。

高德哈伯与其他注意力经济研究者最大的不同是他的开阔视野，他不是局限在传统的经济学领域和经济学概念，他的话语体系也与传统的经济学大不相同。因此在学术讨论中，他常常被其他同行误解。

经济学有一句名言："什么是不辨是非的人？他通晓世间万物的价码，但对其价值却一无所知。"与此相反，高德哈伯则是属于那种"不知道注意力价码但却深知注意力价值"的人。

问题：
1. 在注意力经济时代，由于每个人拥有的注意力不同，必将产生注意力鸿沟，这是否会造成新的社会问题和社会不安？
2. 现实中由注意力产生的经济如何统计进 GDP 中？

第三章 注意力"爱因斯坦"

3. 高德哈伯提到,一个高度发达的注意力经济社会,在其经济系统内部钱将被废弃,那么物物之间交换的媒介会是什么?

4. 注意力经济社会,除了"明星"和"追星族"两个基本阶级,有没有中产阶级的存在?

第四章 新旧理论的较量

　　传统经济学是人类经验长期总结的结晶，已经成为经典。它的核心理论就像几何学定理，如三角形的两边边长之和大于第三边边长，这在每一本教科书都是一样的。经济学基本原理是理解人类经济行为的基础。

　　　　　　　　　　　　　　　——里肖博·佛西

本章重要人物介绍

　　里肖博·佛西（Rishab Aiyer Ghosh），1975年出生，著名网络杂志《第一个星期一》的编辑，荷兰马斯切特大学网络经济与开放资源的研究者，经常在各种会议发表演说。近年来在联合国贸易与发展委员会工作，协调欧盟基金资助的 FLOSS 项目。这个项目包括了广泛的免费开放资源的用户和开发者。他的研究涉及政府的资源开放政策，具体运作得到了欧盟、荷兰和美国科学基金的资助。在注意力经济学派中他是作为边缘人物，甚至从某种程度上说是作为一个激进派的对立面而出现的。他虽然赞同注意力经济的说法，肯定"注意力经济"这个概念的重要价值，但他坚决反对注意力经济学派对传统经济学的否定。

第四章 新旧理论的较量

第一节 死亡边缘的经典

互联网和信息社会的发展，带来许多经济学无法解释的新现象，因此声称"经济学已经死亡"成为一种时尚。但是绝大多数这样的声言者不是对什么是经济学不清楚，就是拿不出可以替代经济学的东西。他们更多地是出于宣传的需要，而不是认真地探讨本质的问题。佛西认为高德哈伯的观点独树一帜，有学术价值，值得讨论。高德哈伯所说的"旧的概念在新经济中没有价值"有一定的合理性。因为传统经济学思想和理论的枝节问题确实已经被夸大，而夸大的目的就是使他们自己的思想能够受到重视。

信息革命对农业和工业来说到底是万能良药还是一剂毒药，不仅在于它的自然发展，还在于对其力量的信念。高德哈伯是一个具有坚定信念的注意力经济学家，他一开始就谴责传统经济学使用的方法。然后再以自己全新的方法试图清楚描述出这个变化的时代。

一 语出惊人

在一次重要的网络学术会议上，[①] 高德哈伯发言说：

这次会议的主题是"数字信息经济学"，我们首先要很好地思考一下"数字信息"的内涵到底是什么，以使其适应这个专门的会议。我们这里多数人考虑的是经济学的基本理论如价格、成本、生产力等等如何应用到"数字信息"。我要发言的与此大不相同，我们通常所说的经济学不能适用互联网、计算机空间，

---

① 1997年4月的"数字信息经济学"会议。

或者更为一般地说不能适用我们可以预见的未来生活。我们整个社会都在发生变化，这与以前基于工厂大规模物质生产的时代完全不同，那时谈论的是货币、价格、投资收益、供需法则等等，这些都是卓越的见识。但现在我们已经进入新经济，传统的观念在新经济中没有价值。

"信息时代"、"第三次浪潮"、"走向计算机空间"，这些观点都不能清楚地表明我们这个时代的特征和生活状况。这些观点太模糊，根本不会促使我们去思考要不要改变一下我们的经济思想。传统经济的一些观念使我们对注意力经济的感受与感觉变得迟钝。高德哈伯几年的努力就是要搞清这场革命到底意味着什么？他得出的结论是："我们已经进入注意力经济时代。"

注意力是双向流动的。人们可以制造"虚假的注意力"以保持双方注意力的平衡。当你拥有一个人的注意力时，你就可以拥有更多人的注意力，这是一种注意力的传递现象。以此来构筑经济，就可以把注意力资源变为经济资源。

他说："我和你交谈时，我们就处在现行的注意力经济。"现在每个人都在某种程度上处在注意力经济之中。如果你现在没有参加这个网络会议，你可能更多卷入货币交易而不是注意力交易，你可能天天考虑如何挣更多的钱，你的注意力将跟着金钱而去。你也可能很关心用这样或那样的方法获得注意力，或帮助他人获得注意力，这种比率正在增加。

当今时代，物质经济正在走向衰落，可悲的是物质经济的衰落恰恰是因为它的成功，这就是所谓的物极必反。我们可以看到，在物质生产领域已经没有足够的空间让我们像过去一样繁忙，在这一领域发展的余地越来越小。物质生产部门出现大量失业，即使在发展中国家，农业的绿色革命也带来大量的物质生产人员失业。然而，奇怪的是我们还是与过去一样忙碌。高德哈伯认为，这种现象并不奇怪。这是因为物质需要在人类舒适水平上

第四章 新旧理论的较量

已经得到较好的满足,产业经济所建立的自由越来越趋向直接获取注意力,这导致注意力竞争的加剧。无休止的争夺造成注意力资源的进一步短缺。我们都需要一些注意力,当所需的真正的注意力资源不能获取时,人们就不得不千方百计获取"虚幻"的注意力。这些"虚幻"的注意力来自正在增长的各种各样的媒体。

渴望注意力在很大程度上是被经历和经验所强化。现在20岁左右的青少年看电视已经超过3万个小时,电视里的角色和人物成了其关注和模仿的对象。这也是歌星、体育明星和政治明星造就的全球模式的原因。在相对较低的程度上,这种模式还被教师所造就。

没有注意力一切形态的价值都不可能存在。因此获取注意力不仅是组织价值的基础,也是个人价值的基础。真正的注意力来自每一个个体。我们都知道,电影明星和导演都以不同的方式吸引观众。这是文化产业的特点,这种特点在注意力经济时代具有广泛性和普遍性。观点和信息的重复很难获得注意力,新经济基于不断的创新或至少设法新颖。相对而言,传统的工业经济基于生产大量可交换的物质产品,一个人可能一辈子都在工厂工作,重复某种简单的劳动。给产品制定标准,也给一定的工作设定一定的标准,缺乏个性,一切是标准化的和可交换的,一美元产品对每个人似乎都是等价的。在不断创新和多样化的注意力经济,以上这种交换已不复存在。

高德哈伯进一步分析说,在完全的注意力经济中,目标仅仅是获得足够的或尽可能多的注意力。如果你获得一个人的所有注意力,你可以让他做你所要做的一切。不仅如此,如果全球是一个注意力经济,那么,生产物质产品、种植食品或获取其他资源,你只要付出注意力。这样,如果你有足够的注意力,你可以得到任何你想要的东西。如果你没有足够的注意力,你的选择权和可供选择的东西就会受到限制。

在注意力经济时代，财富和资产也采取了一种新的形式，这里物质生产是第二位的，基础是注意力。他说："今天我对你说的东西如果给你深刻印象，这就可能影响你的一生，即使我是胡说，以后偶尔相遇也会很快想起我。所以，获取注意力不是暂时性的事情。今天你获得了一部分人的注意力，你就会获得更多人的注意力和潜在的注意力。这样你就获得了一种恒久的财富。"它把你置于较为有利的地位，以获得新经济提供的任何东西，所以在新经济中注意力就是资产。注意力既然是资产，那么这一资产它在什么地方呢？高德哈伯这样解释道："本质上它在那些过去注意过你的人的心目中"。这种财富可能会随着时间的推移而明显减少，但它很少完全消失。了解了这一财富资产性质，我们对保护和扩大这一财富的策略就与于通常的观念不同。假设使用互联网的目的是获得注意力，我们当然希望公众复制并传播信息，希望资源免费公开，这样我们就可以获得更多的注意力，这就是新经济和传统经济的区别，因此与知识产权和版权的斗争，实际上是新经济和旧经济的较量，这也是两者不能共存的原因。

谈到货币与注意力的关系，高德哈伯说，在一个纯注意力经济环境中，货币没有基本的功能，没有真正的角色可以扮演。

如果你拥有许多注意力，你就是某种类型的明星，当今的明星一般都能赚大钱。那些电影明星、体育明星、甚至政治领导人和将军，他们退休后演讲或写回忆录、拍成电影……追星族为明星可以做任何事情，如长排队观看演出，他们对明星的关注超过了对家人的关注。换句话说，现在金钱随着注意力而来。总而言之，在旧经济向新经济转换期间，旧形式的财富很容易流向新形式财富的持有者。金钱和注意力是双向流动的，金钱可以买到注意力，注意力也可以赢得金钱。用高德哈伯的话来说，在新经济"金钱跟着注意力走，就像注意力跟着金钱走一样"。

第四章 新旧理论的较量

高德哈伯把商业业绩分为瞬间财富和恒久的财富。传统的物质财富卖了以后就没有了，这是瞬时的价值，注意力则是恒久的价值，他以微软为例，指出微软发展的历史成就已经牢牢地吸引并在技术上固定了大量的注意力。公司兼并有时也是为了注意力，网站也要用明星来吸引注意力。今天很少有东西能像亚里士多德的作品那样吸引人们几千年。尽管没有不朽的作品，但只要懂得吸引，人们还是可以在新经济中生活得很好。

为什么货币的功能会衰退？高德哈伯解释说，即使你很有钱，你也会发现越来越不便或越来越不值得麻烦去用它，这样，我们根深蒂固的对瞬时报酬的渴望将开始衰退。如果你在一家出版公司工作，你意识到不可能一辈子从事这项工作，今后工作会经常变化，你就会通过现在的工作设法使自己成为明星，这对一切行业都适用。他指出，如果你相信自己能够用某种方式抓住并保留公众的注意力，简单地进行金钱积累在一个好的战略中是不必要的。金钱将来就像贵族头衔，变得越来越没有意义。

二　佛西：经济学万岁！[①]

针对高德哈伯的观点，特别是传统经济学还适不适用注意力经济的问题，佛西发表评论说，根据鲍尔·萨谬尔森（Paul Samuelson）在教科书中下的定义：经济学是"研究社会如何使用稀缺资源生产有价值的商品和在不同人中的分配"的学问。这个定义在信息时代和网络社会还适用吗？显然适用。当前争论的根本问题与"稀缺"、"资源"、"生产"、"商品"几个词有关。

关于资源，佛西说："如果说汽车制造依赖全球的金属资

[①] 参阅：*Economics is dead. Long live economics*! by Rishab Alyer Ghosh, First Monday http://www.firstmonday.dk/issues/issue2_5/ghosh/index.html.

源，食品依赖于水土资源，那么计算机空间任何有价值的东西都要依赖于心理资源。"在知识经济时代，我们听到太多的无限资源，谈到信息的无限，人们往往忽视人类心智的有限。经济学是一门研究人类相互作用的科学，在信息社会人类头脑会受到量的限制，数字空间的价值最终还是依靠心理资源。"信息经济"是一个误称，我们使用它是因为方便，而不是其真正的内涵。从这个意义上说高德哈伯的"注意力经济"表述更为确切，因为他一针见血地指出了什么是真正的资源。

佛西接着对商品进行分析。他说，商品现在也已经用来指服务。在服务业中，导购就是提供注意力服务，它为你节约注意力资源。网络空间的许多情况与此类似，提供注意力服务就是生产商品。商品是有价值的，任何有价值的东西的创造和保持从经济学角度看都是"生产"。与此类似，从任何有价值的东西上获益都可称为"消费"。

给出这些定义以后，针对高德哈伯"货币、价格、投资收益和供需法则都与传统经济不同"的说法，佛西评论道：根据"供求变化导致产出和价格的变化"的经济学理论，价格（货币本身）仅仅是与其他商品有关的商品价值的代表，即使没有货币，供求理论仍然是强有力的工具，如物物交易。

在计算机空间和其他类似的环境情况也是如此。在注意力经济中"食用"过多的同类商品，如循环播放的肥皂剧或无休止的政治宣传演说以及其他任何能抓住我们注意力的东西都是"注意力杀手"，我们称为"厌烦的东西"。这里"过食"适用任何稀缺商品，包括高德哈伯所说的"幻觉注意力"，动人的展示消耗了"购买者"的注意力，例如社交聚会上的注意力双向交流，一位影星吸引你是因为他有个性，如果与他类似的太多，你就不会为他付出注意力。个性就是稀缺，稀缺就值钱，就值得你付出"新货币"——注意力。这符合经济学的边际效用递减

第四章 新旧理论的较量

规律。

他认为，高德哈伯之所以认为传统经济学失效是因为他没有用经济学的理论和方法去分析新经济中出现的问题。工业经济是一种经典经济学理论最为有效的社会经济，这一理论并不只限于这样一个社会，所以从一种经济转变为另一种经济形态并不会对经济学形成太大的冲击。

高德哈伯说："如果你有足够的注意力，你就能得到你想要的任何东西。"并且认为注意力在有价值的商品中占支配地位。佛西指出，这种说法就像是说货币在有价值的商品中居支配地位，显然是错误的。实际上货币只是商品内在价值的代表，当它不能代表时（如战争时期的计划供给制）货币的价值就会消失。而注意力本身就具有价值，它不只是"代表"。

注意力有点类似于黄金。当然注意力本身是多样的，其使用价值也是多样的，黄金就比较单一。不过注意力要成为"货币"，需要社会对它价值代表稳定性的广泛认同，这能不能实现、何时实现以及如何实现现在都还不是很清楚。虽然注意力在计算机空间可以被当做唯一有价值的东西（就像把食品当做唯一有价值的东西一样），但网上也有其他许多对人类生活有价值的东西。所以在佛西看来，把注意力作为新经济市场模式的价值基础，作为自由交换的流通货币，太简单化了。

他不同意"货币在注意力经济中没有角色可以扮演"的观点。事实上，就是注意力也是可以被定为货币，整个广告业就是这么做的。所以，如果注意力是新经济中最紧缺的资源，最好把"注意力经济"与"工业经济"或"农业经济"进行比较，同样，"信息经济"也可以与"工业经济比较"，但不应该与"货币经济"比较。"货币经济"是交易和市场的一种模式，它不是一个经济，也不是经典经济学必需的基础。"货币经济"应该与各种形式的"（实物）交易经济"进行比较。

关于推理方法，佛西认为高德哈伯使用的工具模糊不清，在"传统经济学"和"工业经济"两者之间选择是比较主观随意的。他认为应该使用传统经济学的方法，不管新经济看上去是什么样，不管"稀缺资源"是"信息"还是"注意力"或其他什么东西，无论什么生产手段和商品评价方法，无论什么分配和交易方法，是价格市场还是实物交易，都需一定的理论来分析其运行方式和功能模式。传统经济学是人类经验长期总结的结晶，已经成为经典。它的核心理论就像几何学定理，如三角形的两边边长之和大于第三边边长，这在每一本教科书都一样。经济学基本原理是理解人类经济行为的基础。

三　经济学死了！[①]

针对佛西的质疑，高德哈伯提出反驳意见，他说什么样的经济学理论能最好地描述互联网的发展？采用错误的理论会导致破产和倒闭，采用正确的理论会给你打开成功的大门。高德哈伯是物理学家出身，所以他在与佛西辩论过程中扬长避短，先从一般科学理论的进化入手讨论传统经济学的适用问题。他说，无论是物理学还是社会学，任何一种著名理论都是在一定范围内检验的基础上发展起来的，它不能自动适应其他不同的领域。有些情况下，理论适用范围的延伸和扩展是正确的，另一些情况则根本不能适用。没有经过探索和实践检验，即使到目前为止你的选择都是非常成功，也不能证明它是否正确，经济学理论也不例外。假如考古学家挖掘出原先根本不知道的一种新的人类文明古迹，他们能用新近的"经典经济学"对这里发生的一切做出正确的解释吗？显然不能。在计算机空间情况也是这样，因为计算机空间

[①] 参阅："*What's the Right Economics for Cyberspace*?" by Michael H. Goldhaber, First Monday http：//www.firstmonday.dk/issues/issue2_7/goldhaber/index.html.

第四章　新旧理论的较量

的生活与我们习惯的生活相差实在太远了，所以我们事先不能有任何主观臆想。

高德哈伯强调他的两个主要观点：第一，网络经济的运行围绕着注意力资源这一核心；第二，网络经济运行是不同于任何人想象的，它不被新古典经济学理论所容纳。关于第二点，他说，网络资产的普通概念是注意力，它被保留在目击者的记忆中，这完全不同于来自新古典经济学的人才资本概念。

他说如果两种理论导致两种不同的结果，那么他们一定是不同的理论。如果你承认注意力是重要的资源，你就不能不承认计算机空间必然会导致不同的经济学。注意力经济学本身不是新东西，这与我们是不是注意到并没有太大关系。几千年前，只要有交谈或大量的观众关注少数人，这一奇特的经济学就开始发生作用，不过，那时这种经济学并没有占支配地位。权威的经济学家从来没有对它的理论有多少发展，虽然至少有一个世纪的时间让他们这样做，这很可能是因为这样做，就会使他们不得不放弃传统的凯恩斯主义、新古典主义或马克思主义经济学。注意力不是一个简单的问题，它是复杂、个性、多样、极不可测的东西，而不是统一、可测和准确计量的东西，它承担着所有的感知，它隐藏在识别、记忆、判断、沉思、爱情、理解、移情、观察、忧虑、警觉、等待等之中，所有这些都非常复杂，难以量化。每个人付出的注意力是不同的，每个人渴求的注意力也是不同的。因为注意力大部分都不能进行精确的数学处理，而商品的生产、分配、交换的定量和数学处理是工业时代的核心。

每个人可获得的注意力总量来自于每个人可以付出的注意力总量，这是有限的。正因为注意力概念如此复杂同时又非常有限，才使它成为新经济的基础。但这是与我们以往经济完全不同的一种经济。虽然注意力作为"资源"只是一种隐喻，但这种"资源"同样导致"稀缺"，注意力不像一般的商品可以测量，一个人不可能把自己积累的注意力像流通和购买商品一样全部付出或全部交换掉,注意力与注意力交换也不可能直接得到其他东西。虽然如此,一个人充分占有他人的注意力时(如明星),就可以让他们为你做任何他们能做的事。如果用经济学术语把注意力看做我们要消费的资源,那么观众就是资源,他们"生产"注意力。然而,经济学家常常把观众人数作为消费者数量而不是产品。观众最终将成为少数几种重要的稀缺商品。今天普通百姓已经在呼吁关注"获得关注"的公民基本权利。高德哈伯总结道,注意力经济与传统的差别至关重要,新古典经济学最终不再那么有效,我们需要不同的概念系统。

谈到几何学,高德哈伯说,佛西并没有注意到还有一种四维时空的里曼几何(Riemannian),根据爱因斯坦的理论,我们就是生活在这一空间。在里曼几何空间,佛西所说的三角定理已经不再成立,再进一步,从拓扑学观点看,长度本身失去了任何意义。可以进行类推,我们体验和经历的计算机空间与工业市场系统的空间是很不相同的,后者是用公里来测量的,我们没有通往远距离的捷径。在计算机空间,注意力从一个网站流向另一个网站,两个网站的距离只能用需要访问的中介网站数量和花费时间的多少来衡量,而这又依赖于有多少注意力来维护一个中介网站。他们提供的访问机会越多,网速越快,互相之间的分离"距离"就越小。所以,计算机空间的几何一点都不像以前经济的几何,这意味着它们很可能有着各自不同的经济法则。

为了坚持对权威经济学理论的信仰,佛西多次以传统经济学理论阐述他对注意力经济的看法,但高德哈伯认为他都犯了同样的错误,就是把注意力看做商品,经济学家所用的"商品"通常是指统一和可交换的,它很容易用标准的价格购买而可以不问其由来。再广义一点,商品是指可以出卖的东西,如果把定义继续扩大,商品是有价值的东西。只有最后一种对商品的理解才适

第四章　新旧理论的较量

用于注意力，也适合任何理论。

高德哈伯说，如果注意力是严格意义上可购买的商品，那么是谁提供这种商品，像佛西所说来自那些为你导购的人。但如果导购不知道或不清楚你想要什么，他就会给你指错地方。这不是注意，而是忽视，虽然从表面看起来在这里注意和忽视似乎是一样的。这样看来你的注意力（钱）付出得到的注意力（商品）回报是不确定的。在另一方面，如果你很有名，引起服务提供者的兴趣或留意，不管你付不付钱，你的机会都会大大改善。他进一步分析，即使你获得所有观众的全部注意力，你还不得不继续付出注意力以保持他们的兴趣。否则，他们就会坐在那里想其他事情或睡觉。换句话说，注意力不可能用明确的价格可靠地买得，它不是商品。

关于边际效用，佛西试图通过对高德哈伯和著名谈话节目主持人奥帕拉·温芙丽进行比较以说明它在注意力经济中的有效性。他认为，随着各自观众的增加，对注意力的边际效用会降低。但高德哈伯指出，佛西忽视了这一概念来自标准化的物质商品经济时代，两个人的边际效用只有在可以用同样方法测量的情况下才能进行比较，通常是他们为结果愿意付出钱的多少。高德哈伯说，如果他们之间没有共同的通货，就不可能把他对注意力的主观感觉和奥帕拉对注意力的主观感觉进行比较。如果不能购买注意力，就无法知道通货到底是什么。

高德哈伯并不是说他与奥帕拉不能进行注意力交易。她可能让高德哈伯出现在她的谈话节目中，或在她的话题中谈高德哈伯的书，这样高德哈伯就能在奥帕拉那里得到一小部分她的观众的注意力，而高德哈伯的追随者也会调换频道看奥帕拉的节目，有些可能因此成为奥帕拉的追随者。

从注意力经济的角度分析，高德哈伯认为奥帕拉不大会邀请他，因为她的观众很少有人对高德哈伯的话题感兴趣，这样做有可能增加少量新的观众，但不值得因此而略微疏远她的数百万观众。这可以用边际效用来解释，但说服力远没有在工业经济中强。

佛西说，一部电视连续剧如果你只看 1—5 集，就不会像每天看 1—365 集一样厌烦主角演员，他说这是边际效用。高德哈伯认为佛西的这一观点是完全错误的，因为对于一部好的电视连续剧，电视迷会越看越要看，看了第 365 集还想看第 366 集，他们喜欢主角演员而且希望去了解他和系列片有关的东西。不过这样长的连续剧很难维持，因为创作人员很难保持它起先的活力和魅力。用"虚假的注意力"吸引观众，你必须不断证明你在注意他们，但事实上非常困难。萨谬尔森的边际效用理论在这里不起作用，可信度更为重要。高德哈伯说，佛西如果不是萨谬尔森迷的话他可能会对事实的真相看得更清楚。人们看明星不仅关心他们现在做什么，还关心他们的全部生活，萨谬尔森的供求关系和数量关系法则已经无法对个性化时代的经济进行把握。

佛西极想知道注意力是否可以作为货币（通货），他根据高德哈伯注意力可以交换这一观点，推理高德哈伯接受注意力市场的观念，高德哈伯说这是一种误解。传统的标准化市场运作通常可以通过价格来达到某些平衡，因为购买者和销售者可以对不同的出价进行比较。但是我们进行注意力交换就没有什么东西可以进行不同出价的比较。他说："对我来说，朋友的注意力比陌生人的注意力更有价值，因为我与朋友有相同的经历，我们之间通过注意力的交换彼此留下记忆。但陌生人注意我两次是否相当于我的朋友注意我一次，对此我无法做出估价。只有通过获得向陌生人付出注意力并因此获得回报的经验以后，我才有可能确定她的注意力是否比我朋友的注意力更有价值。"没有交易，事先不会出价。这样，就不会有用价格来调整供需平衡的标准化市场的特点，因此，也没有传统意义上的市场。高德哈伯重申他的观点,"注意力不能当做通货,因为我们必须有能力消费我们已经积累的所有注意力以交换其他东西,但这是不可能的,我无法使人们相信我有多少注意力储存在他人心中,如,证明他们所有的时间都在注意我而不是注意你。一种货币如果你不能根据意愿握有和花费,就不是真正意义的通货"。

他说,佛西是在线杂志《第一个星期一》的编辑,应该非常清楚在实践中正统的经济学在网络经济中失效,当万维网最先出现时它就预示着这样一个广阔的前景,许多后工业化时期的关键产业如软件、书籍、杂志、音乐、电影和电视等,都可以通过网络生产和传送。但许多人,包括编辑和出版商都把网络仅仅看做是一种新媒体,认为其策略与印刷媒体和广播电视媒体一样,这种认识不对。网络对物质产品来说确实是可以发挥广告作用,但物质产品比重不断下降,网络产品的比重不断上升,这样事情就发生了变化。在网络世界,价格、钱和利润只扮演无足轻重的角色,这里没有真正的市场,支配人们思想的经济问题没有任何意义,如国民生产总值、失业率、资本市场流动、利息率、货币供给、兑换率、税收和其他一大堆由新古典经济学发展起来的一系列观念,包括供需法则和边际效用的观念都会失去它们原有的价值。

高德哈伯说他欢迎用权威的经济学解释新经济现象,但不应该指责他对占统治地位的权威经济学的批判。

第二节 新商业主义

美国是一个重商主义的国家,经济学理论更是与商业活动密不可分。商业主义强调和重视注意力的经济价值,而经济价值的实现涉及具体的模式和实际运作问题。如果注意力不能转化为商业价值,就会被认为不"实用",或没有实际意义。在美国实用主义历来就有很大的市场。在注意力经济的争论和思潮的形成过程中就有着非常强的商业实用主义思想的介入和渗透。

一　注意力经济是一项价值工程[①]

与高德哈伯的带有明显浪漫主义色彩的丰富的想象力不同，菲利浦·爱格琳关心的是注意力经济实现的技术层面上的问题。

爱格琳认为高德哈伯和佛西的争论是有价值的，双方都有道理，但这样反倒使读者感到困惑。之所以会出现这种情况是因为两个人在争论时选择的描述层面不当造成的，他们采用的描述层面让我们无法对他们的主张做出准确的评价。注意力是潜在的价值而不是价值，有使用价值不等于有经济价值，物质商品能够使用（传统的政治经济学术语是有使用价值）使它具备了有经济价值的可能性，但它只有在交换过程中才能转化为经济价值。这一从潜在价值转化为现实价值的过程是不清晰的，它依赖于交换和市场的组织以及它们与货币化或物物交换的关系。交换价值如果不是"内在"价值的表现，就是通过组织过程创造的新实体。从这个意义上说，经济学既是一个理论问题也是一个工程问题。

因此，他在《注意力、媒体、价值和经济学》一文中为注意力经济引入价值过程的概念，也就是说他所关心的是注意力如何从潜在的价值变为经济价值的过程。

爱格琳认为媒体是注意力经济的中介。根据媒体的特性，注意力既可以从这里给出，也可以在这里寻得，注意力和行动的整合、有关读写能力的创意是支撑注意力经济成长的重要基础。

我们的经济是如何从现在的状态走向注意力和计算机空间的经济？爱格琳指出，考虑到具体的过程，我们必须有一个起协调

[①]　参阅：Attention, Media, Value and Economics, by Philipe Aigrain, First Monday http://www.firstmonday.dk/issues/issue2_9/aigrain/.

第四章 新旧理论的较量

作用的中介,借助它注意力能够把自身转化为价值。但注意力经济在计算机空间还没有发展成熟,我们不要匆忙下结论。我们要问自己:"什么是计算机空间合理的工程设计?"这里的合理首先是指要与物质运作系统协调一致,生产、分配、访问或感知相关信息的具体步骤。这是高德哈伯和佛西都缺乏的一个层面,这是一个技术上的协调,一个注意力可以被觅得并且能够自己表明自身存在的媒介。这一媒介的性质是理解某些形式的价值如何在网络中出现的关键。

在另一篇论文中,爱格琳把媒体定义为"生产文档(包括'实况'文档)和对它们的理解之间的成功联系"。我们对万维网的技术实质有着或多或少的了解,这一技术实质很大程度上决定何种类型的价值过程和估价方法可以被应用。万维网既是媒体,也是媒体中的媒体,它要在内容的生产、注意力的获取和注意力的付出方面建立一个统一体并没有多大障碍。但是,有些文件太长,读者很可能就会复制阅读,注意力时间的测量就会有问题。网上冲浪还可以订购物质商品,而交付分别由两个系统完成。这表明万维网是对其他媒体和交换过程的一个通路模式和促进层面。

关于注意力的表现形式,爱格琳说,当有人监测我的网上冲浪时,如何证明我的注意力出现在某一内容上?首先,我表明在网上漫游期间我的偏好选择了这些内容,因为可见的东西比其他链接更吸引我。甚至我会进一步,花费一些时间去理解它,然后采取行动,如保存、打印、用电子邮件把它发送给其他人等等。偏好、注意时间和采取行动是注意力表现的三种方式,这个高德哈伯已经有很好的描述。但他没有对价值如何出现进行详细的推理说明。

出现偏好是出现商业价值的前提条件,它表明,类似市场的东西可以被建立起来,它也表明如何建立和组织市场既是一个基本的问题,也是一个关键的问题。用引人注目的信息方式来介绍入口和控制通路,可能会导致信息失真,这样,如果本质的价值出现以后,偏好就不大可能转化为价值,观众的注意力就会变为另一种形式或转移。

注意时间是评估网上注意力价值的一种方法,只有类似于媒体的产品其注意力价值的评估是基于时间。虽然如此,许多人并不愿意把注意时间作为评估未来网络经济的方法。部分原因是因为混乱,人们分不清什么是理解的适当时间,什么是采取行动的适当时间。还有一个问题是如果有人对某些信息进行复制使用,复制得到的东西与他在复制上花的时间没有对应关系。这种不平衡对注意力经济所产生的问题目前网络本身对之毫无办法。当然,只要我们对每一个媒体的评估都有一个清晰的基础,版权和著作权经营管理者就可以从事这方面的处理。

还有另外一个理由导致许多人拒绝把理解过程的时间作为评估注意力的基础。很显然,随着网络的飞速扩展,免费使用网络的机会不断加大,有时,所有的费用都由最终的使用者和受益者付出。一个从事电子商务的人专注于网络媒体中的某一个层面时,他考虑的是网络的全球范围内的效用,他必定要全力去寻找和建立直接的价值机制。这一观点最简单的想法是网络经济不需要其他任何基础组织和结构。另一种观点承认,现在和未来的网络经济需要一个复杂的基础组织结构。其中网络自身只占很小的一个部分,但继续保持它的免费的边际成本,如部分或全部以广告作为支撑用于公共服务。如果我们能把媒介中的媒介和媒介本身区别开来,那是最好了,这样我们就可以专注于进一步研究各种间接投资的优点和存在的问题。但如果因为我们不能把媒介从媒介的媒介本身中分离出来,而仅仅把它应用于媒介本身,将是一个极大的错误。自电视诞生以来,它把注意力经济限制在一个非常狭小的领域,网络如果这样做就无法使注意力经济跟上全

第四章 新旧理论的较量

球经济的发展。

从传统经济转变到大规模的注意力经济有一个如何过渡问题。有许多媒体竞争我们的注意力，这种竞争并不是来自一个全球性的单一媒体。这样注意力估价就有不同基础，并且转移到这一战略也会有许多种不同的可能性。

关于注意力的形式，爱格琳说，就像媒体有许多种，注意力也有许多种，听收音机只用了收听者部分的注意力，这种注意力的获得可能不容易去估价，除非用间接的方式。如可能通过听收音机发现和找到要买的新出版的音乐。收听者也可能用心听一场音乐会，音乐会占据了他的大部分注意力，但这种注意力仍然不容易产生价值。

爱格琳进一步分析说，听收音机的花费和听 CD 的花费有很大不同，这里错觉的注意力不能解释。他用"所有权"和"行动"对此做出解释，认为所有权和行动是有效评估注意力价值的关键。注意力的所有权是非常重要的，因为它引导行动。高德哈伯指出如果我拥有你的注意力，我可以把它引导到其他人身上。爱格琳说，从另一个角度看，如果我们把注意力给予高德哈伯，我们也可以在另外的人那里获得注意力，最简单的办法就是把自己的主页与高德哈伯的网址链接，也可以对他的书发表评论，还可以对他的理论和概念发展和完善。

获得注意力的可能性之所以存在是因为一个人的注意力付出是一个过程，在这一过程中可以促使注意力经济发生，在这一过程中有一个足以维持它生长的基础。这种可能性与引发注意力而导致的行为密切有关。我们之所以愿意为 CD 付出比收音机更多的钱，是因为这样我们对自己的注意力行为拥有更多的自主权。而且在与朋友聚会时，我们还可能用它来引导朋友的注意力，给朋友带来快乐。一个音乐网站深知这一点，他们的口号是"一次下载，永远拥有"。

爱格琳之所以用音乐作为例子是因为这一产品在注意力付出和注意力获取之间有着较为密切的联系。注意力经济的发展只能建立在把注意力的付出、网络作品生产、交换和消费之间进行完美的整合的基础之上。而这些需要人们创造和熟悉一系列新的工具、方法和文化，并建立相应的组织。这是一个漫长的过程，这里有许多困难，主要是：一方面要吸引注意力，就必须精心制作网上产品，这需要大量时间；另一方面，注意力经济有着强大的紧迫感和时间上的压力，两者形成激烈的矛盾。

二 注意力经济在网络如何运作

高德哈伯注意力经济观点产生的反响非常强烈，1998年大卫·冈特莱特在网上用问答的形式，对注意力经济在网络经济的运作过程做出了解释。

大卫在文章中说，许多人投资网站，这些网站不卖任何东西，只提供免费的信息服务，可他们都成为百万富翁，这是为什么呢？实际上，他们的赚钱方法很简单：广告客户和赞助者。就像电视，观众不需要为节目付钱，这些钱由广告商支付，作为回报，他们可以把自己的广告展示在观众面前。雅虎的情况类似，不同的是它的广告更为有效，它可以把广告信息传递给对它有特殊兴趣的群体。如向搜索"猫"的网民发送"猫粮"广告。因为在雅虎的清单中，一切都是一目了然，这样，广告的针对性就很强，广告"版面"也容易出卖。还有其他的网络服务，如免费电子邮件服务和免费网络空间，也是以相同的方式支付。用户乐于免费获取这些便利的服务，广告客户乐于把广告信息置于用户及其访问者的面前，服务供应商乐于从广告客户那里获得金钱。

然而，一些网站虽然严重亏损，但网站的拥有者却赚了大钱，这又是为什么呢？这里的原因就在于投资者评估网络公司是基于它的前景，他们期望未来这些网站能赚大钱，一些拥有千百

第四章 新旧理论的较量

万访问者的著名网站之所以有很高的价值，仅仅是因为它们有许多观众的眼球可以出卖给广告客户。许多人都认为这些网站会越来越有名，访问者也会越来越多。

人们一般要为他们需要的特殊信息付费，如报纸、杂志，但网络不需要付费，这看起来很奇怪。形成这种局面有它的历史原因，在网络的早期，虽然在线内容供应商可以直接向用户收取费用，但有些报纸却把他们的内容投放在网上让人们免费阅读，其目的是争取更多的受众，然后收取访问的年度费用。然而，后来这一计划一直无法实现。因为网上有如此众多的免费的有用信息，没有人愿意再为它付钱。

那么有没有人成功地向访问者收取费用？大卫认为要做到这一点不容易。首先它必须是人们非常想要但有无法在其他地方免费获得的内容。某些色情网站在这方面取得了成功，并取得了高额的利润。

随着网络经济的发展，商人会想出一些为内容付费的办法。他们正在尝试，其中的一个做法就是采用"微量支付"模式，即设计一种系统，统计并根据浏览量向来访者收取每篇文章或每首歌几分钱的费用，但这种努力也失败了，现在人们习惯于免费。

有人提出，如果要在网络经济中取得成功，不应该从免费开始，这样做不会有效。大卫认为这种说法不对，因为，免费的方法确实有效，他以网景为例，这家公司利用免费提供浏览器为自己建立了一个庞大的用户群体，他们以小公司起家，按照我们的思路，他们应该出售那些具有里程碑意义的产品，但他们并不这样做，他们搞免费赠送。通过这一行动，使他们的产品进入千家万户，这给公司带来动力和名声，使他们能卖出其他产品，微软为了打破网景的垄断，也向用户免费提供自己的浏览器。

那么网络是不是已经由大公司支配了呢？对于这个问题，大卫的回答是："是，也不是。"他引用高德哈伯的观点，网络经济是注意力经济，网络上人人都在为注意力而战，在网络世界，钱不是最重要的稀缺资源，信息更不是，稀缺的是注意力，网络的成功是有大量的人关注你的网站。注意力是人人都需要的。大公司不会仅仅因为有钱就自动吸引注意力，拥有金钱可以给公司建立有趣的多媒体网站，通过传统媒体让人们认识它，但网站没有迷人的内容不会赢得注意力。相反，个人或少数几个人在这一媒体中可以大有作为。如果他们的网站设计得好，美名会迅速在网络世界传开，网站因此会招来许多来访者，吸引大量注意力。

根据大卫的观点，商业网站，例如推销巧克力或书的网站，具有很大的优势，因为它能够在它无处不在的广告和产品中推广它的网址。非商业性的网站没有这种机会，所以处在不利的地位。出版公司也处在有利的位置，它可以在网站直接让意欲购买的读者"品尝"部分作品，巧克力生产厂商也通常提供与产品有关的新闻、游戏程序、测试题等来吸引消费者的注意力。如果商业网站没有任何有趣味的内容，其他网站不会跟它链接，它也不会在电子邮件和网上新闻组中被提及或讨论，人们就不大会去访问这个网站。

如果网站吸引人，而且内容经常更新，就有可能吸引大量的注意力。通过电子邮件（不是信息垃圾）发送信息给潜在的对此感兴趣的或有影响力的人，是一种常用的有效办法。这不需要太多的钱。通过与其他网站链接，列出目录，利用搜索引擎和杂志，网站可以博得许多注意力。如果没有注意力，你在网站将一无所获。大卫借用高德哈伯的话说："金钱随注意力而来比注意力随金钱而去更为有效。"换而言之，你不能购买注意力，你可以付钱让人听你说，但不能使他们对你说的内容真正感兴趣。除非他们确实发现它很有趣。所以在网络世界金钱的力量在减弱，要赚钱你首先要获得注意力，网络有很多这方面的例子。与此相

第四章 新旧理论的较量

反,不少公司花了许多钱建立的网站却不吸引人,因而失败了。这说明,并不是仅仅有了钱注意力就会随之而来。

大卫指出,注意力经济首先要有引人注目的内容,然后要让人来看它。具体说,注意力和吸引注意力的道具可以从一个地方搬到另一个地方。如果一个人吸引了大量的注意力,他说:"看那儿!"注意力就会暂时被转移到那个幸运的地方。如果那个地方有足够的东西吸引人,部分注意力就会留驻在那里。理想的话,这些注意力还会一次又一次地回到那里,只要那个地方让他们留恋。用网络的术语来说,这意味着你不仅要有奇思妙想,而且要有不断填充的吸引注意力的原材料,你还需要网络目录和搜索引擎与你的网站链接。如果你是一个好网站,幸运之神就回落到你的身上,少量的注意力会引来大量的注意力。

既然注意力在新经济中如此重要,那么货币和金钱会不会死亡?高德哈伯说会,因为金钱变得不那么重要,而注意力成为新财富。但大卫认为,因为目前还没有任何迹象表明货币要退出,最好还是说,"注意力在新经济中确实等同于财富"。这只是因为许多有价值的东西都可以转化为货币形式,货币这种传统的形式给人们带来很多便利。

新型的大公司获取了越来越多的注意力,但这里也充满了风险。网络会不会成为少数大公司垄断的世界?对于这个问题,大卫认为这种现象在某种程度上是确实存在的,但事实上,其他网站依然存在,它们有着各种目的。他举例说,如果小镇有一个很好的图书馆,我们经常光顾。一天一个大公司在它的边上开了一家超市,你不能说超市破坏了图书馆,同样,商业和非商业性的东西可以而且应该在网络世界共存。

对这种说法有人反驳说,在这一城镇,我们很可能看到超市行销人员寻到图书馆,把他们的广告贴到大厅,他们甚至把商业信息渗透到图书目录,以告诉读者,答案在超市里找。对此大卫回答说，小型的非商业性网站的运作要获得注意力确实不容易，不过它留下了许多种可能性，我们不能用传统媒体的方式去思考，只要不看轻金钱在注意力经济中的力量，注意力经济的基本观点无疑是正确的。金钱本身不能获取注意力，但它可以让人生产吸引注意力的内容。但是也应该注意到，我们还可以不花钱或花很少的钱生产获取注意力的内容，这已经有不少成功的例子。

可见在注意力经济中创意是非常重要的。注意力经济与创意产业有着天然的联系。

第三节 新旧经济学的根本分歧

关于注意力经济学与传统经济学的纷争让人思绪混乱，这很正常。因为我们正处在一个变化的过渡时期。旧的稳定的结构正在遭受破坏，而新的稳定的结构还没有建立起来，这样两种理论都陷入一种似是而非和似非而是的境地。那么注意力经济学与传统经济学的根本分歧到底在哪里？根据我的理解，主要表现在以下几个方面：

一 在人性假设方面的分歧

传统的经济学理论有一个人性的前提假设，即人是理性的和自私的，人的理性自私行为通过市场这只"无形的手"导致"主观为自己客观为他人"的效果，从而产生微观和宏观的经济。注意力经济学派的奠基人，赫伯特·西蒙认为相对于丰富的信息，人的注意力资源是有限的，获得决策需要的所有信息既不可能，也没有必要，因为决策成本太高。因此决策过程只是一个有限理性的过程。注意力经济学派的后继者更是把这种观点推向极端，他们认为"感觉好就是真的好"，决策是以自己满意为原则的，提出了感性选择论，强调直觉与经验的价值。注意力经济学派发现在信息时代不仅完全的理性不可能,就是"有限理性"的经济疆土也越来越小,而一个"感性主导"的世界版图却在不断扩大,"网络沉迷"、"超女"现象等都是有力的证据。如果说"有限理性说"是对传统经济学的补救,那么反映了当前感性时代的特点的"感性说"或者"非理性说"的出现则宣布传统经济学"哥白尼体系"的彻底崩溃。

与传统经济学人的"自私"假说相反,人们发现在网络世界人性还有非常"慷慨"的一面,许多人愿意免费为他人提供服务,这从传统经济学角度很难做出合理的解释。注意力经济学派认为这也是"自私"的表现。因为人有获得注意力的需要,在乎他人的看法,人们很愿意也很在乎自己在他人注意力世界扮演的角色。可见注意力经济学派并不否认人自私性,但在他们那里,自私是一个更为广义的概念,不能与传统经济学中的"自私"概念等同。

就人性的"进化"而言,农业经济强调人的动物性,在工业经济强调人的社会性,注意力经济强调人的符号性。注意力经济学认为人有获得注意力、付出注意力和逃避注意力的需要,这涉及社会注意力和自身注意力的配置。注意力经济的产品都是对人的这三种需要的满足。这三种需要从人的动物性、社会性和符号性中都能得到很好的解释。

二 在发展本质方面的分歧

传统经济学派在发展观上主要强调物质财富的丰富,他们的继承者虽然现在也强调新的发展观,强调可持续发展和科学发展,但是他们坚持这些发展还是物质在起主导作用。相对于传统经济学,注意力经济学把自己的中心真正放在了人的身上,强调物质丰富时代精神生活对人的重要性。他们不否认物质经济的发展是需要的,但就像工业社会的食品生产,它们并不占据经济的中心地位。而在农业社会粮食生产不被放在中心地位是不可思议的。注意力经济学派坚持经济发展的本质是生命价值的最大化,而生命的价值来自生命的意义,生命的意义则来自注意力资源的配置。在经济发达地区,人们更多的是追求生命的意义,这代表了未来经济发展的方向。因此,注意力经济学派的观点更加准确地揭示了发达社会经济发展的本质。

三 在世界观方面的分歧

传统经济学强调的是物质世界的客观性,而注意力经济学派强调的是精神世界的主观性,他们认为在信息时代虚拟不只是对真实的虚拟,虚拟本身是一种"真实"和"重要"的"存在"。就像工业时代的产品,信息产品和虚拟财产的经济地位需要给予应有的重视。注意力经济学派无视真实世界的本来面目,他们认为人的本身也只不过是 DNA 的一种复制和表现形式。既然人们把这种表现形式当做真实,那么为什么不能把虚拟的形式表现出来的东西当做真实呢?既然人的真实只是"DNA"的"输出",那么为什么计算机"代码"输出的"虚拟"就不是真实呢?所谓的真实只是主观的体验而已。

四 在解释空间方面的分歧

传统经济学的主要解释空间是工业化的城市,注意力经济学的主要解释空间是信息化的网络。传统经济学关注的重点是"市民"的经济行为、注意力经济学关注的重点是"网民"的经济行为。

农业社会经济活动的主要空间在农村,工业社会经济活动的主要空间在城市,信息社会经济活动的主要空间在网络(媒体)。注意力经济学派坚信,网络将成为未来的"繁华都市",而城市将退化为"幽静的农村"。这虽然是一个比喻,但是只要观察一下在网络中成长的一代，我们对这种观点就不会感到吃惊。网络正在成为年轻人工作、学习和生活的中心。人类社会正如工业化时期大量农村人口向城市转移一样，信息化时期城市人口也开始大量向网络迁移。

五 在通货认识方面的分歧

传统经济学基于工业化的物质生产，它的通货是货币，注意力经济学基于信息生产，它的通货是注意力。

从交换方式看，人类社会经历了三个阶段，第一个阶段的农业社会是以物与物交换为主的自足经济，第二个阶段的工业社会是金钱与商品交换为主的市场经济，第三个阶段的信息社会是注意力与信息交换为主的体验经济。注意力经济学派认为注意力经济的发展导致注意力交易的增加和货币功能的逐步退化。注意力虽然是通货，但与金钱不同，首先注意力本身有着广泛的使用价值，其次注意力难以量化。但是难以量化并不意味着无法描述，也并不是没有规律可循，只是对它的把握需要一个全新的思维方式，注意力经济学的革命性和挑战性也就在这里。

六 在财富界定方面的分歧

传统经济学所说的财富主要是物质财富，现在虽然也引进了无形资产的概念。但依然认为物质财富是决定的力量。注意力经济学并不否认物质财富，只是认为精神财富更为重要。这里的精神财富与我们传统理解的精神财富有所不同，它是指注意力财富。注意力财富是精神财富的基础，注意力财富比金钱更为重要，获得注意力可以名利双收。物质财富与注意力的财富相比重要性程度之所以不断下降，是因为它并不像注意力那样短缺。注意力财富在注意力经济时代处在中心地位。传统的经济是注意力流向金钱，当今社会更多的金钱流向了注意力。注意力和金钱之间存在着一种相互吸引的力量,只是注意力对金钱的吸引更大。

七 在生产组织形式上的分歧

传统经济学主张以资本为核心组织生产,但是因为传统经济的资本主要是物质财富,因此有形的物质生产资料处在核心地位,生产的产品主要是满足生理需要的物质产品。注意力经济学虽然也沿用资本的概念,但注意力资本直接来自于人的头脑,存在于人的精神世界。因此这种资本的表现形式也不一样。注意力经济组织的基本形式是"明星体制"、或者说"名人体制"。经济活动围绕着"名人"这个核心,包括名人的生产和经营活动。这种体制具有普遍性。明星是注意力资本家,追星族(追随者)为他们工作,生产的是满足精神需要的注意力产品。围绕着名人这个核心形成新的经济生态系统,在此基础上形成一个庞大的市场。

八 学派内部分歧

注意力经济学派与传统经济学的根本分歧反映了注意力经济学派的主要观点,提供了它作为新经济独立学派的依据。

当然,注意力经济学派内部也不是铁板一块,他们因为各自的教育背景、职业、经历和兴趣的不同而存在着很大的差异。我们可以根据他们的思想观点与传统经济学的距离粗略地把他们分为保守派和激进派。

保守派也称为市场学派。他们把注意力经济只是看做市场经济的一个部分,甚至把注意力资源仅仅看做广告资源。他们意识到注意力是越来越短缺的、越来越珍贵的商品,因此致力于注意力的商业活动,把注意力处理当做获取金钱的手段。他们寻找各种方法去开发、生产、包装和交易注意力,通过提供这些服务为自己赢得利润。他们中的一部分是广告人和媒介经营者,少数人从事管理咨询工作。这些人中有高斯坦因、达文波特等人。他们被认为是务实派、实验派、创业派。如果一定要在注意力经济学派中也分"理论经济学"和"应用经济学"。那么他们从事的就是"应用经济学"的研究。

激进派则把所有的注意力交换活动都称为注意力经济,他们既不否认注意力经济具有市场特性,又不把注意力局限在金钱事务上。他们甚至认为注意力经济的发展会越来越远离市场,注意力经济的发展将改变一切,它并不是旧经济大树上开出来的"新花",而是旧经济的"征服者",它以一种挡不住的魅力让旧经济拜倒在自己"美丽的石榴裙"下。高德哈伯、莱汉姆和法兰克都属于这一类。他们的思想虽然有着明显的文化批判主义色彩,但他们不仅是在破坏一个旧世界,他们还在努力建立一个新世界。他们的研究属于注意力经济学领域的"理论经济学",但会被一些经济界人士认为不够实用。他们的思想在"观念市场"有很好的销路,但没有多大的商业价值。

在这两个内部派别之外,还有一些人的研究与注意力经济学派密切有关,其中包括一些研究体验经济、娱乐经济、传媒经济、体育经济的学者,他们也会关注注意力经济,应用注意力经济的一些概念和方法。但并没有聚焦注意力经济。还有一些人本身并不从事经济学研究,或者说研究与市场没有任何关系。但是因为注意力经济现象的普遍性,他们也用注意力经济学的分析方法,解释本行业遇到的一些问题,寻找自己的出路。如心理学、情报学等等。

在注意力经济学派中,还有一些"隐性的"学者,这些学者的身上也带有注意力经济的思想火花,但与主流经济学派使用的概念不大一样。他们的思想中裹挟着一些神秘主义的色彩,像斯蒂夫·派里纳(Steve Pavlina)提出的主观真实和意向显现理论,把人带到了似梦似幻的境界,分不清现实到底是什么。还有人把注意力经济与宗教联系在一起。在他们看来,注意力经济与市场毫无关系，内心的体验甚至不需要太多的外部信息，人们通过冥想就可以产生体验，做梦也可以产生体验，这两种体验都是生命的活动形式。如果说注意力是生命的资源，那么这种资源受到了意向的引导。如果我们的意向是指向自己的心灵深处，那么物质和信息产品都没有太多的必要，只需要一个基本的满足就可以了。这种思想把注意力经济推向了极端，已经远离世俗社会。即使如此，我们也不能否认它的积极意义。实际上，学者对生命的体验许多时候就是在冥想中度过的。这也是这个社会一部分人的重要生活。

总之，传统经济学主要关注物质世界，注意力经济学则主要关注非物质世界。在注意力经济学派看来，物质产品的价值归根到底还是通过主观体验实现的，注意就是体验，体验不到的东西就没有任何价值，也没有任何意义。注意力经济是生产心理现实，通过心理现实寻找生命的意义。从这里可以看出，注意力经济具有终极目的性，它应该成为人类社会经济活动的出发点和归结点，其他一切形态的经济只是手段。当然注意力经济也不是天堂，它也有许多丑恶现象。但注意力经济确实为人类的自我超越，进入神话般的世界提供了新的可能。注意力经济学派在理论上目前还不是很成熟，但思想和观念非常有价值，相信在未来的不长时间内能够迅速发展成为一门显学。

问题：
1. 里肖博·佛西和高德哈伯的论中，你倾向哪个人的观点？
2. 在网络世界传播学与经济学会不会出现交融？依据是什么？
3. 注意力经济在物质世界有何表现？它是如何改变我们的物质世界的？
4. 你相信在未来的社会仅仅依靠注意力就能够生存吗？

第五章　虚荣市场

如果我们获得的注意力不仅为自己建立声誉，而且被他人登记注册；如果我们对自己获得的注意力在出让给他人时根据质和量进行估价，那么在心智和情感领域的会计系统就建立起来了。

——乔治·法兰克

本章重要人物介绍

乔治·法兰克（Georg Franck）：1946年出生，自1994年以来担任维也纳技术大学（Technical University of Vienna）教授，拥有经济学博士头衔。主要从事基于计算机技术的建筑和空间的规划设计。他的写作涉及广泛的领域，包括经济学、城市发展、环境政策、新媒体和哲学。1998年，他的《注意力经济》（*Ökonomie der Aufmerksamkeit*）一书在德国慕尼黑一家出版社出版，这是一部较早的注意力经济领域的学术专著，对注意力经济的思想库有诸多贡献，也正因为如此，法兰克在注意力经济学派中为自己赢得了巨大的荣耀。

乔治·法兰克《注意力经济》一书的出版引来了一些评论，有人把注意力经济的发现归功于书的作者，说："乔治·法兰克发现一种新型的经济，即注意力经济。"确实他对注意力经济理论的贡献是开创性的,在注意力经济学派中,他与高德哈伯具有同等重要的地位。他们都独立地发展了注意力经济的思想,并且展示了各自的独特价值。

第一节 法兰克与法兰克的对话

实际上,关于注意力经济,早在 1995 年 6 月 2 日,乔治·法兰克和多若·法兰克(Doro Franck)就曾经进行过一次对话和讨论,只不过我们看到这段对话已经是几年以后的事情。这次对话反映了乔治·法兰克最初的对注意力经济的一些思考。他认为注意力经济涉及广泛的专业领域,核心是注意力资源短缺。我们生活在信息社会,我们无法逃避信息,我们缺少的东西不是信息本身,而是处理信息的能力,即对信息的选择和利用。总之,注意力是紧缺的东西,而且会越来越紧缺,因为人们对注意力经济利用的兴趣已经越来越大。

一 注意力基础之上的声誉

乔治·法兰克认为,当今社会经济影响力要比政治影响力重要得多,对于这一点很少有人能够否认。金钱经济已经接管了政治的角色,决定着社会的规则。但是因为金融基于声誉,而声誉则基于注意力,声誉既可以迅速获得,又可以瞬间失去,因此在一个信誉为基础的社会,整个社会对注意力资源的依赖性日益增加,公众注意力资源成为社会发展的驱动力,而这是一种难以获得的资源。注意力经济的功能很像金融经济,用一点小技能,我们收到的注意力就可以产生利益。注意力的投资,类似于金融投资,注意力的配置也决定社会地位。注意力经济运作成功,就会赢得名声,名声是一种财富,这种财富能够部分流传给后代。然而,法兰克也意识到注意力的获得和资本的聚集也有着破坏性的社会后果，因此，他在书中试图建立注意力的伦理。乔治·法兰克认为伦理在意识中可以是非常理性的，理解它的人会变得聪明，人们不愿意用太多的谎言来保护自己的利益，就是出于理性的考虑。伦理包含了虚荣，这样快乐主义的思想就可能成为道德行为的智慧。在这里利己主义和利他主义的分离或许并不那么遥远。

从表面上看原来最为紧缺的东西，如时间与金钱，不会再越来越紧缺，因为我们可以得到更多的时间和更多的金钱，我们的工作时间在缩短，我们的经济收入在增加。但是乔治·法兰克指出，这两样东西还是会变得越来越紧缺，因为时间和金钱利用的可能性在不断增加。人有攀比心理，我们之所以始终感到金钱紧缺，只是因为周围人越来越富，这似乎也与注意力有关。但注意力经济还是有所不同，注意力的紧缺，包括自身注意力的短缺和他人注意力的短缺。从他人那里获得注意力是注意力的收入，这种收入越来越难以获得，其紧缺的程度甚至超过了自己的注意力。滥用媒介、出版、宣传等各种形式进行恶性的注意力竞争，这并不是出于对自己注意力的疯狂，而是出于对他人注意力的渴望。一方面我们自身注意力已经紧缺，另一方面，我们的注意力又总是为他人所渴求。我们需要注意力，没有它我们甚至难以生存。因此随着社会的发展，注意力开始被大规模收集并进行重新分配。

二 媒介演化为金融机构

媒介是对注意力进行重新分配的"金融机构"，它们就像工业化时期的金融、银行、信用机构和股票市场一样发展起来。

根据经济和货币的发展历史，乔治·法兰克发现注意力具有"新货币"的特征，一方面它具有很高的效用价值，另一方面它又具有普遍的交换价值。媒介通过赋予"信用"承担起"银行"

的职能，那些在媒介出现的人被赋予巨大的信用，这种信用必须兑现，否则就会失去信用。媒介承担起太多的事情，甚至承担起"股票市场"的功能，它们选择大资本和杰出人士，追逐他们甚至对他们进行经营。总而言之，我们已经着陆在一个新的大陆，在这里注意力经济正把金钱经济逐渐抛在了后面。

多若·法兰克对乔治·法兰克的这一观点很感兴趣。他认为注意力是一个生态学问题。进入"新时代"以后，整个社会情形都发生了变迁，相应的哲学和心理学也都发生变化。如果人们从这个角度看发展，有些全新的东西并没有真正形成。既然对他人注意力的渴望难以满足，既然自己的注意力在这个世俗社会不够用，那么会不会出现一种反方向的漂移，也就是说，人们会不会试图建立的一种免疫性的东西，如冥想、瑜伽术或者知觉过滤，当然可能还有其他心理学方法。多若强调文化的独立性，认为在注意力经济中文化可以对注意力的不足起到一种补偿的作用。

乔治·法兰克并不否认多若的观点，但他表示，他运用注意力的研究方法，并不仅仅是延续一种文化批判，或者把文化批判扩展到一个新型的经济领域。虽然这也很有意思，但它只是一条狭窄的小路。在理论上，人们对信息经济的需求呼声很高，但它却并没有流行。这里的原因是什么？因为每个人都开始了无休止的信息活动，就认定信息是生产、分配和交易的珍贵东西，这是一个错误。隐藏在信息的生产、分配、交易和消费活动内部的东西——"注意力"才是通往并触及新经济"灵魂"的大门。

在注意力经济中，有意思的不是那些登记在交易和流通帐目中的注意力数据，而是自己成为他人数据系统进行处理的一个数据对象，这是问题的关键。让人疑惑不解的是为什么人们有这么强烈的欲望，要在他人意识中扮演角色。他人的意识是一个完全

第五章 虚荣市场

不同的、又无直接通道的另一个世界,而我们却这么在乎它。因此乔治·法兰克得出结论,他人的注意力是一种"真正的毒品",并且是所有毒品中毒性最大的。人们渴望它、依赖它,而且永不满足。

自己的意识自己知道,他人的意识我们无法真正了解,我们无法体验他人的体验。因此,有一种哲学观点认为万事只是发生在一个人的想象中,万物只是一个人自己的一个梦幻世界,此外是否有东西存在还是一个未知数。是不是存在着一个多数人共同的意识和知觉我们其实并不知道。但我们采取了一种很不理性的方法,自然而然地认定这种大多数人的意识和知觉的存在,因为如果我们不知道他人注意到我们,我们就不能维持在他人意识中扮演的角色。人们把喜欢在他人意识中扮演一个角色的爱好称为"虚荣",这显然是一个贬义词。乔治·法兰克认为每个持有这种过激观点的人都有点自负,甚至有点愚蠢。他明确指出虚荣是道德支柱的一个重要基础。

高德哈伯也有类似的观点,他认为在一个基于节约的经济社会,富不外露并且在任何情况下保持谦逊,在寻求更多的理解方面是有价值的。现在谦虚虽然还能够一时获得一定的人心,但是谦逊不再是美德,谦逊的价值在注意力经济很难继续维持。一个人将不得不对自己的谦逊进行大力宣传以获得更多的赞扬。

法兰克指出,一个人通过在他人的意识中扮演一个角色,也会影响另一个人的心灵。人们喜欢用"心灵"表达。但"心灵"是一个难以学术性表述的东西,尽管如此科学家也不得不相信心灵的存在。当然,我们不能测量心灵。但即使没有科学的表达,只要说到"心灵",我们都知道我们在谈论什么,科学家也知道。有趣的是,这种涉及心灵的经济所展示出来的东西永远没法用实验来展示,在公众场合证明它的存在。然而,我们有一个巨大的产业却证明了它的存在。商业在这方面的判断力要比理论上的判断力更强。媒介这一行业的存在不仅是为了赚钱,当然广告和媒介是赚钱,但这不是问题的关键。问题的关键是媒介大规模重新分配注意力的能力。乔治·法兰克提醒我们,一种新的现代贵族统治将会出现,这些贵族的资本就是名声。如果说占有大量奴隶的贵族是"奴隶主贵族",那么这些占有大量名声资源的就是"名人贵族"。名人只是注意力的大赢家,是注意力的百万富翁,他们吸收的注意力要远远超过他们曾经的投资和付出。也就是说,在注意力经济中也存在着明显的马太效应,拥有名声的人会带来更多的关注。而不为人注意的人会越来越受到社会的漠视。

对于媒介来而言,如果他们的一切动机都出于金钱,那它就会变成为相当枯燥无味的行业。但媒介会诱惑我们,它可以让我们成名,可以产生最美好的精神享受,它给我们的感觉器官提供各种食品:最有趣的人、最漂亮的美女、最伟大的天才。不管你要什么,它们都做得到。而通过这种方式赚到的金钱,就和副产品差不多。作为媒介注意力收益比金钱更为重要,只有在最后的阶段才涉及金钱,这就是注意力交易——广告买卖。

多若表示,正是因为这是一个由一方设置的注意力陷阱,所以他不想看电视。关键的一点在于电视传播是单向的,这是为什么它在历史上持续这么短的时间的原因,如果放在人类的历史长河中,电视的生命只持续一分钟,取而代之的是新的交互媒介。

那么"交互性系统"会带来什么,它的历史意义是什么?乔治·法兰克认为有两种观点。一个理想主义的,另一个是现实主义的。

理想主义就是:"未来的幸福意味着每个人在一生中都有一次10分钟的出名机会,经历类似于万众瞩目的场面。"这种理想是否能够实现,还有待于交互网络的证实。

第五章 虚荣市场

从现实主义的角度看，对名声的追求成为一个普遍的发展趋势，这种欲望和追求会导致一个新阶级——"注意力资本家"的出现。而我们许多"才能"的发展也会与此有关。如果要变得真正的富有，人们就不得不利用注意力经济中的信用机构和股票市场。如果要在注意力经济中钓到大鱼，就必须照看好注意力的市场价值。

纳德·贝克（Konrad Becker）也参与了这次有关注意力经济的讨论，他感兴趣的是非物质经济。他说，既然谈到注意力的银行系统，以前一定也有储存注意力的例子。这不可能用一个有吸引力的东西来解决，图片不可能储存注意力。但有一个类似的地方，这就是媒体世界中的偶像或明星，这在以前叫做崇拜的注意力经济。有一位学者在公共网络发表演说，大谈网络政治和信息战争。而过去这位学者是一位宗教学者，纳德认为这两个角色之间一定存在着某种相关性。乔治·法兰克对此表示赞同，但他同时指出，那种类型的注意力储存，只是挣得的注意力的一种状态。准确地说这是间接的，而不是直接的方法。一个人变得有名不只是因为他现在得到大量的注意力，而且也是因为他在过去积累了注意力。至少，要成为明星只是得到大量注意力而没有任何人注意到这个"得到注意力的事实"是不够的。"你变得著名是因为所有仰视你的人同时发现其他人也在仰视你。"除了直接的崇拜者，必定有许多的跟随者，他们是非直接的崇拜者，他们之所以看是因为其他人都在看。所有的人都在看，那一定有什么东西值得看。明星的光环来自每个崇拜者的心理和人们看到万众瞩目场面的这种氛围。这一荣耀产生了真正的明星。这就是储存注意力的方法。

但对注意力银行的说法，多若却有疑虑，他说，注意力在时间中流失，因此储而不用并不是好事。"如果运气好，我能够找回我丢失的钱，但如果我浪费了我的时间和注意力，我将永远不可能把它找回。"

乔治·法兰克承认储存时间是不可能的,但认为有资本主义的开发方式。名人取来鲜活的注意力,把它们集中起来并从中渔利。如果一个人提供给观众真正有趣的东西,我们可以说这是一场公平的交易。然而,如果一个人仅仅是想让观众滞留在屏幕前面,而不给他们任何回报,这就不是公平的买卖。他们只是设法把人家滞留在"箱子"前面,而无视他人的感受,这当然是一种典型的剥削形式。乔治·法兰克乐观地估计,这种剥削形式不会继续残留下来。显然这里隐藏着一个判断,即垄断是产生剥削的重要原因,而互联网难以形成垄断,因为它是一个以无政府主义的方式组织和发展起来的东西。许多注意力已经游离于非交互性媒介,这迫使电视人和媒介人做出反省,传统的对注意力的掠夺性开发不能继续下去了。

三 我们需要诗的智慧

诗人对世界的把握来自个人的直觉,它省略了一切逻辑过程。研究艺术对理解注意力经济应该有启发,多若·法兰克认为最个人化的事情一定是一个比开发出来的注意力更加具有深度和平静的指向。有时长时间欣赏1幅画比走马观花地看100幅画更加有意义。读书也是同样道理,有时1页读20遍比读20页更有价值。比如一首诗,你每一次阅读都会有不同的体验,许多信息隐藏在里面。"诗是装在瓶子里的信息,但它会漂流到他真正应该去的地方"。多若猜想可能有一种可以具体应用的"诗的智慧"。它的特点是朦胧。但在我们的文化中却存在着一种适合机械时代的对"清晰信息"的崇拜。在信息泛滥的社会我们不能再浏览每件事物,也无力核实每一件事情。这样我们就不得不寻找一种新的工作方法。我们不可能对一张脸的表情进行精确的计算、核对、说明,但又不得不读懂表情。因此我们就采取漫不经

第五章　虚荣市场

心的方式，只抓住其风格——是喜欢还是不喜欢？只有头脑机械的人才会要求什么东西都具体化、清晰化。现在，在理性之外，直觉因素被发掘出来，作为认识和感知世界的方式。

心理学家发现，在许多情况下快速直觉反应比深思熟虑的决定更为可靠。据英国伦敦学院的华裔学者李平兆博士介绍，这一结论得到了具有数千样本的一项研究的支持。研究人员认为，我们需要迅速做出决定时，脑细胞突然变得活跃，大脑效率在下意识状态一下子提高了不少。而在有更多时间思考时，由于需要处理的信息增加，大脑细胞活跃程度反而降低，关键信息可能疏忽，决断能力也就随之下降。因此，专家建议，在紧急情况下应该"跟着感觉走"，而对复杂的事情还需要理性思维。但是我认为，对于过于复杂而难以把握的事物，还是应该交给直觉，因为在这种情况下，理性是徒劳的。这时的非理性恰恰是一种理性的表现。我甚至主张，在无法做出决断时把决定权交给"上帝"，如由抛硬币来决定。这样的结果无论好坏，我们都不会后悔。这是一种消极的积极。他不会在无谓的选择中消耗我们宝贵的注意力。

从这个意义上说，"诗是未来的语言"的说法有一定的合理性。实际上不仅是诗，视觉形象、音乐等都会成为有效的表达工具。谈到表达方式，乔治·法兰克认指出，计算机的应用不仅提高了人们的预测能力，它的价值还体现在结果的显示方式。计算机能够将预测的结果以模拟的形式，非常形象、生动、直观地表达出来。它提供的是人性的信息方式，而不是一些难以理解的抽象数据。为什么一行诗在我们心中留下这么深的印象，这并不是因为我们能够理解其实质，而是直觉。为什么"杰克"的椅子比其他椅子更漂亮，我们不能用计算的方法解释，它只是"看上去"是这样。头脑的意识和知觉并不都来自精心的计算，它与计算机不同。这里还有一些别的我们至今还没有揭开的"谜"。

但如果意识都能显示,这是不是意味着行为学科的瓦解,因为一旦一个人知道一个人只要通过内省就可以产生影响,甚至思想和心理活动都变成外显的形式,那么就不存在行为学科。多若表示,要完全清楚地认识一个人在想些什么东西或一个人是不是被他人所想是不可能的。我们处在一个理性统治的世界,有太多的计算,增强可计算性是实现民主的需要,我们的主张必须用他人可以逻辑判断的方式来证明。这样我们就不得不遵循相同的标准和规则。然而,直觉在艺术这类表现形式中却有着惊人的相似遭遇,在艺术世界持"直觉"思维的人并不孤独。遗憾的是直觉容易受到攻击,每个人培养的直觉并不相同。在西方文化中几乎不存在任何的直觉,这种文化把建立精致的知觉作为共同的目标。为什么人们会如此惧怕把直觉作为一种理解的方式?当然是因为直觉的方法不能被证明。乔治·法兰克指出,正因为直觉的方法不能被证明,人们就不得不依靠信用,依靠真实可靠的人。风格可以显示一个人是否值得信任。这是我们不得不重新学习的东西。

值得注意的是,在高度专制的时期,这些直觉、信任、信仰曾经被强有力地用于维持一种宗教的权力结构。反对它就需要严谨的科学,这样全部的直觉知识被彻底推翻。现在我们深受理性之苦。不过在一些国家,某些权威部门出于现实的需要,也开始考虑对一些"直觉知识"的承认(比如精神分析疗法和中医理论),这种认识使我们从中大大得益。相对于启蒙运动的初期,我们处在完全不同的情形,这是一个令人羡慕的境遇。我们的"直觉"是理性基础之上的。我们还是以中医为例。中医是否科学一直是有争议的。谁都不能否认中医是有一定疗效的。"中医能治好病,可以重复说明它有科学性,符合疾病这种客观实际的规律。但它的确没有表现为科学,即表现为一个合乎科学规范的概念和命题体系。……从中医的现状来看,它的理论是哲学的,它的诊治凭经验。"① 这是一个有限的理性。有意思的是在中国，许多中医大夫还有特殊的国家荣誉，如国家级名老中医。1991年，国家卫生部、中医药管理局首次评定国家级名老中医，从全国二三十万从业中医里评选出了500位名老中医。

在一个日益复杂的社会，理性已经越来越难以把握，我们需要信仰来引导我们的行为，我们需要直觉帮助我们做出抉择。

第二节 媒介扮演的角色

在注意力经济中媒介无疑扮演着重要的角色，媒介是注意力消费的推动者、注意力财富的创造者、注意力不平等的扩大者、注意力价值的交换者、"第二真实"的制造者、经济非物质化的主导者。② 乔治·法兰克的研究对媒介给予了特别的重视。

一 "精英"欲望的泛化

1999年，乔治·法兰克发表文章，进一步阐述他对注意力经济的理解。③ 他指出，社会发展到物质财富相当丰富的时候，人们对荣誉的渴望就会超过对金钱的需求。这种情况在精英阶层广泛存在。今天"精英"的普遍标准是荣誉。荣誉和荣耀就其本质来说只不过是较大的注意力获取的一种状态。当物质财富以膨胀性的方式扩展开之后，继之而来的是整个社会对精英地位和资格的追求，这种状况可称为精英的社会化。

对精英社会化的趋势有人持反对意见，因为这是一个矛盾的

---

① 张显扬：《中医是否科学》，《社会科学报》2008年4月3日。
② 张雷：《媒体在注意力经济中扮演的角色》，《公关世界》2000年第9期，第17页。
③ The Economy of Attention, by Georg Franck, Telepolis, July, 1999.

表述,精英本质是杰出的品质。而事实上我们看到的现象是各种各样的"精英"已经越来越多,从来没有像今天这么多的荣誉、这么多熟悉的面孔和这么多的小题大做。今天,要获得荣耀,先决条件已不再是高贵的出身、伟大的天赋或勇敢的行为,人们可以通过标准化的运作成为"显要"。成功的第一步是设法进入媒体,这是最初的需要,最好使个人以照片的形式出现,当然更好的办法是在电视上出现。如果他留给人们的印象和评论不错,如果他被人当做话题,那么,成为精英的第一个障碍就已经通过。媒体在制造"精英"方面起着决定性的作用,要进入媒体一定要先让媒体有利,特别是要有利于提高媒体的发行量和电视的收视率。发行量和收视率是媒体获得注意力的量度。它们也被用来评估媒体财务上的赢利状况,但财务评估的重要性已经开始下降,增加媒体的吸引力其本身就可以直接或间接地推动各种事物。媒体通过服务获取注意力,在这个基础上向客户提供广告版面和广告时段,其服务有效性的测量和评估主要借助发行量和收视率,这是为什么注意力的收入优于金钱赢利的原因。因此,较之简单的金钱赢利人们更重视媒体本身。无论什么事情,只要对提高媒体注意力收入有利,就会被媒体推进和栽培。媒体获取注意力的最佳办法就是尽可能地报道和谈论名人有关的事情。要吸引大众的注意力就要有一批名人,如果没有足够的名人,媒体就要把他创造出来,名人的形成依赖媒体的大量宣传,只有这样名人现象才能成为大众现象。在注意力经济时代,媒体是各类明星的创造者和推动者,媒体在整个社会拓展了对注意力的需求。

要获得大众的注意力,就必须满足大众的需求,这有赖于富有创意的思想,媒体的发展必须既吸引钱又吸引注意力,为了获取注意力资源,媒体不得不与非媒体的真实与存在进行竞争,它们要在公众注意力萌发时就牢牢地抓住它们,这样它就成为不同于我们通常所说的"社会真实"而存在的一个独立的理解和知觉层面。这个层面被称为媒体的"第二真实"。

作为企业，媒体可以把注意力转化为金钱，如出卖广告空间，这一商业活动表明他们并不是信息出售行业，而是注意力的生产和经营行业。当然不少媒体两者兼而有之，如多数报纸既向读者出售新闻信息又向企业出售读者的注意力。

二 扩大的注意力鸿沟

乔治·法兰克认为，媒体对注意力的投资和媒体获取注意力的回报之间是很不平衡的。媒体以技术的形式复制和传播信息，而消费者对每一个复制都要付出鲜活的注意力，这样就使得大量收集注意力成为可能，这种不平等交换的一个诱人的东西是它所带来的注意力收入的社会再分配。媒体通过剥削一个阶层使另一个阶层更为富有，这不像用信息交换注意力，它在本质上是不公平的。如果提供吸引力服务的组织是基于一个行业的稀缺，那么富人和穷人之间在获取注意力方面的社会不平等就会在人们的不知不觉中增加，电视的流行对观众来说就是彻头彻尾的剥削，这也是为什么这一行业从业者收入奇高的一个重要原因。

媒体消费再分配的结果并不是源于初始的平等分配，它只是增加了原始的不平等。一个人在获取他人注意力方面有着天赋的差异，有些人光彩照人、引人注目，有些人平淡无奇、不屑一顾。这里除了天赋还掺杂着社会因素，我们不应该对媒体有过分的要求，应该承认，注意力收入的资本化早在媒体出现之前就已经存在。

当然一个人享有的注意力不能像钱一样储存和投资，但它有另一种积累方式，注意力的积累与它的扩散性有关，这是它与金钱收入的微妙差别。我们评价注意力不仅要根据获得注意力的持久性和它的消费集中性，而且要根据注意力的其他特性，如这种注意力是与我们有关的还是无关的，是善意的还是恶意的。与我们有关的善意关注是非常珍贵的，无关的关注并没有多少价值，要是来自敌意的关注其价值是负面的，甚至是可怕的。

注意力积累的第二种方式是利用"二级关注"。人们对一个人的评价很大程度上是根据他获得第三者关注的程度。这样，一个人获得一群人的关注、喜爱和崇敬就很可能会获得更多人的关注、喜爱和崇敬。个人对金钱追求是普遍的现象，但是"善意注意力"的高收入有时更具价值，对个人而言注意力收入不仅可以资本化，其过程本身就是一种精神消费，善意的关注可以增加一个人的愉快经历和满足程度，如果一个人让大家喜欢，并且小有名气甚至很著名，那么他就有些与众不同，不管这种普遍的赏识是出于何种理由，一个人获得社会的注意力在一定程度上反映了这个人对他人的魅力。

法兰克指出，一个人的社会荣誉为他的社会威望建立赢得注意力，这是注意力的原始积累，也是社会强化天然注意力不平等收入机会的第一种形式。它发生在社会直觉领域，但保留在社会本能层面。这种现象很可能在狼群或猿人部落中已经发生。不过我们今天所经历的在媒体中荣誉的自我强化还只是开始。

三 虚荣的二级市场

在《注意力经济》一文中，乔治·法兰克说："如果我们获得的注意力不仅为自己建立声誉，而且被他人登记注册，如果我们对自己获得的注意力在出让给他人时根据质和量进行估价，那么在心智和情感领域的会计系统就建立起来了。"重要的是不仅要考虑一个人从多少人身上获得多少注意力，而且要考虑是从谁的身上获得注意力，通过一系列经济运作过程，一个人的注意力财富就可以成为他自身的一种重要收入资源。一个有趣的现象是，一个人只要接近名人显要就可以获得小小的荣耀，在这一个

第五章 虚荣市场

二级市场，社会雄心和社会虚荣开始繁荣起来。注意力资本的股票市场给"虚荣市场"一个准确的含义。虚荣不仅仅是获得他人注目的渴望，它包含着无数可以估价的东西。注意力价值的分享不仅受现时注意力收入的影响，它也受预期的未来注意力的影响。有名气不一定有人气。那些处在上升的人得到更多的关注，那些处于下降的人关注就会减少。注意力收入是媒体经营的结果，媒体不仅不断调整获取注意力的制高点，其本身也扮演着注意力资本交易者的角色，媒体不仅要考虑注意力的数量，而且要考虑如何符合注意力价值分享者的目的。

注意力经济就像现实的经济，商业诈骗和黑市也很兴旺，这表明注意力经济作为一个整体它并不比现实经济少什么，在注意力经济中虚张声势达到了人们能力的极限。注意力经济可以追溯到早期的宣传技巧，但那时只是个别的，并没有扩展到整个经济。印刷媒体、无线电广播和有声电影第一次聚集了大量匿名的注意力，这使明星崇拜成为一种大众现象。此时，吸引人们注意力的行业成为职业化，广告业也发展起来。电视出现以后，可以说注意力经济进入完全行业化阶段，为了吸引公众的注意力，专门创造的"第二种真实"开始与来自原始的第一真实进行竞争。在这一最后阶段大众通过媒体自由地消费注意力，出现"著名"和"杰出"的大量生产。在这种状态下，正如前面所指出，注意力收入开始比金钱收入更为重要。

四 "人工真实"的生产

在注意力经济中我们的社会形式和生活状态发生了很大的改变。我们古老的感情生活怎么会与行业的超霸联系在一起，我们很自然地让媒体处理我们最为珍视的一个部分，我们甚至乐于把自己的注意力投入媒体所提供的各种图景和解释，这是为什么？说到底那里不仅有"面包"，而且还有丰富的游戏和娱乐。值得注意的是，在人们的现实存在和出现在人们高度注意中的存在是有很大不同的，媒体不仅扩大了这种差异，它也可以调和这种差异，媒体可以掩盖缺陷或让我们的感知远离事物本来面目。我们对出现在媒体的个人产生兴趣、喜爱和迷恋，我们也把自己的不满、憎恨和愤怒向媒体发泄。面对媒体造就的虚假和夸张，我们不是被恼怒就是被愚弄。法兰克认为媒体的真实对人类有压倒一切的力量，对它的注意力分配不公产生嫉妒的情绪反应是非常可笑的。媒体已成为超级的注意力生产和分配流水线，我们都不知不觉地出现在某些人有效的自动支付系统中，成为他们账目数据中的一个部分。

媒体供给不断膨胀和上升，这不仅仅是对国民经济的贡献，它还发展了真实的相态。我们不清楚媒体真实是否已经成为主导的真实，只知道我们感知的社会真实的主要部分是高度人造、虚构和综合的。因为它是专门生产用作注意力竞争的。

媒体对注意力的大量追求影响到媒体的风格，出现在媒体上的每一件事都必须经过高度职业化和风格化的处理，这一过程意味着一个"人工真实"的形成，它很像工厂刚刚出现时所扮演的角色。事实上，媒体这一工艺过程只是生产事物的外观。外观和实在还是有所不同，因为后者可以触摸，但因为经验和习惯，我们通常把它感知为一个实实在在的真实，人们往往忽视媒体真实和实在真实的差别，而注意力的形成只需要刺激我们的感官。在注意力经济时代，任何事物的外表都被考虑采取活泼和动人的形式，以增加其可感度和吸引力。

媒体展示的一些东西来自对外部真实的主观构筑，技术的引进把刺激模式从实在的物质性中分离出来，媒体展示技术的进步不断增加这些刺激模式分离的完美性，"虚拟真实"就是借助这种分离技术被生产出来。

五　注意力加工服务在新经济中成为主角

当前，多数人认为在生产领域物质的加工和处理仍然占据主导地位，媒体的附加值只是在物质生产基础上增加的一个部分，拒绝经济生活的物质优势，很可能会导致悲惨的结局。而乔治·法兰克所持的观点恰恰相反，他认为物质经济的发展不断地降低了人工劳动的生产附加值，注意力深加工服务在新世纪经济中将成为主角，物质和能源的生产将趋于减少。纯粹的物质生产规模已经不能表明任何优势，它只能给我们提供这样一个信号：现行的物质经济再也不能以现存的形式继续进行。

注意力深加工服务是脑力劳动的一个部分，在所有发达的社会它都优于体力劳动。脑力劳动与体力劳动有两个方面的不同，第一，它使用的是智能而不是体能，消耗的是精力而不是体力。第二，脑力劳动者必须先受教育，教育从根本上说是自身注意力的投资，教育的目标是获取和应用知识，知识是精炼的注意力，从这个意义上说知识是资本化的注意力，公众常识是社会的公共资本，它类似于物质经济中的基础设施。

注意力资本化的关键问题是在整个脑力劳动中如何区分直接的生产性投入和资本化投入，这一比例的合理化已经成为一个国家在国际经济竞争中保持领先水平的核心条件。智力资本回报率已经远远超过物质资本的回报率，即使没有杰出的天赋，智力资源也要比体力资源更重要。

在第三产业中，如代理、行政管理、销售、咨询等，都是注意力支付形式的商品，它们通常被以前的经济学家划分为非生产性的，因为它们不生产任何物质产品，不是那些可以填肚子的东西。机器大幅度地减轻了人们的体力劳动负担、生产和分配过程组织化程度的大量增加、文化产业的迅速发展，这些都证明注意力的深加工不仅是生产性的贡献，而且事实上是经济合理化的关键。第三产业部门的发展是体力劳动机械化和社会繁荣昌盛的必然结果。机械化使人类的劳动转向计划、设计、监察等活动,繁荣使人们对商品的需求更为苛刻。与此相关,人们有了更多的表达和咨询需求。复杂性的增加导致对组织信息和决策范围的更高要求。

随着总体工资的提高,特别是高质量脑力劳动者的增加,在这一领域用机械减轻或取代劳动已变得迫切。因为需要教育的投入,脑力劳动特别昂贵,所以要引进能够减轻脑力劳动的技术以代替脑力劳动中更为机械的部分。这通过信息技术取得了成功,计算机仿效精神劳动以电能代替注意力,在这里它们搬运的是信息而不是重物。因为它们的引进,劳动对象已经转移到仪器和工具的使用。这并不是说心智或真正的注意力已经实现了机械化,它意味着大范围的最终取代物质经济的潜能已经形成,而媒体在这里扮演着重要的角色。信息是独立的刺激方式,据此我们可以创建感知走向虚拟世界。如果人类信息处理能力转移至机械,这不仅意味着媒体发展将转向虚拟空间,虚拟化的扩展正是因为经济压力迫使劳动力价格不断上升的结果,正是因为社会生态平衡的需要:降低物质和能量的消耗。

六 注意力经济与文化的关系

关于注意力经济与文化的关系,乔治·法兰克认为,从注意力经济看,处在文化中心的商业文化与传统商业的鸿沟正在消融。文化产业越来越需要用金钱来喂养。知识生产、出版媒介、网络产品成为这一经济转型的起始,文化软实力在信息经济中已经获得核心地位,这一位置在工业社会曾经一直被技术的力量所占据。新经济产生了对竞争力的新需求,如何处理高雅文化成为一个难题,因为它很难作为商品来处理。人们对这一文化的需求仅仅止于了解,却很少接受。这种文化受到了严重的威胁,选择这种文化意味着选择贫穷。但在另一方面被作为商品来生产的文化在学者的眼里又是下流鄙俗的。今天高雅文化在欧洲不得不完全靠金钱来维持和推动，这种做法即使在一个最富裕的社会也难以负担。然而一些政府机构之所以这么做并不完全是因为文化本身的原因，高雅文化的生产还是有着它的利益导向。当然，它主要不是为了金钱利润。文化的创办者在公众注意力领域起着企业家和金融家的作用。注意力经济因此高度发展起来，大众媒介成为借贷和股票交易部门，甚至成为最发达的投资行业。不了解这一规律的人就不能对文化产业和文化政策提出建议。

然而，经济学基础理论有明显的忽视这一非物质经济的倾向，他们完全拒绝承认这种经济类型的差别，结果基于这种传统理论的"专家"的咨询建议往往导致投资的重大损失，致使高雅文化濒临绝境。根据注意力经济学理论，尽管需要花费大量的金钱来维持，但主动在文化产品上投资注意力却可以获得前所未有的高收益。

七 享乐主义的新出路

非物质化和虚拟化在生产领域已成为常识，信息行业职业的重要性暗示着新经济的出现，物质经济在这一过程被碾碎，乔治·法兰克指出，所有这些比"信息社会"一词的含义要丰富得多。信息还只是朦胧出现的注意力经济的表象，注意力远不止是信息处理能力的准备，注意力是自我确定和精神存在的待命状态和基本感知。由于注意力指向的不同，每个人对这个世界的感悟也不同，所以注意力的重要性要超过存在于这个世界的任何其他事物。我们所有的人都在乎他人对自己的看法，并为此努力和挣扎。如果我们不能在他人的知觉和灵魂中扮演一个角色，我们的灵魂就会痛苦，如果不能接收到一点点善意的注意，就意味着一种永恒的伤害和死亡。沐浴在喜爱目光的关注中是最大的幸福。当然，掌声和欢呼声有时可能来自敌意的一方，有时也可能遭到敌视，但如果善意的关注来自我们尊敬的人，我们就会引以为自豪。现代崇拜已从物质崇拜转向个人魅力的崇拜。令人吃惊的是商业对精力解放的热情和专业性关注，这只是媒体在新经济中力量的一个展示。但是现存的文化使我们忽视应该节约生命而不是金钱，这限制了我们在改变价值的意义上来"节约生命"的可能性和机会。我们一直在犹豫是否应该从违反人性的、给子孙后代带来巨大痛苦的物质战争中退回。然而，到目前为止，我们所有的良知还只是促动少数人改变他们的行为方式。指望通过大众的节制带来经济的再定位很可能只是幻想。如果跳出物质主义的方法，不是从节制和禁欲上面去发现，那么它必定在享乐主义本身去寻找，在享乐主义内部没有其他出路，只有一个自我激活的经济非物质化过程和即将来临的对不同种类收益的价值认识的变化。

那么注意力经济是不是符合社会生态的无害生活方式的开始？经济竞争会不会转入争夺注意力的骗子战争？理智能否拯救我们？我们行进在正确的轨道上吗？乔治·法兰克认为对此我们不应轻易得出结论。

第三节 科学传播与科学家的荣耀

乔治·法兰克在注意力经济研究中，有一个核心的概念，这就是"虚荣"。1999 年 10 月，他在《科学》杂志发表评论，认定科学传播就是一个虚荣市场。[①] 文章指出，把科学传播称为虚荣市场是不是有贬低其价值的嫌疑？它是否对我们认识科学行业

---

① *Scientific Communication — A Vanity Fair*? by Georg Franck, Science, 1October 1999.

第五章　虚荣市场

的工作有帮助？科学家的虚荣会不会阻止知识的进步？对同行和公众注意力的追逐是不是科学进步不可缺少的一个部分？当科学家竞争注意力时，动力来自于他们效忠的东西，还是"商业"行为——投资自己的注意力以获得更多的注意力的回报？这些问题不仅对理解科学来说是至关紧要的，而且对知识产业的评价也非常重要。注意力是科学生产的主要投入方式，也是科学产品的一种支付的方式。这种短缺资源的不合理配置就像研究方法不足一样对科学进步构成危害。

一　科学传播是一个名利场

科学研究是一种集体共同努力的过程，它是这样一个产业，在这里一个专家的成果是其他生产线输入的原料。从一个集体的观点看，科学是一个分工的理性活动。如果他人的才能和成就不能有效、合理地分配，即使能够做到个体观点的最优化，科学成果也不可能聚集集体的智慧，实现群体的卓越。但我们如何评估科学的效率？科学成果的产出由信息组成，它是语义形式的并且要求与实际符合，与实际不合的可以直接测量出来。科学信息看起来好像是回避了经济价值。经济价值决定于购买者对商品利益的欲望，但科学产品并不在市场上出售，它只是出版和发表。而出版物的知识产权则放任由一般公众去处置和利用，其唯一的条件就是使用者要有"引用"的信用。因此，知识产品的性能不是由金钱的投入和产出来衡量的。

在作了上述分析之后，乔治·法兰克指出，金钱不是激励科学的主要动机。许多人没有成为学者恰恰是因为太富有。仅仅是好奇心也不足以让一个人成为一个成功的科学家。科学成就的奖励和回报是科学同行的注意力。通过获得科学家同事们的注意力的方式，一个科学家获得了科学团体所有成员的尊重。赚取这一注意力收入才是成为一名科学家和从事科学研究的主要动力。为了扩大这一收入,科学研究工作者不得不以最有效的方式使用自己的注意力。科学领域只承认第一,因此对已经被人发现过的,科学家不会再在这里为发现所谓的"新成果"付出注意力。重复创造难以获得注意力。在科学领域,最有效的方法是把注意力放在他人没有做过的地方。

科学的信息要求是严格的,这种苛求消耗了许多人不必要的精力,但在科学界人们却乐意合作,为什么?这也是出于注意力竞争的需要。科学工作者不仅追踪自己的利益,而且关心什么东西对他人有用。这种关心出于自私的动机,以使自己进入一个高效的分工劳动。或许即使在没有金钱价值的参与下,一只看"不见的手"也在控制着知识的生产。

二 SCI 账户

在文章中乔治·法兰克指出:只有当以注意力的获得来评估成果的科学价值的时候,注意力的追逐才会产生效率。尽管如此,一个理论吸引的注意力并不是衡量其科学价值所必需的。一个理论吸引注意力可能是它外表的暗示,是一种清楚与含糊的混合引起的好奇,符合时代精神,或者对习俗的反叛。通过在权威杂志上发表,在适当的场合向合适的人介绍,以及有影响的评论家的评论,一个理论对注意力的吸引力得以增长。但根据卡尔·普帕(Karl Popper)的《科学发展的逻辑》的观点。只有诸如一致性、事实相符性、范围和利益才是科学价值评估的合理方法。一种理论的科学价值怎么会与注意力的吸引联系在一起呢?

通过竞争,市场的力量使得个体自私行为导致集体效率行为。在完全竞争条件下,市场价格可以准确测量商品的价值。这对科学传播意味着什么?出版物建立知识产权,因此出版的知识信息不能在没有获得许可的情况下作为生产的手段。如果通过引用,就获得了他人成果资料的使用许可。其基本的费用就是引用者把自己生产的一部分注意力转移到被引用者身上。因此,引用反映了被引用部分的资料价值。也正因为如此,一个准确记录、确认、合计"引用"的会计系统非常适合用来评估科学知识的实效。

如果引用最大化成为理性的科学家追求的主要目标,那么《科学引用索引(指数)》(SCI)就承担着一个有效测量科学价值的会计系统的功能。对"争夺注意力"的科学研究者来说,如果他们的科学职业依靠引用的收集的话,他们就会借助"引用",理性地最大化其注意力收入,甚至自我引用。当科学家预期决定科学职业的最重要的参考依据是 SCI 时,他们就会转向 SCI 引用最大化。

在一些学科中,特别是那些获得巨大声望的学科,一个研究人员的职业严重依赖于他的 SCI "账户",然而,以"引用账目"来评估科学的价值,即使这种方法被普遍接受,也会存在许多问题。被引用最多的科学家并不总是最好的科学家。有一些积累"引用"的途径与科学的价值本身没有什么关系。最简单的方法是形成引用联盟。通过与编辑和论文审阅人和其他论文作者的结盟,一个人也可以不需要通过提高生产力来增加自己引用账户的数目。现在在学术市场确实大量存在着"伪注"问题。其中包括"友情引用"——对师长、朋友、圈内人的引用,形成互惠的"引用圈子";"装门面引用"——对权威文献的引用不是论文本身内在的需要,而是为了看起来貌似有学术品位;"滥用自引用"——目的只是自我展示,他们把论文当做自我宣传的广告版面。有学者指出这种假引用使"研究人"变成了"市场人"。[①]

---

① 李醒民:《假引用使"研究人"异化为"市场人"》,《社会科学报》2007 年 7 月 5 日。

三 公关、广告与营销开始进入科学研究领域

为了使像 SCI 这样的账户系统能够可靠地发挥作用，在科学传播中必须对欺骗和政治活动加以预防。但是无论在哪里，有市场就有黑市。严格控制以求彻底根除非法行为的成本太高。不过，还是有一个稳定而可靠的控制方法的，这就是竞争。

首先市场供需双方数量是如此的巨大，垄断可以被有效地防止。但是现在事实上存在着垄断联盟，抑制有价值的论文发表是垄断力量对部分出版者施加影响的一个例子。这样的现实存在表明在科学市场竞争并不完善。但是，只要竞争能够减少欺骗和政治，它还是能够为一般研究人员有责任的行为留下理性的空间。市场发挥有效作用的第二个条件是对称信息，需求方应该被告知关于供方商品的全部信息。这意味着研究者必须寻找并详细核实供方信息。这对科学家来说是不切合实际的，否则会整天忙于数据和资料的核实。只要供给的知识信息不再可能为需求方仔细阅读，让他们的理论一眼看上去显得富有启发意义就成为供方挡不住的诱惑。这是为什么在科学传播市场，一种新理论的获得的注意力不同于那些值得看第二眼的东西的原因。广告、公共关系和营销开始进入科学研究领域，以填补注意力短缺留下的缺口。但只要需方没有被诱使严重错误地分配他的注意力，"注意力夺取"就不会构成严重威胁。为注意力忙碌的科学家在无用的信息上消耗不起他们的注意力，然而他们却可能为科学垃圾付出超额的价格。为了追踪自己的利益，科学家只愿意为提高他们自己的生产力而付出注意力。随着对需方竞争的强劲增长，有害产品的生产会有所减少。

在科学传播中，竞争是有效的。垄断如果一开始不加以防止就会不断膨胀，直至在声名狼藉中解体。在高度竞争的条件下，用信息交换注意力，自组织的控制也是有效的。控制和测量依据

第五章 虚荣市场

的事实是注意力经济，它是一个封闭的系统。因为科学家投资他们自己的注意力是为了获得注意力的回报，他们主要的兴趣是科学家同行的注意力，他们的成果会递交给最有能力的人进行价值评估。成果一旦被有能力理解的人注意，就会有很高的价值收入，追逐注意力的努力转化为名声的获取。声誉是财产，可以用来测量一个人工作的价值，声誉也意味着他的同行如何看他，愿意对他付出多少注意力。

法兰克认为，拥有崇高荣誉的科学家可以有效提高他人的生产力，给肯定的对象带来关注效应。假如科学家自己是科学价值最好的鉴定人，就存在着一个稳定的在科学领域的注意力经济最优化的倾向。当然，这并不是说所有的这一切都有利于科学传播。它意味着，存在着具体的可确定的环境，它确定科学获得的注意力是否被有效利用。也就是说，在某种程度上它最大化集体的知识优势。

尽管这些严格的苛刻条件不会出现，但还是存在着科学运转的激励机制，它在科学共同体内部用最大化注意力价值的方式最有效地配置注意力。科学生产对注意力的利用和日常生活中注意力的利用及在非科学领域的生产活动的集体效率管理之间存在着明显的差别。能够把注意力作为资源有效利用是一种智慧，它远远不只是获得经济上的好处。因为注意力配置的集体效率，科学家的集体智力远远超过了个体科学家所能够达到的智力水平。因此，科学共同体是非凡的团体，这里是会聚集体智慧的地方。一个科学理论如果不能测量它的知识价值不仅不完善，而且可以说没有达到基本的要求。如果没有一个适当的方式去理解和推动独特的理论和思想，许多非常成功的科学研究仍然只是一个难以理解的东西。因此科学理论和科学思想需要得到有效的关注。

有评论说，法兰克博士虚荣市场的观点更适合"科学"传播而不是"科学的"传播。继苏联载人飞船成功发射以后，美国人成功登月。自此以后，这项计划就停止了。科学在这里更多的是展示的功能，它显示的是力量。

科学的传播应该使得研究可以避免错误和重复。因此，有人建议除了突破性的发现，我们也应该支持出版"否定的发现"和熟练工人的"实践发现"。但发表的越多，阅读、分析、评估和综合的越少，科学传播也面临新的注意力短缺问题。编辑拒绝发表"否定的发现"，可能是因为读者对肯定的发现有兴趣，这里有个供求关系在起作用。值得注意的是有研究表明，SCI 的引用有一个奇特的偏好，就是美国作者喜欢引用美国作者的文章。这样看来在科学领域，虚荣市场还没有很好的全球化。当然这也与语言限制有关系。

让法兰克感到不幸的是，一些雄心勃勃的科学家也不得不对科学政策的激励作用做出反应，在西方这已经成为中产阶级的一种生活方式。科学是一个名利市场，除了对名的追求，科学的研究还有许多现实的考虑，包括物质利益。这是一个不可否认的事实。

问题：

1. 虚荣市场是不是就是我们日常所说的名利场？这种市场有什么特点？
2. 注意力经济的发展能够为享乐主义提供哪些条件？
3. 你赞同"科学领域存在着注意力经济市场"一说吗？
4. 你认为媒介在注意力经济中到底扮演了什么角色？

第六章 文化人的经济学自救

在注意力经济的商业世界,显要的人物不是公司总裁或基金经理,而是扎根于人文和艺术基础的新的注意力大师。

——理查德·莱汉姆

本章重要人物介绍

理查德·莱汉姆(Richard A. Lanham),1936出生,耶鲁大学博士,最初在达茅斯学院任教,1965年以后在加利福尼亚大学洛杉矶分校任教,英语教授,现在荣誉退休并担任一家咨询公司的总裁。他是一个勤奋、多产又富有思想的作家,已经写了9本书,在修辞学研究方面很有影响。他的1993出版的著作《电子语言》被认为是超文本狂热者理论上的一个里程碑。有人声称,它敲响了印刷文化的丧钟。此后他的研究兴趣开始转向注意力经济。虽然莱汉姆多次声明自己不是经济学家,也不愿意装成经济学家,但是他坚持认为传统的经济学方法不能很好地帮助我们理解注意力经济。因此他开始了文化人的经济学自救。

英语中概念"substance"既是指物质,也是指实质和主旨。

在传统的社会，物质是决定实质和主旨的东西。根据理查德·莱汉姆的观点，在信息时代，处在中心地位的不是物质而是形式，因为形式在竞争注意力过程的表现更为活跃。在这样一个世界，知识产权比不动产更为重要，而艺术与文学将发展成为比工程技术、自然科学和传统的经济更为重要的东西。这是因为艺术和文学是研究人类注意力如何分配以及文化资本如何创造和交易的学科。在注意力经济中，形式和实质的位置发生了颠倒。

第一节 虚拟本身是一种真实的存在

如果说信息已经成为现代社会的基本"原料"，那么我们就必须用经济学的思维方式来思考人类的传播现象。符号的生产与消费把我们带到了一个概念时代，修辞学具有特殊重要的地位。莱汉姆这位修辞学家转身变成了"经济学家"，在人生的舞台上开始扮演一个新的角色。在他看来生命可以以信息形式存在，也可以以戏剧形式存在。

一 虚拟是存在的形式

早在 1994 年 5 月在美国得克萨斯州奥斯汀召开的研究图书馆协会第 124 届年会上，莱汉姆就发表了《注意力经济学》一文，[①] 指出，经济学是研究人类如何分配稀缺资源以生产各种商品和如何分配这种商品，这是常识。如果我们都认为现在是从物质经济走向信息经济，那么就会得出结论，现在的稀缺资源应该是信息。但是我们已经被信息淹没，我们获取信息就像用消防龙

---

① *The Economics of Attention*, by Richard A. Lanham, in the Proceedings of the 24th Annual Meeting of the Association of Research Libraries, 1994. http://sunsite.berkeley.edu/ARL/Proceedings/124/ps2econ.html.

第六章 文化人的经济学自救

头喝水。

根据注意力付出的多少,他把信息分为"未加工的数据资料"、"初加工信息"、"有用信息"和"智慧"。"未加工的数据资料"没有注意力付出;"初加工信息"有些注意力付出;"有用信息"有大量注意力付出;"智慧"付出的注意力最多。为了简便,莱汉姆根据其价值大小把它们分为三种:数据、信息和智慧。他说,我们最缺的是信息智慧。面对泛滥成灾的信息我们不知道如何构造我们的注意力结构,以使信息对我们有用。

在数据世界,银行机构非常类似研究图书馆的情况。银行一般基于存款和借贷,就像图书馆进书与借书一样。现在许多读者不再借书,而是直接利用网络资料,图书馆的重要性在下降。银行业现在正在发生类似的根本改变,人们不把钱存到银行而是放到有更高回报率的共同基金,或者直接投资股票。企业不从银行借钱,因为它们从其他渠道集资更为容易。为了生存,银行创造了全球化数字银行系统,它是一种储户与贷款者新的注意力结构、新的投资和金融手段。这一过程称为"有价证券化",虽然他们称它为"信息",但莱汉姆认为实际上他们创造了注意力经济。

在这篇文章中,莱汉姆还从艺术角度对注意力经济作了分析。他说任何当代艺术,其核心都是吸引人们的注意力。通俗艺术吸引大众的注意力,流行艺术引导着人们的注意力流动。流行艺术的爆炸性发展,使它成为一门"注意力管理艺术"。

他还提出了"广义注意力经济"的概念,包括自己内在的注意力经济,即心理学层面的感知经济。信息显示方式应尽可能考虑使用者注意力的节约。真正有文化的人是那些能够以最节约注意力的方式去感知和表现各种信息的人。

在注意力经济中想象力将居于中心地位。我们长期生活在牛顿定理构筑的物质世界，现在诗歌神话世界都可以变为现实。莱汉姆要求我们重新思考"事物"到底是什么？他说，进入网络时代，我们生活在一个全新的世界，在这个世界不是真实变为虚拟，而是虚拟本身是一种真实的存在。

二 万物只是代码的输出

莱汉姆从事的主要是修辞学研究。"修辞学"在西方常常被认为是"花言巧语"，两千多年以来一直名声不好听。但从注意力经济学角度研究，不仅可以加深其理论深度，也可以让学术界不可对此轻视。

2006年莱汉姆出版了《注意力经济学：信息时代的形式与本质》一书，[1]对注意力经济做了进一步的阐述。他指出，假设的东西一旦成为常识就会变得根深蒂固。我们通常认为真正重要的是物质，真正的真实是物质世界，是那些我们在农业时代耕作和种植的农产品、工业时代生产的商品和物质财富。这些物质产品的分配，是经典的亚当·斯密经济学所解释的。其余的都是"软的、无价值的"的东西，是形式不是本质，是"修饰"而不是"本体"。但我们现在已经走过农业和工业时代，进入信息社会。我们整天与"软的"东西打交道。"软的"东西有时看起来比"硬的"、物质的东西更为重要。

信息作为活跃的因素，它不是消极的存在，而是在向人们"告知"这个物质世界的存在并且引导着这个世界的演化方向，信息的这种作用就像基因信息指示细胞机器构筑一个生物体。在农业和工业经济，我们把大自然看做是物质和能量。在注意力经济社会，我们把大自然看做信息。

---

[1] *The Economics of Attention: Style and Substance in the Age of Information*, by Richard A. Lanham, 2006.

第六章 文化人的经济学自救

信息出现总是带有它的"包装"形式,在这个世界,根本就不存在一个纯粹的事实。莱汉姆认为牢记这一点非常重要。只要我们感知信息,我们总是以某种方式包装信息。包装告诉我们内容会是什么,应该赋予它什么类型的注意力。一般情况下,我们没有必要把岩石包装成可以踢的足球形式。但如果我们要发送、要学习就必须以某种方式对它进行包装。在描述过程如果要把问题讲清楚就必须进行比喻和信息编码,这就是包装,而且这些包装总是在某种程度上带有劝诱性的,它要告诉我们应该如何看这个东西,应该赋予它什么样的注意力。我们通常用来劝诱的"包装"是词,这只是一种形式。修辞学从某种意义上说就是研究信息包装的学问。

计算机的出现,使得我们总是在精神和物质、形式和本质之间来回漂流。计算机是知识机器,是一个特殊的文化记忆和储存系统。它就像基因,以代码的形式储存。代码是基础的"内容",真实的"原料"。我们通常认为的"真实世界"只是一个输出,一种由计算机图形和数字设计创造的输出。从视频游戏、电视广告、科学展示到军事训练,我们随处可见这些设计的作品和人造的混合真实。从建筑物到飞机,开始和核心部分的真实我们都可以在计算机辅助设计和制造中发现和找到。信息必须有某种类型的包装,计算机也需要一个包装,它的操作系统告诉我们以何种方式注意数据。

我们都知道,地震是产生海啸信息的根源,许多现象都有着深刻的根源。因此莱汉姆指出,如果我们以新的角度观察大自然,并把它与计算机这种新机器以及文化符号的新方法结合在一起,就能把当今这个"新的自然界景象"真正有效地表达出来。这里所说的"新的自然界景象"是指高度人工化的自然现象。包括人类生产的大量信息产品。

不同的时期我们都有不同的"想当然"的事情。历史上人们曾经认为物质真实由一个"代码"产生。在中世纪基督教统治的岁月，世界被认为是上帝心中的存在，这是它的唯一的真正的真实。地球上尘世的一切只是上帝设计的输出。而人们不清楚这一点，还正在筋疲力尽地上演着一幕幕自我拯救的戏剧。再往前追溯，柏拉图也曾经在一系列的形式中发现了最终的真实，他认为地球上的真实只是最终真实的未完成形式。如果还要进一步往前追溯到苏格拉底之前的哲学家德谟克利特的原子论。我们就可以发现，人类把自然和日常真实看做一种"打印输出"已经有非常长的时间。计算机现在又把我们带回到这里。计算机的出现创立了一个自然和人类真实的新概念，现在就等待着它的表达。当然固定静态的打印并不能做到这一点，但数字屏幕却能实现，数字代码意味着一切。

古希腊和古罗马有广为流传的谚语：世界是一个大舞台。数字化的表达使这个世界真的变为大舞台，变为剧本设计的一系列的"演出"。我们所说的世界正根据"上帝"的旨意变成"尘世"，在这个世界我们都化身为戏剧性的角色。这一新的表达方式带来意义深远的变化，它是基于概念上思考和人类真正体验的编排。这种戏剧化的真实包括人类生活的许多方面，而这些是经济学家始终坚决回避的。莱汉姆指出："我们被要求注意两个不同的真实，即旧式的物料（stuff）真实和能够转化为新物质的软的（fluff）真实。"著名经济学家阿尔佛雷德·马歇尔（Alfred Marshall）在他的经典著作《经济学原理》的开头就断言，经济学研究"生活中的平常交易"。那么当发现我们的重心已经从物质转向注意力的时候，旧的"平常"就让位于新型的"平常"。我们不得不同时保持物质和非物质的两种"平常"，但这样的生活是非常困难的。对物质的价值和非物质的价值，人们的认识有很大差异。

三 物质世界在蒸发

在这个世界上有太多的"物欲主义者",我们的确为物质拥有所包围并乐于享受物质给我们带来的快乐。但莱汉姆提醒我们注意,"真实世界"的物质场所似乎已经开始在我们的眼前蒸发。通过网络,我们可以在自己的家里上班、购物、上学,一个外科医生甚至可以远在千里之外为我们开刀。一方面,物质场所面临逐渐消失的危险,而另一方面,我们对它的要求却越来越多,我们渴望场所的真实性。几乎所有的旅游业都建立在一个寻找"可信的"场所的基础之上。据统计,旅游业现在已经成为世界上最大的产业之一。旅游地一旦被发现和开发,很快就会遭到被旅游者破坏的厄运,它们将演变为体验式旅游的一个舞台布景,不再是一个原来"真实"的地方。我们越来越倾向于把物质的东西出租给他人而不是真正拥有它。本质并不是物质,而是我们能够利用的东西。物质不是财产,使用价值才是财产。而使用价值是"软的"(fluff)东西。

回顾一下历史,我们可以发现广告曾经被认为是软的东西,广告的作用经历了三个阶段:第一个阶段是传递商品信息,第二个阶段是增加商品的附加值,第三个阶段是主导商品的价值,即符号的生产。笔者曾经在许多场合,包括在课堂和学术交流中多次提到,"水晶之恋"这种产品,从传统的商品观来看,它是一种食品——果冻。而通过广告,它已经演变为"爱的语言"。这种符号产品,其物质的价值已经退居次要地位,在这里物质是精神价值的奴婢,从属于意义的表达。实际上,这类产品对生产厂家来说,在"注意力"的投入上已经远远超过在物质的投入。商品的符号意义是通过广告对受众注意力加工的结果,在这里"软的"已经拥有了坚硬的价值。

莱汉姆指出,不只是新信息的数量让我们困惑,真实的种类也让我们困惑。因为不同种类的真实要求我们付出不同类型的注意力。一方面，我们仍然生活在适用传统经济规则的旧式物质世界；另一方面，我们又生活在一个数字的戏剧世界，在这个世界呼唤新的规则。

赫伯特·西蒙认为我们需要的是信息过滤器。但莱汉姆认为信息过滤器并不是我们最需要的。训练如何识别我们面临的是哪一种真实，并应用哪一种类型的经济学才是最为重要的。否则我们就会误用成本—收益分析，导致一场错误的舌战。我们不断从物质经济转向非物质经济，因此辨别我们实际上拥有的财产类型，并据此采取相应行动是至关重要的。但传统的经济学并没有认识到这两个世界的动态关系是它需要处理的事情。城市银行前主席瓦尔特·雷思顿曾经提到，这个世界非常需要一个能够把形式和功能系统化的信息经济的模式。即使没有这种模式，有一件事也是非常清楚的，即当世界的主要珍贵资源是非物质的，服务于物质世界的经济学说、社会结构和政治系统很快就无法适应处理新情况。笔者认为，这一新"经济学模式"就是"注意力经济"所要寻找的东西。

四 "软""硬"之争

在农业社会"农牧业"是硬的，"工商业"是软的；在工业社会，"工商业"是硬的，"科学技术"是软的；在知识社会"科学技术"是硬的，"人文社会科学"是软的；在信息社会文化成为重要的实在力量，而不是虚无的力量。因此"艺术和人文社会科学"也成为"硬"的东西。

在商业社会，流行文化被认为是"硬"的东西。而高雅文化被认为是"软"的东西。所谓硬就是具有明显的、直接的、刚性的、重要的价值。但是在一个注意力经济时代，商业的统治地位开始动摇，金钱不再是社会动力的核心，文化也不再有高低之分，商业和非商业的内容都在争夺我们的注意力。那些拥有更多注意力的产品和信息成为"硬"的东西。实际上，随着社会的发展，许多原本"软"的东西越来越"硬"。越来越重要。

对于莱汉姆强调"软"的重要性，有人提出不同的看法。他们认为"9·11"恐怖事件以后，警察、消防队员、战斗机飞行员等是能够真正发挥作用的"硬件"，而我们其他人常常看起来像"软件"。如果我们不得不在"硬件"和"软件"、"形式"和"本质"之间分配道德价值，那么这个社会似乎把更多的价值赋予了"硬件"和"本质"。

莱汉姆认为社会的这种价值趋向代表了过时的观念，持这种观点是错误的。他以自己的专业修辞为例说，修辞训练在历史上就包含大量的人文主义教育。在那个时候为"软件"辩护是不必要的、也是不存在的。因为"软的东西"被定义为本质上是好的。修饰在这样一个世界不只是包装，许多时候它起决定作用，它是对本质的创造。当然"事实"和"真理"一旦用这种方法创造，它们也就成为只供我们参考的东西。就像美国法律上的判例。

"软件"能够帮助建立新的社会真实，这绝对与扑灭大火一样重要。虽然它并不能代替扑救工作，但如果做得恰当，可以防止大火的发生。

关于形式和本质，莱汉姆最为得意的是他总结出来的一个公式："形式＝虚伪/本质＝真相。"这个公式表明，任何真相都带有一定的包装，真相总是以一定的形式显现出来，虚伪本身是真相的一个部分。

上述公式是一种修辞方式，修辞学让真相简单明了，修辞学也让世界丰富多彩。

第二节 人类的注意力游戏

社会运动夹杂着错综复杂的注意力流动，每一个历史变革时期都会带来社会注意力流向的转移。从某种意义上说，人类社会大量的活动就是一场注意力游戏。无论是政治、经济还是文化，都离不开注意力的产生、引导、控制和回避等等。那么，莱汉姆是如何描述人类社会的注意力游戏的呢？

一 恐怖战争的注意力游戏

不可否认，注意力经济也存在着阴暗面，其中包括新恐怖主义。在当今传播高度发达的社会，恐怖主义玩的游戏就是注意力游戏——制造恐怖的注意力。恐怖分子破坏和毁灭的都是引人注目的事物，包括著名的城市、著名的建筑、著名的人物，用大范围危及人的生命来引起人们对恐怖主义的关注，产生恐怖心理，达到自己的目的。

从人类的本性来说，没有什么比来自外来的威胁更刺激我们的注意力，不管它是地震还是恐怖分子。在西方国家政府也会根据自己的需要"创造"危机感，以在民众中形成一致的意向，并在人们还没有足够的时间了解真相之前制定相关政策与法律。围绕着注意力，政治、经济的运作方式也发生了变化。

在注意力竞争中，媒体往往尽"夸张"之能事。夸大的东西是不可靠的，因为媒介的放大作用，我们对事件的看法通常也是有问题的。这种状况自印刷时代开始就一直存在，至今没有多大改变。不只是关于反恐战争的新闻，可以说每件事情都被媒体过分渲染。因为在这个时代，太多的新闻来源抢夺太少的注意力。

反观当代社会的反恐战争，我们发现一些非常奇特的现象，这里不可避免地涉及注意力经济问题。反恐战争已经演变为一场特殊的注意力经济战争——交战的双方都在利用注意力。莱汉姆指出，恐怖主义战争是一个激烈的戏剧性的战争，他们以这种方式发动这场战争是因为他们了解（虽然不是理论层次）我们生活在注意力经济时代。战争总是戏剧性的，但恐怖主义战争的形式和战略战术都发生了变化。这种变化已经被莱汉姆注意到，但他还不能清晰的表达出来。不过有一点是肯定的，注意力经济时代的战争是通过表演来改变事态的，剧本的设计和演出可以决定战争的成败。这是一个真正戏剧化的社会，戏剧化的战争可以产生非常现实的战争结果。关于这方面，高德哈伯也曾经作过思考，他认为恐怖分子在获取注意力方面是高手。为了引起恐怖的注意力，他们甚至不惜以自己的生命为代价，采取自杀的方式。

现在还有一种注意力炸弹，这种炸弹就是把恶意的注意力集中到轰炸对象上，美国总统布什就曾经遭受"谷歌炸弹"，搜索者只要在谷歌引擎输入英语"悲惨"、"失败"就会出现白宫网站上布什的简介和他的痛苦表情。在玩笑与真实之间，人们已经越来越难以做出准确的判断。

恐怖战争大量消耗社会的注意力资源，造成社会秩序混乱，导致经济的不良影响。

二 文本演变与书的命运

根据莱汉姆的说法，传统印刷式样的目标也是注意力经济，但因为这种经济是如此的无所不在，我们已经习以为常，变得视而不见。事实上，印刷要求我们把注意力集中在内容上，增强和保护概念的思考。它过滤掉所有可能干扰我们这样思考的东西。借助无声媒介的天性，印刷媒介滤去了所有声音信号，也滤去了颜色，只是用黑白两色。通过选择单一的字形和单一的大小，它也能有效地防止视觉的分心。文字印刷的目标不是看得更精确，因为不可见的真实是很难读到、很难看见、很难注意的。我们根本不注意文字的表面，不是投入文字本身，而是它的意义。

印刷构筑了一个特殊的注意力经济，一个感官拒绝的注意力经济，以便花费我们所有的注意力进行抽象的思考。抽象概念是一个非常深奥的哲学问题，但它也可以用一个具体的情景描述。这没有什么太大的差异，因为它们都是一种相同的经济，就是把"意义"放在最显著的位置，就像产品经济把市场放在最重要位置一样。

能够帮助我们优化眼球的是那些"设计师"，他们的工作不尽相同，有些用文字，有些用形象，有些用声音，有些则是利用前三种元素的混合。

关于这一点西方曾经有人撰文，认为网络时代文本发生了革命性变化，他提出了"设写"（Designwriting）的概念，这种写作是设计与写作的复合。它糅进了文字艺术与视觉艺术，甚至是音乐艺术。这种文本创作和表达方式打破了传统的阅读方式。根据维提格的观点，[①] 传统的阅读习惯是线性、逐字逐句、等量关注每一个词、无声、单文本、无间断。但是设计写作人员在网络空间创造的另类文体，其策略是非常多样的，语言的表现方式不只是静止的，还可以是动态的。文字不仅是抽象的，它还可以是具象的。由此带来了阅读方式和阅读习惯的改变：首先阅读变得更为个性化，对同一个文本不同的人阅读方式可以有很大不同；阅读可以不是线性的，也不一定总是从左至右；对页面的语言信息经常采取跳跃式的阅读方式，有些可以略读，有些可以不读；由于每个词的表现形态不同，因此它们获得读者的关注程度也各不相同；阅读过程可能有其他信息伴入，如声音、图像等；阅读

---

① 转引自：Designwriting: *A Post — Literary Reading Experience*, by Mark Amerika, Telepolis 22.03.2000.

第六章 文化人的经济学自救

常常不能自始至终,在阅读过程读者会不知不觉地进入新的网站或新的文本,而且可能乐而忘返。

"设计写作"在很大程度上已成为一种视觉艺术形式。它源自注意力竞争激烈的广告行业,这种方法充分考虑到"读者"花费的注意力成本与获得的价值。在网络世界由于信息与注意力的严重不对称性,导致这种表达方式迅速蔓延开来。

伯迪克认为,印刷技术的劳动分工,图案设计者和写作者是分离的,这给创作双方留下的选择余地太少。如果写作者要有更多的创作和表达方式,他就有必要掌握图案设计者的一些技巧,而图案设计者要在作品中有新的叙述,他们也要在文字语言的结构层次上介入。因而在网络空间上创作,写作和设计必须同步,以造成视觉形式和文字形式的协同效果。

著名的英国印刷出版商比特瑞斯·沃德(Beatrice Warde)曾经把印刷文本与水晶葡萄酒杯做过比较:它应该是透明的、传达的东西清晰可见。莱汉姆并不认为这样。他提出了文本的两种看法。一种是看表面,也就是接受它的形式,它的表层的含义;另一种是看内涵,也就是说寻找内容和文字表层下面的东西,不受表象约束。我们通常把传播理解为后一种,即对信息进行切片检查,了解本质。莱汉姆坚信在注意力经济中本质就是形式(这是最有争议的部分)。这样,"注重表面"的眼力与"穿透"的眼力一样重要。在注意力经济时代,在基本的技能方面,文化评论家与经济学家非常类似,都知道如何拴住人们注意力。莱汉姆提出拴住注意力的技能应该立足于修辞训练。自希腊人创造了修辞学以来,文本一直在发生变化,所以在注意力经济时代的文本也会演化为新的形式。注意力经济的奥妙在于如何看清形式和本质。根据莱汉姆的推测,这两者关系将会互换位置,即形式变为本质,本质成为形式。

在注意力经济时代书的命运会是什么样呢?莱汉姆认为,书将继续伴随我们很长的时间,但是其中许多会被谷歌、亚马逊等数字化。书出版的数量和种类会越来越多,我们要阅读的书也越多,但我们没有时间阅读这些书。美国人不喜欢读书,即使是年轻人,也很少读书。他们家里书架不多,传统的家庭"图书馆"在他们身上永远不会再出现。他们的上一代把大量的时间花在电视上,而他们正越来越多的把时间花在网络和游戏上。我们已经踏入一个"无人阅读的书的伟大时代"。

书已经从学习、娱乐的工具演变为表达、获取注意力的工具。2004年的一项研究表明,在美国有98%的书不具备商业价值,在120万部图书里,有95万部卖了不到99册。[1] 但是出版这些书籍并非无利可图,因为对于作者来说它还是具有广告价值,可以赢得名声。并在名声市场的其他领域获利。

在杭州,书成为一种书柜里的装饰品,在房地产市场发达的今天,书成为家庭的文化修饰,一些企业老板花许多钱请书店为自家配书。随着知识经济的来临,书成为新富阶层素养和文化味的体现。请书店专家配书,也是学习新知识的注意力经济的体现。阅读畅销书,不仅在商业活动拥有话题,而且及时了解新知,可以在商业交往中掌握话语权。对于广告公司来说这非常重要。

从积极的方面看,莱汉姆认为这肯定是一个书籍交易的伟大时代。旧书市场被像亚马逊这样的网络服务商改造和转化,它会重新繁荣。娱乐资源确实与书籍有竞争,但书籍有金钱的显著价值,过去一直是这样,现在更是如此。

莱汉姆的这种估计似乎过于乐观,当有太多有价值的东西实行免费供应时,人们或许再也不轻易出钱购买书籍,如果数字化书籍实行免费开放,那么对书籍市场无疑是一个致命的打击。除非你的书有特殊的价值,并且这种价值无法免费获得。

---

[1] 克里斯·安德森著,乔江涛译:《长尾理论》,中信出版社2006年版,第58页。

第六章　文化人的经济学自救

从消极的方面看，不可否认音像出版物具有巨大的优势。但莱汉姆指出，一些小说被改编为电影并没有影响书籍的销售，虽然没有这方面的数据，但他说他看不出实证的研究能够说明什么问题。

我们从注意力经济的生态系统看，如果小说改变电影或电视剧成功，很可能带动小说和其他周边产品的销售。从这一点来说，莱汉姆的观点是正确的。

数字化的书籍具有非凡的优势，如数字内容可以免费获得；搜索能力的极度扩张；因为成本的关系不能在市场上以印刷形态出版和买到的特殊兴趣的书也可以以电子书形式出版；不能以印刷方式加入的声音和动态形象也可以在电子书中出现；储存的成本几乎是零；可以销售书的其中的一部分（就像亚马逊所做的）等等。这些都让我们感到欣喜。瑞斯大学（Rice University）甚至宣布要把它们的大学出版社变为纯粹的数字出版社。因为数字化出版，出版界看起来也变得迷人。

当然书的数字化要求我们对书进行重新定义。认为人们不喜欢在网上阅读是错误的，因为这种判断与大量的在线阅读的事实不符。这种判断往往来自传统读者个人的自身体验，但是这种体验和感受受到了传统阅读习惯的影响，随着新的阅读习惯养成，人们或许不再喜欢传统的书籍阅读方式。就像中国古代的阅读方式是从上到下，而不是从左到右。

注意力经济对印刷出版业的影响是显而易见的。现在印刷出版也开始根据网络展示的状况做出决定。索尼公司的《读者》杂志把这种方法推进了一步。当然，它们只是选择合适的材料进行展示，以检测书的市场前景。展示是预测的过程，也是宣传的过程，这里获得的注意力可以成为推动印刷出版市场的动力。

图书馆正全速把它们的馆藏数字化。微软公司将扫描2500万页不列颠图书馆的藏书，谷歌也热衷于此。令人不安的是，人们做调查研究（不只是学生）正在把自己越来越多地局限于在线调查。图书馆人员受到冷落。但对这种不安的回应只会是更多的数字化,而不是减少数字化。莱汉姆说,录像机和 DVD 使人人都能回溯电影的历史。这种现象也会在印刷行业发生,数字技术使历史上的书籍"重新印刷"成为可能。

三　注意力经济视野的教育

莱汉姆谈到注意力经济时代的大学教育,他认为因为新经济的出现,原来逐渐失去地位的大学人文系科获得了再生,生命得以延续。这种观点无疑是正确的。但是也不排除这里有迎合大学人文学科学者的成分。莱汉姆试图通过自己的学术努力,复兴修辞学和文本。在他看来新经济是文化主导的"后商业"经济,他要帮助学生在企业获得有价值的工作。文化的理想主义和美国式的商业实用主义在这里找到了最佳的结合点。

高德哈伯对大学在新经济中的变迁有不同的看法,他认为大学始终是在经济系统的外围,而不是在商业利益的中心。大学在承载传统功能的同时也成为学术明星和各种各样学生明星的重要舞台。这种特征在新经济中会更加凸显出来。

注意力经济对教育的影响是巨大的,可以说是革命性的。关于这一点笔者在《知识经济中注意力资本化的几个问题》一文中有专门的论述。莱汉姆的关注和思考主要落实在他的注意力经济专著的第 7 章中。后来他又作了补充说明,强调品牌对高等教育的重要性。他指出每一所高校都需要努力改善自己的品牌,但品牌之路不总是与它们教育事业的目的完全一致。因为大学必须竞争注意力,并且这是竞争演化的方向。[①] 大学品牌保护的核心

---

① 关于这个话题,2005 年 5 月 19 日《光明日报》曾经发表了对本书作者的专访,题为"如何看待名人在高校任职",因为当时记者专门指明要我从注意力经济的角度谈这一现象,因此其中的观点可以供读者参考。

第六章　文化人的经济学自救

是学位的价值，但有时公众并不太多考虑品牌是靠什么支撑的。比如莱汉姆遇到一位家长一定要把孩子送到哈佛大学读书，这个孩子喜欢的是艺术，而哈佛这方面并不强。这个问题让莱汉姆感到困惑。

其实，莱汉姆感到困惑在于他还不是一个彻底的注意力经济学家，大学不只是一个学习知识、获取能力、培养人格的地方，它还是获取名誉、赢得身份、形成个人品牌的地方。名牌学校的毕业生赢得的关注多，获得的机会也多，拥有名牌大学毕业生的头衔，本身就是一种精神生活的象征。

高等教育在注意力经济实践中已经发生转型，大学校园的概念也会发生变化。教授职业同样遵循"赢家通吃"的逻辑。自主化的学习和大量的网络学习软件对传统的大学产生压力。未来的大学是一种混合体，但到底是什么难以明确推定。我们可以在网络课程中得到一个启示，校园提供的教育是否符合注意力经济，居住在校园的学生人数可以作为一个重要的依据。如何创造、如何注意、如何进行多媒体表达，这些能力在注意力经济中非常重要，对这种能力培养的需求会带来大学结构的改变，整个科学、艺术和文学之间的平衡也会发生迁移。

在注意力经济中首先必须吸引眼球，但是，金钱不会自动跟着眼球来。人们把信息放到网上常常纯粹是出于与他人共享自己所了解的东西的愉悦——为人之师的愉悦。他们并不期望从这里得到金钱。他们得到的是另一种收获，教人的乐趣，其中包括你阅读、观看和研究过程付出的注意力。莱汉姆指出，网络的信息爆炸揭示了人性"非凡慷慨"的一面。人们需要共享他们的信息、激情和他们对世界的看法。

在网络世界，我们可以发现，人们用各种方式展示自己、注意他人，并在这个过程中相互学习、相互启发，传统的教育形态发生了改变，互助式、自助式和自主式的学习成为学习的主流。

研究发现，现在已经很难让经理们留在校园接受继续教育。近年来，知识工人经常要在工作和生活之间对他们自身的注意力做出安排，这已经成为一些人的艰难选择。而环境的变化又迫使他们要不断学习，这样，数字学习、网络学习就成为解决当前许多人面临的工作、学习和生活之间平衡问题的有效办法之一。不必出远门，我们就能够在办公室或家里学习，这的确带来一些革命性的变化。网络提供了我们随时随地学习和即用即学的可能性。①

第三节 艺术家的新定义

莱汉姆对艺术家在注意力经济中的角色给予了特别的重视。尽管20世纪被人们普遍认为是艺术"无耻泛滥"的时代，那么多的艺术家在公众面前，抛出这么多的破砖烂瓦，尿壶倒置也作为艺术来展示，在荒无人烟的不毛之地挖一条沟也算艺术。但莱汉姆认为这些艺术的"无耻"并不"可恶"。因为艺术的重心不再是艺术家创作的对象，而是观看者的注意力。他甚至把艺术家称为"注意力经济专家"。

一 艺术家的新角色

任何艺术都是艺术家借以唤起我们注意力的东西。艺术是一种艺术家调动观赏者注意力的行为。艺术不是由地球上物料制造出来的东西，艺术是赋予"东西"意义的注意力。这是莱汉姆的一个观点。我们都知道艺术并不是艺术家决定的东西，而人们往往把艺术家"神化"。为了打破艺术的神秘性，莱汉姆举例

---

① *Elearning and Attention Economy: Here, There, and everywhere*? by T. H. Davenport http://www.linezine.com/5.2/articles/tdeatae.htm.

说,一件本来并没有任何意义的东西如"尿壶",如果艺术家把它陈列出来展览,就等于把它置于特殊的注意力场,这种情况下它就会变为一种艺术。人们设法去解读它,评论它。注意力成为美的催化剂。我们应该赋予功利世界更多的注意力,以尽情享受它作为美的存在和美的价值。但当我们发现自己在怀着非常崇敬的心情凝视它的时候,如果作者回过头来说,"这只是一只尿壶,真是白痴"。这就会让我们的思维产生震荡,它使得我们重新审视我们自己的注意力模式。

西方一些艺术家把破砖烂瓦作为艺术来展示,人们认为这些人"哗众取宠"。但以注意力经济观之,他们是让观众和评论家"参与创作",社会注意力是他们艺术品的"生产原料",这些艺术家知道如何用最经济的方式催化人的注意力,而在这以前很少有人这么做。他们是注意力经济专家,其作品——那些"物质的东西"和他的名声之间的不平衡可以做出最好的解释。这些艺术家在注意力的经济效率方面给我们上了精彩的一课。一些商业艺术家正是这么做的。瓦赫(Warhol)是一名成功的商业画家,他常常问朋友应该画些什么。一个朋友建议他画这个世界上他最喜欢的东西。于是他就开始画钱。然而莱汉姆认为,钱并不是瓦赫真正最喜欢的东西,他最喜欢的是注意力。因为不可能画注意力,至少不能直接画注意力,所以他只能以间接的方式表达他的爱好。

这里需要一提的是,高德哈伯也对艺术在注意力经济中的价值作过一番论述。在《注意力经济和艺术》一文中,他指出,艺术的目的是吸引注意力,成功地吸引注意力是艺术存在的全部意义。艺术家是最纯粹的获取注意力的明星。艺术的这种特性可以成为新经济中我们事业发展的有力助推器。20世纪的艺术不得不与强烈的背景进行注意力的竞争,许多艺术家在这一方面取得了很大的成功。机械复制时代使得艺术品大量生产。但是高德哈伯认为，大量生产的就不是艺术品。不管任何东西，只要多了我们就不会注意。如果艺术品是唯一的，是绝无仅有的，那么我们就对它有一看究竟的欲望。

为了吸引注意力，艺术家有意无意地想出了许多防止复制其艺术品的方法，因此许多艺术品都留下许多独特性。如油画并不是严格的二度空间的，因此它难以用照相工具进行很好的复制。事实上，他们的作品占据"二又二分之一维度"，比如油画摸上去有立体感，在这种情况下摄影技术不再忠实可靠。唯一性被保护下来。现代雕塑常常以复杂的方法逃避被复制的命运，如让它们生锈，或用沙来喷刷，以形成引人注目的痕迹，甚至给它着色。因此雕塑更像表面的而不是体量的，它更像二又二分之一维度的艺术品，这样，复制就不再可能。绘画和雕塑组合、材料和媒体混成、唯一的铸件、巨大的体量，所有这些都可以防止复制。许多高科技可以确保艺术品的"非复制性"。另外一些艺术其唯一性主要来自于地点、场所和时间的特殊性。

但是，高德哈伯同时指出，在网络空间，成功的艺术需要新的策略。网络空间不存在令人难忘的博物馆和展室，没有大体量的视觉冲击，没有非同寻常的材料选择。因为每一件艺术品都是通过相同的屏幕看到的。人们正在尝试一种新的策略，这种策略被称为网络广播，节目在特定的时间"播出"，你必须在特定的时间给予关注，否则你就没有其他机会。问题在于任何网络的东西都被数字化了，这样，即使艺术家不愿意，艺术品也完全可能被他人复制。"特殊时段"的方法并不能保持艺术品的唯一性。

纯粹的艺术品希望保持它的唯一性，而广告艺术品和艺术品广告则希望被大量复制，这一切的一切都是为了一个目的——吸引注意力。

与高德哈伯不同，莱汉姆强调的是艺术的大众性，他认为，意大利未来主义是20世纪直接针对大众的第一次文化运动。未

第六章　文化人的经济学自救

来派画家马利尼提（Marinetti）在我们这个时代可能会做一个伟大的广告人，而实际上在大规模的广告活动出现之前，他已经是一位注意力经济专家。为影响大众，马利尼提用自己的产品"购买了"大众的注意力，就像现在的网络公司，用免费产品购买"眼球"。未来学派出版的有三分之二的书、杂志和大幅绘画是免费宣传品。

在现在这个与过去完全不同的时代，设计者越来越成为注意力竞争者，他们的作品更加倾向于以获得注意力为目的。如果用注意力经济的眼光看这个世界，设计者似乎遵循"注意力获取"的原则行事。为了获取我们几秒钟的注意力，建筑物甚至会变得奇异轻佻，而我们可能不得不为此承受数十年甚至数百年的后果。这是不是一件好事？建筑是投入非常大的一个行业，分析和思考这一问题具有很重要的现实意义。如果说建筑是物质经济，注意力是非物质经济，那么在追求关注效应的设计风潮中，物质经济和非物质经济得到了高度的统一，高的经济投入得到了高的注意力产出。莱汉姆的《注意力经济学：信息时代的形式与本质》一书虽然没有在建筑学上花费多少笔墨，但在这本书的宣传过程中，他就这方面的内容也作了一些阐述。他认为许多顶尖的建筑师都把目标瞄准注意力，一些杰出的建筑吸引了世界的眼光。这些为吸引注意力而建立的建筑可以说是注意力建筑，以纪念碑最为典型。现在一些城市在模仿著名城市的著名建筑，这种风气有所蔓延，是不是可取还难说，关键是注意力经济在起作用。

确实在我们的周围有大量吸引眼球的建筑，许多城市都有自己的标志性设计，这是经营城市注意力、建立城市品牌认知的需要。从传统的价值标准来判断，这些建筑不实用，是浮夸和浪费，但从现代意义上来进行价值判断，我们就不能给予简单的否定。在城市或单位的标志性建筑设计和投入上往往都有争论，这种争论不仅在设计的美学意义上,还在于建筑的功能认识上。传统的实用主义的观点是基于物质功能的判断,而现代的注意力经济的观点是基于注意力吸引功能的判断。

二 流行艺术产生注意力经济生态链

爆发于20世纪60年代伟大的流行艺术,其风格是把注意力经济作为它的中心主题,从而形成了富有生命力的"大规模生产"的艺术流派。一旦一位著名的画家画了一个汤罐,并将它陈列于一个重要的艺术画廊,就会在社会产生期待,一些评论家就会加入,发表评论,从而进一步扩展了注意力场,形成注意力经济动力。随着这一过程的发展,慢慢就会出现周边产品,如会有复制生产画中汤罐的生产厂家,画廊附近不久就会出现卖汤罐的店家和用这种汤罐作为餐具的饭馆,服装店也会出售相应的服饰,先是成为时尚,继而成为流行,完成注意力产品的第一个生命周期。

艺术展品所做的是一个小杂货店不能做的,它创造了强有力的注意力经济圈。莱汉姆不无讽刺地说,当今社会,人造物(他不称为艺术品)越是莫名其妙、越无耻越好。因为它能够产生不同凡响的效果。艺术家需要借助权威机构的解释,它可以把表面的东西深化、进行哲学思考。这展示了一个注意力艺术家的工作方法。

因此莱汉姆认为有一种画"注意力"的方法,只要加合适的"酶"到现存的混合物中,这个"酶"——所谓的"艺术品"就会做任何其他事情。随着时间的过去,它将包含了复杂的注意力结构,就像芭比娃娃一样,变为一个整体的文化运动。

梦露是一个文化偶像,这里有现成的注意力资源等待着开发。它是一种无形的力量,成为大众文化生产的动力。许多商业画家用丝网印刷大量制作明星肖像,以获得商业利益。不过他们

第六章 文化人的经济学自救

每印一幅作品都做一些小小的改变，这种变化的、个性化的"复制"使得这些印刷品貌似艺术品。它是那么的经济，是真正有效率的注意力绘画方式。在20世纪50年代，丝网印刷技术为大众生产提供了条件。不同的尺寸和颜色的艺术品被大量生产。在注意力经济中，名人自身最终转化为一系列适合销售的产品。复制名人肖像以引起争论，这也是注意力的生产方式。关键是这些注意力艺术家把名人的肖像进行变形和模糊处理，这形成了争论的空间。运用这种方法并不会侵权。既不会构成方法的侵权，也不会构成肖像或商标的侵权。把所有这些联系在一起我们就会惊奇的发现，这其实是一场赤裸裸的、对文化的商业暴力政变。

名人肖像就像名人自身，在社会的关注中汲取力量。我们之所以喜欢看电影明星、体育明星和皇室，是因为我们不足以得到它。路易十四建立凡尔赛宫的计划就是基于这种向心力（所有的路都是从国王的卧室辐射出去），向心力具有聚焦作用，各种能量从社会的边缘流向注意力中心。名人创造了公众人格，他们自身就是一个注意力的中心。顶尖的艺术家不只是"在"艺术展览，他们本身"就是"艺术展品。他们是艺术的化身。注意力经济是真正关于人而不是关于他们所做的作品的时代。这样的自我编剧目的是把自我凸显出来。名人的隐私新闻的实质是试图在社会的自我中发现秘密的自我。莱汉姆在书中提到，每当有人问著名艺术家安第·瓦赫他以前的生活时，他的描述都不一样。他甚至找一个替身演员替自己去一个学院演讲。事情败露以后他解释说，这个替身非常适合为大学里的听众讲演。学院要求瓦赫把钱退回，否则就得他自己来。而人家问他是不是真正的瓦赫时，他却回答不是。他只是徒有瓦赫的外表，是一个傀儡。他喜欢这么真真假假。他说："如果你要了解瓦赫的全部，只要看看我的油画、照片和我的表面，那就是我。没有任何隐藏在这后面。"关于"真正"瓦赫的问题，就像他的画的"意义"一样，完全没有出现，仁者见仁，智者见智。在一个纯粹的注意力经济，他的学院替身为他做了回答：这样的问题完全没有意义。

在瓦赫那里，我们对真挚的永远不变的渴望最后被终结。如果我们仅仅看表面，表象就是存在的全部，我们没有必要窥视其下面的东西。他完全是被包裹着的。一些名人是高超的注意力经济艺术家，他们给公众的感觉似真似幻，让你始终不能了解他的真实。他们能够使每件事在一秒钟内变得真实又虚幻，他们是生活中伟大的演员。这是另一个注意力圈套。他们越是捉摸不定，就越有神秘感，就越能吸引注意力，名人的解释机构就越要探个究竟，否则他们就会失业。在西方一些著名作家终身都在寻找"真正的玛丽莲·梦露"或"真正的戴安娜王妃"，并以此为生。

一次瓦赫谈道："我们的许多东西人们永远不能理解。他们总是期待我们展示自己真正信仰的东西，而这些我们从来就没有——我们不是知识分子。"他不是说谎话，但他也没有说真话。他把注意力经济看得很认真，这是他的信仰。而那个认真并不是知识分子所说的那种认真。人们总是企图通过事物表象寻找和发现隐藏在后面的东西，而他总是看事物的表面。

莱汉姆认为在注意力经济中，从地壳上挖出来的东西远不如从它那里得到的信息（即我们对物质材料的思考）更为重要。我们对信息思考越多，对物质材料的理解也就越多，物质材料也就变得越真实。形式比物质让人看得更为明白，形式是至关重要的角色，是物质生命活力的表现。双方都需要对方才能产生真。

在强调形式的价值时，莱汉姆并没有忘记物质的重要性，他提醒我们，当你漂流在计算机空间的时候，不要把物质的东西抛在身后。概念上的艺术是无处得到的，创作物质的东西（stuff）才可以买卖。

物质虽然依然重要，但莱汉姆的这种说法显然不对，因为虚拟产品已经在网上出卖。网络游戏赢利有三种基本模式：一种是

第六章 文化人的经济学自救

计时收费，该模式的思路是把游戏的功用当做消费对象；另一种是把广告嵌入游戏，获得广告收入，这一模式是把游戏当做获取注意力资源的诱饵，是以注意力作为游戏支付的成本；还有一种是免费玩，但需要购买虚拟产品。这种模式是真正把虚拟世界看做另一个社会，进入这个世界一切规则都是建立在虚拟和主观体验基础之上。在现实世界看来"软的"、"虚无的"东西，在这里都变为"硬的"、"实在的"东西。不过当前确实处在传统的物质经济和当代的非物质经济混合的时期，人们在追求物质享受的同时，更多的追求精神享受。对社会上层来说，精神更为主要，物质越来越多地成为获得关注，得到精神满足的工具和载体。整个社会已经越来越靠近名利场。

莱汉姆的这本注意力经济学专著被认为具有轻松活泼、漫不经心、令人羡慕和愉快的写作风格，它包含着一些有趣而重要的思想，同时还有一些让人着迷的、有些偏离主题的话题。

注意力经济学的研究者大部分都不是来自经济学界，而对同一问题都出人意料地产生共同的兴趣，这决不是一个偶然的巧合。经济学传统和学科既定的思维方式限制了他们对新现象的思考。它们有意无意地在排斥注意力经济理论。高德哈伯认为经济学是研究人类现行经济行为的，这意味着这门学科正在经历历史性的转变。但经济学界却无视这种转变，只愿意做小小的修正，这不能不让人感到遗憾。

需要指出的是莱汉姆在书中并没有明确提出注意力经济发展的动力问题，这一点高德哈伯感到得意。因为在他的论文中明确提出了动力来自人类获得注意力的天性。

实际上，在笔者看来高德哈伯的这种动力分析还是不够全面的。根据我的观点，注意力经济发展的动力来自人们对付出注意力、获得注意力和逃避注意力的综合需要。而不只是高德哈伯所说的一种——获得注意力的需要。

高德哈伯虽然反对数学工具在注意力经济学领域滥用，但是作为一位物理学家，他拥有利用数学工具的条件和基础。而人文学科的莱汉姆则是一位数学盲，按照传统经济学的观点他根本不可能成为经济学家。他则反其道而行之，认为修辞学家和大众艺术家就是注意力经济学家。这种观点虽然有些偏激，但也有一些道理。不过与其说这些人文学者和大众艺术家是注意力经济学家，还不如说他们是注意力经济师更为合适。因为他们更多地是在经营注意力层面，而不在注意力经济理论层面。不可否认，莱汉姆对注意力经济的定义显然是过于宽泛，对修辞学也提出了过分的要求。传统经济学家认为注意力经济学家不是"真正"的经济学家，而注意力经济学派的一些学者则反唇相讥，认为传统的经济学家"事实上"已经不再是经济学家，因为他们的研究不再围绕现实的经济问题——注意力经济。

在书的序言上莱汉姆写道："注意力是短缺的商品。"高德哈伯认为莱汉姆的出发点就是错的，因为"注意力短缺，但不是商品"。他的这种批评有些不公。莱汉姆用的是"commodity"一词，它虽然指商品，但也有日用品的意思。如果以后者来理解，莱汉姆观点是非常正确的。实际上他在展开论述的时候并不只是把注意力经济的研究局限在商品领域，相反与其他注意力经济学家比较起来他是最远离"商品化"的学者之一，而这一点又成为高德哈伯指责其偏离了他自己原来的出发点——注意力是商品的理由。

修辞学如何与注意力经济联系在一起，莱汉姆交代得并不清楚。根据高德哈伯的观点修辞学并不是科学，与其说修辞学在寻找真理还不如说它在寻找功用。在注意力经济时代，它在市场发现了自己的作用和价值。一个不容忽视的事实是，无论要在市场上取胜还是要改变社会，首先我们都要获得注意力，而修辞学在这方面应该大有用武之地。

第六章　文化人的经济学自救

问题：

1. 你赞同莱汉姆的"艺术家是注意力经济专家"的说法吗？
2. 注意力经济的生态特征是什么样的？文化在这里担当何种角色？
3. 如何理解当今社会的"软"与"硬"？大学文科学生在注意力经济时代看到什么新的希望？

第七章 通货革命

> 一般都认为,一个国家必须由它的政府提供属于自己的独特、专有的货币,一旦我们成功地将自己从这种普遍而不自觉地接受的教条中解放出来,则立刻会涌现出无数以前没有考察过的最为有趣的问题。
>
> ——F. A. 哈耶克

本章重要人物介绍

F. A. 哈耶克(Friedrich Von Hayek,1899—1992),20世纪最伟大的经济学家之一,毕业于维也纳大学,获法学和政治学双博士,曾经担任奥地利经济研究所所长,芝加哥大学教授,奥地利萨尔茨堡客座教授。1974年获得诺贝尔经济学奖。虽然他并不研究注意力经济,它所处的时代也不允许产生注意力经济思想。但是他的一本重要著作《货币的非国家化》却预言了注意力经济时代的货币变革。当前网络世界发行的各种虚拟货币,恰恰印证了货币非国家化的趋势。

货币是一个历史的产物,历史形态的变化伴随着货币形态的变化,未来社会的货币是什么?注意力经济学派的回答是"注意力"。国内畅销的《注意力管理》一书(英文原名是《注意力经济:了解商业的新通货》),作者托马斯·达文波特

第七章 通货革命

和约翰·贝克虽然在书中很少讨论货币问题，但是书名的选择表明注意力与货币的联系。注意力被认为是网络世界的硬通货。网络的发展大大增加了人们可以依赖的人数，同时降低了对特定个人的依附。注意力的流动就像货币流动，给人们带来更大的自由。那么注意力作为货币，它有什么特征，如何发挥作用的呢？

第一节　货币的新思维

除了极少数的学者，在注意力经济学派中没有人认为货币会消失，因为如果没有货币，就难以实现产品的有效分配。在注意力经济高度发达的社会，货币将不再是商品交换的凭证，而是变为资源与价值流通的媒介。从狭义上说，注意力经济是一个消费者以他们的注意力换取服务的市场。这一注意力经济的定义，明确地把注意力定位为货币。高德哈伯认为注意力的流通将取代传统货币的流通，原因在于金钱带来的便捷只是"窄带"，而注意力带来的便捷则是"宽带"。

一　社会营销与社会货币

当今社会是一个营销的社会，不只是企业，大到一个国家，小到一个个人都需要推销自己。"产品"也不再局限于商品，政府的政策，甚至个人的观点都可以成为"销售"的东西。这就出现了"社会营销"的概念。"社会营销"的本质就是把营销的视角从传统的顾客群体扩展到所有的"利益相关者"，而这种营销的基础就是注意力，注意力成为社会营销的一种通货。不过，我们在讨论注意力货币之前，还是先来关注一下与这一话题密切有关的概念——社会货币。社会货币（Social Currency）或称为社会通货是近几年西方流行起来的一个词。社会货币是具有社会

165

含义的货币形式,它存在于各种社会关系中,并在关系的互动中体现其价值。货币的基本价值在于促进流通,社会关系同样具有这种功能。早期的货币是实在的,但是随着货币的发展和成熟,它越来越成为一种有关形式的艺术。社会货币在促进社会价值流动方面发挥着传统货币不可替代的作用,在信息社会它的重要性进一步显现,而社会货币的内涵和基础,就是注意力。它是一种以注意力为本位的新货币。

美国著名杂志《连线》(*Wired*)的总编克里斯·安德森发现了在当今文化中的需求真相,这个真相让人非常吃惊:在网上,人们提供的任何东西基本上都有人买。于是他提出了著名的"长尾理论"。2004年10月《长尾理论》在《连线》上发表以后,产生了重要影响。这种理论阐述的是富饶经济学。它对传统的经济学是一个颠覆,因为传统的经济学是基于短缺。在物质主导的世界,一切资源几乎都是短缺的。而在信息社会,由于信息储存、生产、传播都接近零成本,而搜索引擎等注意力技术的发展也导致寻找的成本不断降低。"当我们文化中的供需瓶颈开始消失,所有产品都能够被人们取得的时候,长尾故事就会自然发生。"在这样的情况下,产品和服务的流通方式也产生了深刻的革命。社会货币充当了流通的重要工具。社会货币把我们从已知领域引向未知领域,从而发现价值,激发需要、满足欲望,让生命获得新的意义。

货币的基本职能是价值尺度和流通手段,作为流通手段,货币是帮助我们得到自己想要的东西的中介。"在一个无限选择的时代,统治一切的不是内容,而是寻找内容的方式。"(里德)①

斯特金法则认为"任何事物都有90%是无用的渣滓"。我们

---

① [美]克里斯·安德森著,乔江涛译:《长尾理论》,中信出版社2006年版,第91页。

第七章 通货革命

之所以没有意识到是因为它们在各种环节通过各种方法被过滤掉了。社会货币就是这种重要的过滤器。

克里斯·安德森的一个观点很深刻,他认为所谓"高质量"和"低质量"完全都是主观性的,所以这些评价标准完全决定于批判者的自身感受。传统的产品都是事前过滤,只有达到一定的质量标准以后才变为商品,而只有具备了商业价值以后才可能被开发出来。而在网络世界,产品是事后过滤的,只要你愿意,任何人可以生产任何产品,商业价值不是产品生产的前提。因此产品更加多样化。而真正需要的是我们通过各种质量参差不齐的海量产品,发现和获得自己需要的产品的能力。这是"我"的市场,而不是"他"的市场。

越是物质性的产品,越是金钱经济,而越是精神性的产品,越是注意力经济,而在这两者之间,则是金钱经济与注意力经济的混合。传统的工业经济货币是流通的主要手段,信息经济中注意力是流通的主要手段。因为网络世界中生产工具的普及,业余生产者越来越多,他们生产的目的不是为了金钱,而是为了自己的兴趣、获得注意力和寻找生活的意义。

社会货币是我们日常用在友谊和交谈中的通货形式,在经济学中,搜索成本是指妨碍我们寻找目标的东西,或者说,在一个开放和免费的市场,它就是得到某一东西所付出的代价。其他消费者的行动成为指示信号。他们在网络上表达的喜好,成为我们穿过信息森林,达到目标的有效途径。因此这些东西都成为促进产品的流通,实现价值的媒介,具有货币的性质。不同的是这种货币与传统货币相比包含了更多的社会意义。

2004年英国剑桥大学曾经以羊为研究对象,探究人类表情对动物行为的影响,实验是这样的:有两扇门可以打开获得食物。一扇门上画着微笑的人,而另一扇则画有愤怒的人。结果,绝大多数羊选择了有笑脸的那扇门。这种选择也是人的天性。迈克·利金（Mike Lipkin）认为可信的微笑是"社会货币"的一种有效形式。① 因此那些善于微笑的人具有更多的社会货币，利用这种货币他们能够获得许多社会资源。

为什么在面对面的交流中微笑是这么的重要？研究表明，当我们在他人面前时，有三样东西经过我们的心理，一、他们是敌人还是盟友？二、他们会接纳我吗？三、我是否被欣赏？微笑传达的信息表明我是盟友，我接纳你和我赞赏你。

虽然人们不总是有那么多值得开心的事情，但是通过微笑我们不仅可以获得直接产生的愉快体验，而且还可以在微笑中找到解决问题的办法，微笑吸引了人们，也增加了机会。我们支付出去的是善意的社会货币，我们也会因此而获得他人的合作和帮助。微笑可以改变一个人的前景。许多社会货币和魅力配置是基于我们日常讨论的小话题。

如我们收集笑话、故事、新闻和资料，有时并不是因为我们对它们特别有兴趣，而是它能够制造一段有意思的谈话。这些谈话可以带来愉快的体验，成为价值在社会中流通的媒介。

一个人最佳的爱好莫过投身于公益事业。不幸的是社会上大部分人并不像我们所期望的那样具有利他性，他们的投入需要社会的回报。对人类来说，我们在生活中赢得的回报是我们的社会关系。我们通过自己的活动和努力不断地赚取社会货币，这也就是在网络社会中那些供人们共享的软件的真正价值所在。

一些人甚至大胆设想，将来是不是存在着这么一种可能性：随着生物物理学和网络技术的发展，我们只要通过体内、特别是头脑化学变化的测量，就可以大致得出一个人的幸福水平，如果

---

① Face Value: The Smile as "Social Currency", By Stuart Foxman. http://www.readersdigest.ca/mag/2007/05/should_smile.php.

我们给他人带来快乐,就可以有现金收入。到那时候,社会也进入了一个真正的个人定价时代,社会货币将把精神资本主义的发展推向前所未有的高度。

二　新货币的关系价值模式

在很长的一段时间里,大卫·菲利浦(David Phillips)一直在寻找和考察关系价值模式,探索我们用在交互作用的社会货币的概念,这种货币是如何制造并产生价值的。[①] 他在考察了公共关系管理中各种关系的重要性后发现,组织并不是铁板一块而是各种关系的联结,并且这些关系时时刻刻都在发生着变化。这些内在的关系并不是真正内在的有形结构,它只是关注产生的关系联结而已。关系是关键,在这里人们创造和形成共同的价值,这是作为社会性动物的人类获得快乐的深层动机。遗传基因驱使我们形成群体社会,社交网站上有这方面的多种表现形式。

早在2001年,道格拉斯·罗思科(Douglas Rushkoff)就用社会货币来解释和表达他对价值流通的理解。他是这样说的:

在我的父亲成长的历程中,泡泡糖公司为了赢得竞争,曾经在他们的包装内提供免费的交易卡。这是些印有著名棒球运动员形象的小卡片。不久孩子们就开始收集整套与泡泡糖配套的棒球运动卡片。现在棒球运动卡片已经独立销售,不再需要与泡泡糖配套。

重要的不是上述的事实,而是罗思科发现在卡片中蕴藏的玄机,他认为卡片在这里充当了所谓的"社会货币"的角色。孩子们可以用来欣赏,为各种卡片的价值争论,还可以根据收藏者

[①] *Social Currency and the Relationship Value Model*, by David Phillips, Friday, June 09, 2006. http：//leverwealth. blogspot. com/2006/06/social-currency-and-relationship-value. html.

之间的交易情况来体现其价值。可见卡片并不只是它们本身；它们是人类相互作用的基础。他举例说：乔尼得到一些新卡片，因此，其他小朋友就会在放学后来看。这些卡片是社会的通货，通过它们产生社会价值的流动。

我们认为媒介是传递内容的东西，但是传递的内容本身就是一种媒介。内容仅仅是人们之间相互作用的媒介。我们收集许多的内容并在网络表达，这种情形与卡片类似。人们共享生活中收集的社会通货。这种社会通货包括图片、音乐等许多形式。人们需要图形、故事、思想和声音，通过这些他们可以彼此联系。互联网与传统媒介的唯一区别是使用者在相同的环境中可以收集和共享社会通货。

南希·戴雷（Nancy Dailey）博士和凯利·奥布林（Kelly O'Brien）则在这一领域给我们提供了新的见解：他们认为那些能够促成事情发生的人，在公共社会的流通中有一样不易觉察但又非常有力的东西——社会货币。社会货币类似于商业会计学中的商誉，它是一种从积极的人类互动交换中挣得的、拥有无形价值的、有益于关系产生的、新发现的特殊货币。不管一个人处在社会运行空间的哪个位置，他的社会货币都能够发挥影响力并促使事态发生变化。

社会货币是职场中新的有力工具。在组织中，技术推进了人们之间的相互依赖，这个速度远远超过了我们的适应能力。人们需要在同事、客户、卖主构成的网络中相互作用。在这些关系中，人们不断促使他人改变，尝试新事物，探索可能性。关系越是有用，共享的信息越多；共享的信息越多，人们越觉得互相有关联；人们越觉得互相有关联，互相的信任程度就越高，对改变的接受也越快。这是为什么社会通货的观念正在取代信息，成为促使变革产生的关键力量之原因所在。

拥有信息本身不再等同于拥有影响力，因为影响力来自注意

第七章 通货革命

力。从技术上看，现代社会组织中信息的分配是非常快捷的。但是组织中看不见的是对信息产生感知的机制。信息的通道非常小，只有人们乐于利用和在乎的事情才成为注意的对象。这样社会通货就出现了——它在注意力付出的一方，在那里信息可以转换为知识、技能、行动与有价值的体验。

社交媒介与社会货币有着密切的联系。名誉系统在社会协作方面具有特殊重要的意义，因为它关系到个人是否值得信任、是否可以被接纳。名誉是名称的集合，这些名称赋予个人或者实体各种不同的价值，它在一定的社会关系网络中反映他们的能力和身份。个体在社会网络中扮演着各种角色，这些角色可以充当不同的"连接器"，促成价值的社会流通，发挥着信息社会的准货币功能。在社会网络中名誉与角色联系在一起。

在一个狭小的传统社会，我们要了解名誉的重要性并不困难，在这样的社会，一个人一旦获得名誉，就很难改变。建立在荣誉基础上的社会，其管理机制的主要根据是名誉标签（名称），用名誉来定义社会关系并强制人们遵守。为了保护家族名誉而对行为出轨的女儿或姐妹进行"荣誉杀害"（Honor killings）至今还在一些国家存在。这说明，从人类的本性上看，名誉的力量是多么的强大。即使在网络社会，名誉标签也是促进和管理行为的因素。人们很在乎 eBay 上买主和卖主的荣誉分和网络游戏玩家积累的分数，也很在乎网络世界朋友的数量和所获得的等级。

名誉标签影响个体或团体在不同网络的参与能力，成为是否授予基本公民权和决策权的基础。因为社会声誉可以被可信的社会第三方，如宗教、教育、金融、政治、贸易或职业机构测定，通过提供相关的可靠的信息，这些机构在社会的灵活性管理和不同社会网络中是否给予参与权方面扮演非常强有力的角色。

社会货币可以是个人或一个实体在一个特殊社会网络的名誉得分，在这个网络，信誉反映他们的价值。社会货币的价值可以通过需求和注意率测量。

不同的社会都有反映他们的名誉规则的社会货币，那些熟悉规则的人能够积累自己的社会资本。如好感、职责、善意。在许多情况下人们可以把一个人的社会货币转换成另一个社会网络的货币。如，体育上的成功常常兑换为政治、商业和娱乐上的成功。同样，在商业网络积累的社会货币也可以兑换为社会名望和政治可信性形式的货币。社会越是开放和变化，社会的灵活性就越大。而在封闭的传统社会，这种可能性就很小。在网络时代，社会货币的重要性在迅速增加，我们现在需要了解社会货币的制造。

三 精神会计学

社会货币揭示了货币的社会属性，即使是传统的货币，其性质和价值也不能脱离社会，货币本身的价值包含了注意力的成分。一百块钱和一百块钱，有区别吗？传统经济学的回答是没有区别。就是聪明的货币哲学家也认为"货币是人与人之间不涉及个人关系的载体，而且是个体自由的载体"。[①] 但是现实告诉我们有区别。一般来说，辛辛苦苦挣来的钱，其心理的价值含量比同样面值的一笔意外之财要高。这证明了钱并不具备完全的替代型，芝加哥大学商学院的里查德·泰勒（Richard Thaler）教授根据钱的不完全可替代性在 1980 年提出了精神会计学（Mental Accounting）的概念。

虽说同样是一百元钱，但在消费者的脑袋里，分别为不同来路的钱建立了两个不同的账户，挣来的钱和意外之财是不一样的。[②] 我们会把自己人生的第一次收入购买有特殊纪念意义的东

---

① ［德］西美尔著：《货币哲学》，华夏出版社 2002 年版，第 298 页。
② 奚恺元：《经济学发展的新方向》，http://business.sohu.com/20040817/n221579206.shtml.

西。这说明货币在流通中并不是无差异,许多钱的来历都有自己的故事,它包含了某些精神的因素。

2002年12月26日,芝加哥大学商学院教授、中欧国际工商学院行为科学研究中心主任奚恺元先生,就心理学影响下的经济学以及经济学发展的新方向为中欧学员们作了精彩的演讲。在这次演讲中他举例说:

今晚你打算去听一场音乐会。票价是200块钱。在你出发的时候,你发现价值200块钱的电话卡弄丢了。你是否还会去听这场音乐会?大部分人仍旧会去听音乐会。但是假设出发的时候,你发现你把票弄丢了。如果你想要听这场音乐会,你必须再花200块钱买张票。你是否还是会去听这场音乐会?大部分人回答说不去了。这两个回答是自相矛盾的。不管消费者丢掉的是电话卡还是音乐会票,总之是丢失了价值200元的东西,从替代性的角度来讲没有理由丢失了电话卡后仍旧去听音乐会,而丢失了票后就不去听了。原因到底何在呢?事实上,在人们的头脑里,钱并不像传统经济学所假设的那样,具有完全可替代性。真正的情况是,人们会把不同的东西归在不同的精神账户里面。电话卡和音乐会票分别在两个账户里面,所以丢失了电话卡不会影响音乐会票所在账户的预算和支出,大部分人仍旧选择去听音乐会。但是丢了的音乐会票和后来需要再买的票子都被归在一个账户里,所以看起来就好像花了400元钱听一场音乐会一样。人们当然觉得这不合算,所以就不去了。

这样看来金钱的流动经常会伴随着精神的流动,而精神的流动往往改变金钱的效用、价值和交易。

四 货币化的过程

精神活动的基础是注意力,但是对于注意力如何货币化,可以说在西方注意力经济学派学者中看法有很大的差异。

首先，我们应该认识到，注意力的货币化是一个过程。从普通的商品到纯粹的货币有一系列的中间地带。历史上和现实社会都有一些带有货币特征的各种商品存在。在中国一些农村，麦芽糖曾经充当了某种意义上的货币角色，鸡毛、甲鱼壳等一些可以回收的、有商业价值的东西都可以折算为一定数量的麦芽糖进行交换。在粮食短缺的年代，粮票也在一定范围承担了货币的职能。尽管政府禁止，但是因为其本身所具有的特点，它还是被人们货币化了。当然这种货币的流通范围比较有限，没有人民币普遍。事实上，在计划经济时代，就是人民币，购买的商品范围和数量也受到限制，有了人民币，还需要各种票证。在市场经济条件下，我们普遍认为主流的货币可以在各个领域畅通无阻。但现实情况并不是这样，在某些领域我们的主流货币并不通行。冥币是一个典型，在人们的想象中在那个世界有另一种货币。要给远在那里的亲人送钱，人们必须用人民币兑换冥币，并以火化的形式烧给他们"用"。当然这可以被斥为迷信品。但是，从体验经济看，这也是人们的一种精神需要，而且对有些人来说是必不可少的精神需要。如果说冥币并不具备实质性的金钱意义，还不足以说明问题，那么我们再来看看网络世界。在网络世界有许多信息产品拒绝接受任何传统形式的货币，它们是免费的，或者说它们需要的只是你的注意力。根据格里弗兹·费希尔（Greevz Fisher）的观点，在看不见的手的作用下，某一种商品会自然而然地成为最畅销的商品（如黄金），那么它就是货币。可销售性是货币最显著的特点。[①] 网络世界，注意力就是这种性质的商品。我们在前面已经把对应于农业、工业和信息三种社会形态的主流交易方式表述为"物——物"交换、"货币——商品"交

---

① 江晴：《解读后货币经济》，武汉大学出版社2005年版，第108页。

换、"注意力——信息"交换。这是一个交易方式的演进过程。1996年,米切尔·伍德福特(Michael Woodford)提出了"后货币世界"(Post-Monetary World)概念,引起了人们的重视。我们不得不承认计算机与网络的发展带来的支付方式革命已经开始普遍显现。

在经济学界,一般把货币的演变分为四个阶段:金属货币——纸币——支票(信用卡)——电子货币。而且认为基于电子支付系统的无纸化货币,将人类带入"后货币经济"时代。[1] 注意力作为货币,虽然有各种各样的观点,但目前还没有人对它进行系统的考察。包括如何定义注意力货币;如何评价这种货币对经济的影响;如何控制这种货币。

传统经济学把货币定义为"一般等价物"它既是价值的尺度,又是交换的媒介。注意力无疑是衡量信息产品的最好的价值尺度,某一信息越吸引人,其价值就越大。货币是一个交换的媒介,具有通用性,可以用来购买任何商品。注意力在网络世界是最为有效的交换媒介,可以购买的商品也越来越多。早期的货币本身是商品,是特殊的商品,商品货币的价值是生产这种货币商品的"生产成本",如金钱、银元等。现在我们的最普遍的金融机构还被称为"银行"。注意力本身也是商品,具有使用价值,在网络媒介,注意力也是被生产出来的,也需要生产成本。货币后来发展成为一种符号,代表一切商品的价值。货币化的注意力也被数量化、符号化、抽象化,成为一个个注意力账户上的数据。

可见传统货币的三大功能(交换中介、计量单位、价值储藏)注意力都已经具备。注意力之所以具备这些功能是因为媒介已经演化为类似于银行和金融机构的东西。关于这一点,乔治·法兰

---

[1] 江晴:《解读后货币经济》,武汉大学出版社2005年版,第1—2页。

克在《精神资本主义》①一文中有进一步的说明。他认为没有媒介技术的支持，注意力还不能成为支付的手段。注意力只有用同质单位测量并且通过匿名进行交换，它才成为真正意义上的货币。也就是说注意力需要标准。注意力流通系统依赖于专门的金融服务，这一银行业和股票交易功能由网络和大众媒体履行。

第二节 货币竞争

货币的竞争在历史上一直存在，但是其竞争的激烈程度远不能与今天的状况相比。今天的货币竞争甚至已经演化为一场世界范围的战争。

一 虚拟世界的双重货币系统

迈特·米哈利（Matt Mihaly）是虚拟商品交易的先驱。一次他应邀专门谈了对虚拟商品交易模式的看法。他说，如何使虚拟商品交易模式变得有效，实践活动已经提供了很好的例子。虚拟商品交易模式是一个非常大的话题，涉及如何在微观交易过程实现透明以防止欺骗，付费用户和非付费用户的关系。迈特的探索和研究把注意力重点放在开发非付费用户基本群体的潜在需求上。

在一个订阅和广告驱动的模式中，任何一个用户都可以给公司带来收益，除非在免费的试用期。而在虚拟商品模式中，人们发现面对大量的免费用户，巨大的负担往往让一个正在成长的公司感到难以为继。值得我们注意的是，当非付费用户不直接为公司带来收入时，这里其实隐藏着大量用户潜在的需求。如何开发这种潜在的需求，让他们为公司直接带来收益。关键是要建立一

---

① *Mental Capitalism*, by Georg Franck. http://www.iemar.tuwien.ac.at/publications/Franck_ 2005c. pdf.

第七章 通货革命

个双重的流通系统。

1998年,阿龙利莫思娱乐公司(Iron Realms Entertainment)就倡导卖虚拟产品,收入全部来自"信用卡"的销售。这种"信用卡"用来购买游戏技能和虚拟产品。信用卡和虚拟产品都不能转移给其他用户,以保证要获得信用卡只能从公司购买。用真正的钱或者在游戏中获得东西交换,其结果是如果你不愿意付钱你只能在一定的级别上停顿下来,无法充分享受游戏带来的乐趣。非付费用户不能提高他们的技能,这样他们在游戏世界只能永远是二等公民。这让他们很沮丧。

同时就像公司从非付费用户那里听到的抱怨无法进步一样(因为这需要信用卡),一些信用卡用户要求公司卖给他们金币(游戏中完成任务,杀掉怪物后获得的货币),公司也坚决拒绝,因为公司不希望因为这影响其他人的游戏兴趣。如果准许这样做,就会导致虚拟世界通货膨胀。虽然从短期来看,公司可以通过卖给玩家金币来制造货币,但从长远来看,这会严重伤害游戏。

后来,出现了这样的情况,在1999年上半年,人人都可以在这里得到他们想要的。只要把信用卡换成货币并且允许玩家把一种货币(信用卡)兑换成另一种货币(金币),每个人都可以赢。

这样,付费用户从阿龙利莫思公司购买信用卡,给公司想要的东西——收入;付费用户把这些信用卡卖给非付费用户以获得金币,两者都得到他们想要的东西。

公司允许非付费用户向付费用户出卖他们的时间成效(通过需要时间的竞争活动,寻求和搜索),但是只能通过最初从该公司购买的一种货币。这样,有时间但没有钱的青少年一下子可以在游戏中像付费用户一样得到任何东西。那些有钱而没有时间的上班族也可以不必在游戏中花费大量的时间获得金币。当然,付费用户还是必须玩游戏才能得到某些东西并取得成功,还是需要把注意力投入到每个人的角色上。这是一个人人都赢的设计。

这个系统最终解放了大量存在于非付费用户中的被压制的上升需求，他们虽然不直接付你费用，但是推动了公司的商业发展，推动了付费用户的消费，这对经营者来说无疑是有益的。

迈特还指出了这一双重货币系统在实践中需要注意的问题：

要尽可能减少货币交易的阻力。创造一个简单的交易方式，让人们快捷不署名地买卖货币。

确保两种货币都能够买到最想要的东西。这个系统只有在人们对两种货币都产生基本需要的时候才会有效。

注意兑换率。如果兑换率过于倾斜到一方，就需要采取行动干涉兑换率，以达到两者之间的平衡。但是最终应该让市场确定汇率。非付费用户总是觉得信用卡对金币的比价过高。如果需要做小小的调节，你只要把某些贵重的东西放到一方。切不可强制汇率，从付费用户口袋里掏钱来临时取悦非付费用户。这种做法比较困难，因为公司在使信用卡贬值中不能获得更多的利益。人们不愿意在游戏环境中花太多的钱。

二 注意力货币的供给

货币是贸易机器的润滑剂。货币既然是一种特殊的商品，那么根据自由市场理论，供求关系决定价格。货币这种"商品"增加，必定会导致其价值下降，反之，货币供应减少，其价值必然上升。这就是大卫·休谟的观点——货币的价值决定于货币的数量，决定于货币的购买力。注意力货币的价值不仅决定于其他商品的产量，也决定于注意力货币本身的产量和供给量。因此这个价值尺度只有相对意义，是一个双向动态的尺度。

"金属主义货币说"基于货币的价值尺度和储藏功能，将货币等同于贵金属。以这种观点观之，注意力就是网络世界的"贵金属"。但是注意力并不像贵金属，其价值储藏功能似乎难以实现。不过注意力经济学家认为，这种价值储藏功能可以通过

第七章 通货革命

各种形式的注意力资本化实现，这是一种资本主义的实现方式。名人就是注意力资本化的产物，是能够存储注意力价值的银行，因此名人不是普通意义上的人，他们通常是某公司的"资产"。

"名目主义货币说"基于货币的流通和支付功能，认为货币只是符号。[1] 根据这一观点，货币是国家权力的产物，货币的价值由国家法律和行政力量所规定。货币的价值不是材料的价值，而是流通的价值，是它的流通职能。货币只有在流通中才体现其价值。这样看来，无论用什么来做货币已经不是那么重要了。因为货币只是符号，它的职能是流通。但是从货币的天然属性看，货币的信誉确实来自它本身的价值和便捷的流通。拥有这两种属性，就会自然而然地承担货币的职能。就目前来说，在网络世界注意力实际上已经在一定的程度上担当了通货的角色，在一定程度上取代了传统货币的职能。从这个意义上说注意力货币是经济系统的内生变量。费雪将货币定义为："与货物交易时一般愿意接受"的媒介。注意力能够在网络世界被越来越多的人接受为通货，恰恰是其内生力量作用的结果。这在高德哈伯的论文《注意力经济——网络的自然经济》的题目中就可以领略其中的要义。当前的形势是"流通中的现金正在迅速地被电子支付方式所取代，经济系统中现金正沦落为微不足道的变量"。[2] 网络智能媒介的发展已经为我们这个社会提供了大量的、不那么成熟的注意力货币，那么，未来的形势又会如何？

三 货币地理学的阐释

事实上，在货币演化的进程中我们还看到了国家力量以外的支付方式——注意力"货币"。网络世界，注意力作为经济的力

---

[1] 江晴：《解读后货币经济》，武汉大学出版社2005年版，第15—16页。
[2] 同上书，第22页。

量正在发挥越来越大的作用。货币具有地理学的意义,表现为领土货币和从属的货币主权等等。网络世界是一个全新的空间,在这一空间不仅有新的货币形态,与现实世界的国家货币竞争一样,它还不可避免地要与传统的、地理学意义上的货币主权进行竞争。中央银行限制网络世界虚拟货币的发行就是一个例子。因为"货币创造权多年来已经成为国家主权的主要标志……创造自身的国内货币的能力是主权国家的主要金融特质"(Fred Hirsch,《货币国际化》,1969)。[①] 在网络世界有不同的经济王国,在那里也有着不同的网络通货和各种各样的虚拟货币。这些虚拟货币的背后靠什么支撑?如果说虚拟货币有本位,那就是注意力。信息时代的注意力犹如工业时代的黄金,注意力本位取代了金本位。当然,一些货币学家认为金本位实际上已经在瓦解。瓦解的原因到底是什么?是因为金本位的货币发行量不能满足经济发展对货币的大量需求,还是因为对黄金的实际需求并不大(除了交换价值和装饰价值,它的其他价值并不高)?注意力却不同,它具有广泛的使用价值。没有黄金我们依然可以生活得很好,但是没有注意力,我们就无法生存。

在绝大多数经济学家看来,政府对货币的垄断是天经地义的事情。但是诺贝尔经济学奖获得者哈耶克在《货币的非国家化》一书中,明确提出货币是一种商品,虽然它是一种特殊的商品,但也不应该由国家垄断,只有放弃国家对货币的垄断,才能产生效率。网络世界的交易革命正在打破这种垄断。在政治上看起来不可能的事情,在技术的推动下正逐步变为现实。在欧洲,欧元已经成为欧盟国家的统一货币,在网络世界会不会也出现类似的货币。注意力会不会成为网络世界的"欧元"。这似乎还遥不可

[①] 转引自本杰明・J. 科恩 著,代先强译《货币地理学》,西南财经大学出版社 2004 年版,第 1 页。

及。但注意力确实正在通过网络形成一种新的国际通货。在许多网站,不管你来自世界上哪个国家,你都可以通过付出你的注意力获得各种各样的产品和服务。这里的产品不仅指大量的信息产品还包括不少的物质产品。网络虚拟的货币——注意力通货不仅局限在网络世界,它还有冲破这种边界的能力,对现实世界产生影响。即使是传统的货币,在国际旅游城市和边界贸易频繁的地区,不同国家的货币同时流通也是非常正常的。随着经济全球化趋势的发展,在一个国家内部,几种货币同时流行已经成为许多国家的现实。货币的竞争也是符合达尔文进化论的原则,优胜劣汰,适者生存。注意力能够成为通货也是自然选择的必然结果,是信息社会的产物。

四 货币竞争的后果

货币竞争产生了潜在的危险,因为政府权力的现实性很大程度上取决于货币代表的特权。"没有控制货币的政府是一个有限的政府……如果政府要控制货币,它必须垄断货币,如果政府要成为真正的政府,他必须控制货币"(O'Mahony,1984:127)。[1] 由此观之,高德哈伯对注意力经济发展趋势的预测——政府的职能会萎缩,政府将成为有限的政府的结论是有依据的。

我们需要重新理解货币关系的空间组织与结构,对于这一点,货币地理学的研究给了我们不少启示。货币地理学研究的是货币区域是如何形成和被管制的。地理学的意义是什么呢?地理学的表述主要是符号——部分地"通过想象构建的空间和人类自身的想象的日常行为"(Shaprro,1996:3)。[2] 这个定义非常

---

[1] 转引自本杰明·J. 科恩 著,代先强译《货币地理学》,西南财经大学出版社 2004 年版,第 3 页。

[2] 同上书,第 9 页。

适合网络空间。因为这种地理学的描述已经超越了传统意义上的河流、山川、国家的概念,而是建立在以人为本的思维上——我们与谁联系在一起。这样的空间结构表现为人们的注意力结构,人们是如何通过信息和注意力来构筑自己的生活空间的。它是一个人类地理学,是与人的心灵世界联系在一起的。每一个人的内心都有一个心灵地图。注意力作为一种新的通货在新的空间——网络中具有非常强的生命力。但是因为网络世界与现实世界又是彼此联系的,因此,这种货币的力量会渗透到现实世界。当网络经济发展并占据经济主导地位的时候,注意力作为通货的形式也会成为货币的主流。人类的经济活动和交易活动将大量地表现为传播活动,人的符号性进一步显化。

注意力作为货币的"跨境竞争改变了国家在货币管理中的角色,预示着政治经济将出现一个重大的合法性危机"[1]。

第三节 货币的非国家化

现实世界与虚拟世界的货币竞争已经开始出现。这是民间的力量与政府力量的角逐。其核心是企业有没有货币的发行权。这种货币的流通范围是如何限定的。哈耶克在《货币的非国家化》一书中提出的核心论点是,只有废除各国政府对其货币创造的垄断才能实现价格水平的稳定。货币竞争不仅可以在企业与政府中展开,也可以在企业与企业之间展开。但是在这本书出现的很长一段时间内并没有对现实产生影响,相反,在现实世界,欧元的出现导致了更大范围的货币垄断。因此一些人认为讨论货币自由竞争,在政治上是不可能的。但是虚拟世界

---

[1] 转引自本杰明·J. 科恩 著,代先强译《货币地理学》,西南财经大学出版社2004年版,第4页。

第七章 通货革命

出现的货币竞争却让我们有必要关注这位智者被人们漠视的思想。

一 哈耶克的新自由货币观

哈耶克在书中用大量的篇幅论证：货币与其他商品并无不同，通过私人发行者之间的竞争来供应，要好于政府的垄断。货币同样遵循经济学的最基本法则：自私比慈善更容易产生好的结果。他提出的废除政府之货币垄断权、实现充分的货币竞争的理念是开创性的。不幸的是，在绝大多数经济学家那里，政府垄断货币似乎是天经地义的事情。

基于现实的分析我们发现，货币的非国家化有向两极分化的趋势：一极是跨越国界的、各国政府参与的国际组织垄断，如欧元；另一极是企业参与的、非垄断的货币自由竞争。对于前者哈耶克是坚决反对的。他认为，欧洲货币方案的最终结果只能使所有货币灾难的起因和根源——政府垄断货币之发行和控制更为顽固。一个单一的国际性货币如果管理不当，在很多方面，不是比一种民族国家的货币更好，而是更糟。对于后者，哈耶克则极力主张推行。因为在货币自由竞争的情况下，只要一国之货币当局胡作非为，则其所发行的货币就将被驱逐出本国的流通市场。[1] 实际上，网络世界存在着不同"王国"，在这些"国度"通用的货币也不同。这些"王国"一般都由企业来控制，包括货币的发行。随着网络经济的发展，这些虚拟的货币正不断溢出它们原本的世界，走到现实社会，并对现实的货币产生影响。从广义上说，在注意力经济领域，一些企业实际上已经开始制造并发行货币。

---

[1] 哈耶克著，姚中秋译：《货币的非国家化》，新星出版社2007年版，第21—23页。

二 世行与货币基金组织对注意力分配的担心

有一篇题为《世行、货币基金组织担心伊重建"垄断"世界注意力》的文章说,世界银行和国际货币基金组织官员们担心,伊拉克战争会分散人们的注意力,使国际间达成的诸如扶助贫困地区、提高第三世界国家教育和卫生水平等具体目标无法实现。许多国家和游说组织都指出,如果整个世界的注意力继续停留在伊拉克,那么世界银行以及国际货币基金组织等国际机构都很难集中关注人类社会的另一个战场,那就是与贫穷、落后和疾病作战的战场。① 看来货币的流动已经与注意力的流动联系得越来越紧密了。媒介的报道热点形成并影响注意力经济的"道琼斯指数"。

从社会营销的角度看,不同的社会利益主体都需要他们的利益相关者的注意力。换一句话说,人人都需要他人的注意力来达到自己的目的。这样注意力自然就成为紧缺的通货,随着社会变革的深化和产业形态的转换,注意力这种新的货币出现了新的短缺,这种状况的进一步加剧,导致了注意力经济时代的金融危机。世界银行和国际货币基金组织对注意力问题的担心,意味着一个以传播媒介为舞台的新的全球性注意力金融中心正在形成。

三 虚拟货币的微观经济功能

为了实现注意力的经济效率,一些注意力经济专家开始尝试利用专门的软件在组织内部建立虚拟的市场,因为市场机制使得资本和其他资源的交换更有效率。如原用于军事领域的一种软件设备(Seriosity)现在开始用作注意力经济领域的虚拟货币。这

---

① 《世行、货币基金组织担心伊重建"垄断"世界注意力》,《中国新闻网》2003 年 4 月 13 日。

可以看做组织内部设立的发行虚拟货币的"中央银行"。虚拟货币还有许多有趣应用,如虚拟货币能够帮助工作群体微观经济的发展,在这里,行政命令式的工作安排将被一种经济的方式取代。管理人员可以把项目计划发布到一个名为"微观经济"的软件上,借助软件显示项目的重要性、费力程度、时间表和具体要求。个人或团队则可以发布自己可利用的时间、技术、兴趣和要价。随着优先权的变化,市场机制还能够自动修改时间表。这不仅在工作的供给和需求的微观经济上更有效率,而且能够提供透明度增加带来的一系列好处。

在一项工作的竞价过程中,个人和工作团队可以利用虚拟货币的分配更有效率地分配短缺资源,如会议室和办公室座位、计算机和其他办公用品、食品和饮料选择、休假安排等等,从而更高效地共享资源。

借助虚拟货币,还可以建立信息与使用者的相关性,确认各种类型信息的价值,这样就能够在更高的层次上解决注意力经济的挑战。

虚拟货币的流向反映了偏好,这也意味着组织的政策走向。在事关个人的问题上对组织的事务进行货币投票是一个创新,它与传统的投票方式不同,因为货币可以反映一个人的偏好程度。企业内联网通行的虚拟货币将是发现多数人偏好一个有效方法。这有利于对休假和旅行政策、卫生保健计划、组织管理与传播跨度、升降级和增减薪等事务做出更为合理的、符合个人需要的安排。

这些虚拟的货币如果用于组织内部的结算,并可以兑换为现实的货币,那么虚拟货币不仅提供了价值流通的便利和资源配置的效率,同时也实现了这种货币的现实价值。

四 语言的"货币"职能

在一个过渡时期,一切都还在演化过程,新型的货币也处在一个混沌状态,各种形式的不成熟的货币让人眼花缭乱,货币的形式出现了泛化现象。语言作为一种货币功能,许多人闻所未闻。但是,有文章指出①,"商品"应作广义理解,包括产品、服务和体验。也就是说,商品实际上包含使用价值、交换价值和意义价值三种属性,分别体现商品的自然属性、社会属性与个性化属性。体验经济是显示意义价值重要性的广泛实践。在体验经济中,使用价值成为道具,交换价值只是舞台,消费者的意义体验才是主角。对意义的争夺,成为商业竞争的焦点,它不是简单的眼球经济,而是心灵经济。

有意思的是这篇文章的作者谈到了语言的"货币"职能:意义价值需要语言信息作为承载,就像交换价值需要货币作为承载一样。讨价还价,是最常见的在交换价值之上附加意义价值的形式。在这里,信息价值既有可能夸大也有可能缩小意义价值。也就是说,语言可以改变人们对商品的认识,进而改变商品价值。在第三代互联网商务行为中,讨价还价将成为商品交换的正式制度,进入价值构成。意义价值的变化带来交换价值的浮动,将成为体验经济的基本规律。行为金融学在这方面已经开展了许多有效的实证研究。货币与语言同是符号,但表达的价值不在一个层面上。意义价值将成为理解第三代互联网商业模式的价值论基础。

五 Q 币战争

宋鸿兵在《货币战争》一书中力证他的观点:金融开放的本质实际上是一场货币战争,缺乏战争的意识和准备是中国当前最大的风险。但是有一点他没有提到:目前货币战争不仅发生在国家之间,也发生在政府与非政府之间,现实世界与虚拟世界之间。

---

① 姜奇平:《意义互联网与意义价值》,《互联网周刊》2004 年 11 月 9 日。

第七章　通货革命

东方网 2006 年 11 月 7 日消息：央行将在明年起草制订电子货币相关的管理办法。一周以来，关于"虚拟货币"的性质以及是否会冲击人民币市场等话题被各界广为关注。目前已有专家呼吁建立中国"网上布雷顿森林体系"，将虚拟货币和人民币挂钩，人民币再和金属货币挂钩，保证虚拟货币发行在公司能力控制范围内，完善虚拟货币回收环节，开放官方回收虚拟货币渠道。

对此，中国人民银行办公厅主任李超表示，官方已经开始关注虚拟货币话题，并且正在认真研究之中，中国人民银行将在明年起草制订电子货币相关的管理办法，包括虚拟货币在内的电子货币将成为继电子支付后的又一个监管重点。

人民币、Q 币和游戏币是一个网民的账户里常见的三种"货币"。Q 币也就是在网上当钱花的虚拟货币。据说，腾讯公司发行的 Q 币拥有过亿潜在用户，超过了法国和英国的人口总和。正因为如此，有学者大声疾呼，虚拟货币正在冲击正常的金融秩序。

有专家分析，Q 币如实现双向兑换，腾讯将会面对巨大的资金风险。这种风险主要来自两个方面：一是自身的资金链断裂；二是遭遇恶性挤兑。商业公司要成为"虚拟央行"，这里的风险应该充分重视。

在网上，用虚拟货币可以买到游戏装备，也可以用来为杀毒软件付费、为超女投票。但这些还只是官方公布的途径，私下里还有人用它赌博和买卖。虚拟货币正在替代人民币的某些功能，但它并不由央行发行，也不被政府监管。虚拟货币的出现本来是为了在网上购物方便，但过量发行同样会带来网络世界的通货膨胀。与传统货币相比，虚拟货币更难以预防假币的出现，而且一旦出现，如果没有政府的参与，打击的难度也较大。

目前的 Q 币、网易币已经部分充当了传统货币的角色，即将推出的百度币更是想要实现虚拟货币的大一统。一场网游虚拟交易的硬通货争夺战正在悄然上演。

互联网业内人士认为，百度喊出打造虚拟货币"央行"的口号，其雄心源自于两个基础：其一，与具有支付功能的公司广泛地合作。目前与百度签订合作协议的23家公司，囊括了四类不同的开发支付功能的公司。第一类是网络银行，包括招行和工行等；第二类是电信运营商，包括中国电信和网通等；第三类是第三方在线支付公司，包括银联、网银在线、支付宝等；第四类是可供交换的其他虚拟货币发行网站，包括盛大、网易等。有了这四类公司的支撑，百度打通了从真实货币和其他虚拟货币兑换成百度币的通道，让百度币在网上流通成为可能。第二个基础则是百度所拥有的庞大的搜索引擎用户群。

实际上，美国、中国和韩国都有一些公司，其主要业务就是把游戏币兑换成人民币、美元、韩元等，他们兑换的过程和现实"商业银行"的兑换没有本质区别。当现实生活的更多交易都可以用虚拟货币来支付的时候，人民币的流通速度就成了它直接影响的对象。更为重要的是虚拟世界与现实世界货币的融合，会诱发什么样的犯罪活动，对于这些我们是不是拥有有效的办法和手段来应对。

在一个游戏王国，虚拟货币价值的唯一衡量标准，应该是玩家的劳动时间，即注意力的付出。有人指出，如果承认了虚拟货币的真实价值，那么当玩家坐在家中玩游戏的时候，就相当于同时在给国家贡献GDP，而虚拟货币这种新出现的经济现象，也将成为未来很长一段时期内经济学家研究的新命题。

美国著名经济学家林顿·拉鲁什曾经预言：从2050年开始，网络的虚拟货币将在某种程度上得到官方承认，成为可以流动的通行货币。

现在看来这种预言还过于保守。我们正面临一个货币分化与

第七章 通货革命

融合共存的时代。新型的世界通货或许首先在虚拟世界开始出现,而时间就在不远的将来。

问题:

1. 高德哈伯认为金钱带来的便捷只是"窄带",而注意力带来的便捷则是"宽带"。注意力最终将取代现行的货币,成为新的通货,你赞同这种说法吗?

2. 根据法兰克的观点,"媒介成为新经济的金融机构"。我们可以从哪些方面寻找到他做出这样的论断的依据。

3. 虚拟货币的发行是不是意味着货币非国家化和货币自由竞争的开始?注意力经济发展对国家的货币体制带来哪些可预见的影响?

4. 准确定量是不是注意力货币化的必要条件?你如何理解"准确"两字?

第八章 注意力托拉斯

你对自己拥有权利；你对你的手势拥有权利；你对你的言辞拥有权利；你对你的兴趣拥有权利；你对你的注意力拥有权利；你对你的意向拥有权利。

——赛思·高斯坦因

本章重要人物介绍

赛思·高斯坦因（Seth Goldstein）：1992年毕业于哥伦比亚大学戏剧文学专业，获得学士学位，自称为公司的发行者，投资、创办和孵化了许多富有创意的公司，并将他们出卖，目前生活在纽约。他1995年创立的网站特效公司是最早从事互联网广告代理的公司之一。作为新兴领域企业的首席执行官，他率先开发了第一个分布式广告活动并为一些客户进行了新型的广告实验。赛思和网站特效公司还因此上了1996年9月《华尔街》杂志的封面，他策划的活动也成为哈佛商学院互联网营销的研究案例。高斯坦因热衷于注意力经济的探索与实践，他与一些志同道合的人建立了一系列注意力经济的实验公司和机构，并担任非营利性组织"注意力托拉斯"的主席，致力于帮助消费者获取自己注意力数据拥有权的事业。

第八章 注意力托拉斯

"历史的进程似乎更符合一连串的避免短缺,而不是真正发生短缺,这种情况大多归结为市场的力量。市场的力量有一种倾向,就是消除任何短缺现象,而且是在短缺实际发生之前,其方法简单,就是把短缺转化为更高的相对价格。"① 注意力经济学派的一些人力图通过为注意力寻找更高价格的方法来避免注意力的短缺和注意力资源的浪费。

第一节 为了一个共同的目标

注意力有两个特点,一是可以转化为行动,二是可以转移给第三方,因此我们就可以从这里提取价值。在商业主义者看来,如果注意力经济不能转化为金钱价值是没有任何意义的,明星和名人能够通过大众的注意力获得大量的金钱是因为有经纪人。注意力还可以转化为意识形态的价值,在许多情况下,行动就是意识形态直接转化和间接作用的结果。但是就像货币,注意力作为价值代表的流通工具,其自身并没有或者很少有真正的价值,如果不能把注意力转化为其他东西,它就会流失。注意力经济的赢家是懂得把注意力转化为最大价值回报的人,这并不是说他们一定拥有大量的注意力,他们也可能只是扮演注意力经纪人的角色。在美国有一群人正在这一领域进行新的商业探索,其中包括注意力托拉斯组织的一些成员。

一 志同道合

卡尔文·柯立芝(Calvin Coolidge)说:"美国人的事业就是办企业。"这句话用到注意力经济的实验学派是最恰当不过了。

---

① 哈伊姆·奥菲克著,张敦敏译:《第二天性——人类进化的经济起源》,中国社会科学出版社 2004 年版,第 173 页。

作为注意力经济学派中的重要一员,高斯坦因始终在注意力观念的引领和商业价值的寻找之间忙碌。作为知识分子,他希望当注意力经济的教父;作为商人,他又希望发现注意力的经济价值。高斯坦因所从事的都是一些开创性的事业,在网络世界"领先"是可以出卖的,不仅如此,"出卖领先"还是最为有效的商业模式之一。

注意力经济学派的领袖人物无疑是高德哈伯,他有着一大群追随者,其中包括高斯坦因这样热衷于把理论转化为实践的探索者。在20世纪80年代,高德哈伯已经洞察到信息正在成为日常用品,他一直试图写一本注意力经济的书,但是高德哈伯自1997年发表了注意力经济22章草纲以后就再也没有了下文。此后他通过许多杂志不断改写和提炼他的文章,通过一些助手传播注意力经济的真理和福音,赛思·高斯坦因就是其中的一位。

作为高德哈伯的崇拜者,高斯坦因认为他有着类似爱因斯坦的独特思维,喜欢一个人思考。同样热衷于注意力经济,高斯坦因的不同之处是他把主要精力集中在注意力经济概念在新媒体广告和互联网商业的实践活动。对他来说"注意力"只是为了"更好的引领",这是21世纪媒介和广告客户始终渴求的东西。自20世纪90年代开始,互联网出版者逐渐丧失了继续转送眼球的能力。今天的媒介要取得成功,需要更为积极地把自己的注意力聚焦在事关用户利益的注意力证据上。虽然这些数据很难收集,但是商人们交易时更注重的是质量而不是数量。这样的结果导致"注意力银行"的出现,它是一个新的、复杂的注意力支付系统,可以支持社会各种各样的交换。

读者可能还记得,前面曾经也有人提出"注意力银行"的概念,但是他们认为这个银行是"明星"。下面我们可以发现,

第八章 注意力托拉斯

实验学派的银行是另外一个思路，他们在网络世界更具有可行性。他们的这个思路受到另一位注意力经济思想家法兰克的启发，法兰克认为媒体具有强大的注意力分配能力，在新经济中扮演着类似银行的角色。

我们都知道，在互联网上我们每天看的内容都不需要任何付费，这并不是网络运营商的慷慨，而是因为我们已经用另外一种形式作了支付。这种付出我们许多人并不知道。实际上，网民每一次网页上的点击和添加的新的链接都把有关自己的信息提供给了广告客户。谷歌和许多公司都坚持自己对用户搜索数据拥有财产权。注意力信息是财产，这一观念在美国联邦法院法官的判例中已经得到支持。高斯坦因办的公司就是要提供用户准确的注意力数据，以帮助用户夺回这一财产权。他与科技记者斯蒂夫·基尔墨（Steven Gillmor）合作，建立了注意力托拉斯这一非营利性组织，帮助网民维护对自己互联网数据的控制。自 2005 年夏天建立以后，这个组织已经有 700 名成员，包括网络出版界精英戴森（Dyson）和道克·西尔斯（Doc Searls）等。他们都承诺对自己网站用户的注意力和注意力货币化方面提供一个高的透明度。这个组织还提供注意力记录器（Attention Recorder）等工具，以便用户分析自己的点击浏览数据。

20 世纪 90 年代中期基尔墨就开始关心网络对个人时间管理的决定性影响。但是直到"简化联合体"（Real Simple Syndication，简称 RSS）这个新闻过滤和用户监控的传递标准出现以后，他的关心才有了现实的基础。"RSS"根本改变了信息交易经济学规则：这个系统能够及时发出用户个人偏好的信息，也就是说它把个人新的阅读习惯调准到一个新的信息丰富水平。2004 年基尔墨与一些志同道合者开发了一个帮助 RSS 用户追踪他们阅读的"内容"、"时间"以及"持有相同想法的其他用户"的软件工具——"注意力爱克斯梅尔"（Attention. xml）。草案出台三个月以后,基尔墨在2005年圣地亚哥召开的一次会上遇见了高斯坦因。虽然他们对注意力的解释有一些不同,但他们都赞同给用户更强的能力去追踪他们自己个人的互联网使用信息。这样就有了"注意力托拉斯"(2005年9月)和"注意力记录器"的开发。

此后,基尔墨和高斯坦因都回到了创造利润的事务上。高斯坦因经营"鲁特市场",这是一个跟踪和储存会员网络使用数据的公司。它的目标有两个:一是使网络用户更加容易从市场的角度监控自己的在线行为,二是在用户愿意的时候出卖他们自己部分这方面的信息数据。在此期间,基尔墨把他的注意力转向"手势银行"(Gesture Bank),这是一个开放性的匿名用户元数据库,用于交换用户的信息(这个信息基尔墨称为"手势")。基尔墨的这种做法不只是对谷歌发出挑战,对每一个人来说也是挑战。因为根据他的设想,开放资源运动的根基将围绕着用户的手势如何再现他们自身的存在。

在此期间,"注意力经济"成为"2006新兴技术会议"的主题。会上来自各方的高技术管理者都把"注意力"一词注入到各自的演说之中,对注意力经济作了不同角度的阐述。这些发言既是对注意力经济关心的信号,也是对注意力经济的肯定征兆。毕竟注意力经济概念的出现只有10年时间。媒体对这个主题表现出极大的兴趣,证明注意力概念已经扎下了根。

高斯坦因在谈到2006年新兴技术会议时说,从某些方面来说它是伟大的,但从另外一些方面说它又是不幸的。它之所以伟大,是因为它把一个伟大的思想放到了我们的面前和话题的中心。但对绝大多数网民来说,他们并没有都注意到这个问题,这又是它的不幸之处。

让我们感到高兴的是包括高斯坦因和基尔墨在内的一些

第八章 注意力托拉斯

"注意力"的知识精英已经开始建立媒介公司和风险投资公司，主流投资者也开始搭乘注意力经济这一新的"贸易货轮"。尽管一些对注意力经济缺乏了解的人认为注意力经济只是一个时髦的口号，但注意力经济学派的实验者却坚信注意力经济的实在性和远大的前途，他们开始踏踏实实地进行探索性的实践。

二 注意力包装

在注意力经济学派内部，人们对注意力到底是什么，注意力到底如何产生作用，还没有达成共识。高德哈伯认为注意力涉及时间、意义、理解、重视、名誉、流行，等等。但是人们更为关心的还是它与金钱的关系，他们希望知道注意力经济是否可以达到像金钱经济一样的定量标准，因为这是注意力经济发展的关键。劳德·凯尔文（Lord Kelvin）曾经说："当你能衡量你所谈论的东西并能用数字加以表达时，你才真的对它有了几分了解；而当你还不能衡量、不能用数字来表达它时，你的了解就是肤浅和不能令人满意的。这种了解也许是认知的开始，但在思想上则很难说已经步入了科学的阶段。"注意力经济的成熟以及注意力经济学作为一门学科要得到承认，从传统的观点看注意力定量成为一道必须迈过的槛。为迈过这道槛，实验学派第一个要解决的问题就是注意力的跟踪技术，而如何把注意力这种看不见摸不着的东西进行有效的包装，使它显现出来，又成为解决问题的先决条件。在这里他们与高德哈伯是有非常大的分歧的。

关于注意力能不能不计量的问题，高德哈伯曾经在斯丹佛大学的统计学课上作过阐述，他认为注意力永远不可能精确计量。他说："我的注意力的全部数量等于你的吗？如何得出？我的一次注意力付出等同于他人的一次付出吗？如果不等，那么比例是多少？如果我知道我现在没有把所有的注意力都给了你，我能精确说出有百分之几付出吗？我认为没有任何方法在这里做有意义的工作。……注意力受到包括情绪因素在内的各种因素的影响，即使是科学仪器也难以精确测量。"他还提到"反应神经细胞"（Mirror Neurons）在注意力中扮演的角色。在斯丹佛大学讲座时，一个学生问反应神经细胞是不是与注意力有关，有没有可能通过对它们活动的计算达到注意力的定量状态。虽然高德哈伯在原理上还不能肯定，但他坚持认为不是在任何时候都可以进行有效测量。即使把人放在核磁共振扫描仪下检查，我们也不能确定被试者的注意力到哪里去了，除非能够描述大脑活动的全景，而要这样做就必须扫描出他的全部生活，这涉及严重的伦理问题。不过高德哈伯同时又指出，注意力无法精确测量并不是说没有注意力财富，或者说注意力经济不发生作用，只是它以另一种方式在发生作用。

用户的思想虽然不能直接显示，但实验学派认为一般而言，意向的监视可以通过现行注意力结构来实现。高斯坦因的网络媒体创新就像撒少许白粉在不可见的消费者意向上，以显示其轮廓，捕捉这一幽灵。他的这一想法受电影的启示，在一部电影里，捕捉幽灵的方法就是把一大桶颜料倒在它的身上，我们只要看到它的大致轮廓就行了。他对高德哈伯说："显示你的注意力的'白粉'是你的论文，从这里可以看出你现在正在戴着'注意力眼睛'。我们可以把注意力看做是物质的东西。如果注意力是可见的，那么当你注意某些东西时，你会发出一种'蓝色的'光。这样我们就可以观察到谁正在注意什么。"实验学派的注意力显现技术就是要解决这一问题。

虽然我们已经有尼尔森收视率（Nielson Ratings）这种工具，但它还是比较粗糙。因为传统的媒介受众行为只是"看"或"听"，而互联网还包括"做"。因此实验学派认为我们必须重新描绘注意力的整体轮廓。用"手势"来定义注意力的外貌也就

第八章 注意力托拉斯

是这个意思。

要描述注意力的轮廓遇到的另一个难题是上下文关系的处理,即语境问题。计算机对我们的意图理解比较机械,我们的搜索常常得到我们不想要的东西,原因就在这里。高德哈伯建议实验学派与用户配合,与用户一起开发。他认为一个人想与相关者建立有效联系,首先必须记录自己的注意力历程,比如用不同的色彩标明自己对不同信息的兴趣程度,而且表达方式必须轻松、高效。这种做法是对注意力经济的一种非常精细的调谐。这样看来,谷歌搜索的目的性还远远不够,远没有达到注意力经济的高效率。它在帮助我们获得信息的同时,也浪费了我们大量的注意力。人们做出选择时用颜色表达自己的意向,这也是对注意力的一种包装。

受高德哈伯思想的启发,高斯坦因的许多工作涉及注意力的历史性资源。用技术重新构筑人们已经注意的东西并回放给他们,以便他们与那些注意力使用者进行核实,保障自己的权利。在这一方面,西方一部科幻电影讲述的故事走得更远:他们把微型计算机芯片植入人脑,记录这个人一生所注意到的东西,人死了以后取出进行编辑,制作成音像供家人收藏。

如果注意力财产权得以确认,那么顺着这个思路这种财产就可以准确计量并加以继承。

注意力能够被测量,能够包装的一个重要条件是人们愿意暴露自己。高斯坦因和其他实验学派的学者们相信注意力数据的社会化是网络即将来临的下一波浪潮。他们都对这样一个世界充满热情,在那里人们可以根据自己的意愿有选择地对他人暴露他们各种各样的网络行为。现在已经有一些媒介把用户行为的贡献看做是资产和有用的东西。包括用户生产的视频、标签和照片,等等。

网络上有许多对注意力状态进行包装的例子,其中有个网站只要读者阅读内容都会掉下一块饼干，以对博客作者报告好消息。拉法（Rafer）在此基础上更进了一步，他的贡献是把"饼干"看做一个交际媒介的输入，也就是给博客读者向作者表达他们自己身份的机会，这样原本"戴着面纱"的饼干就露出了清晰的外貌特征。但暴露的程度又是一个新的问题。实验学派要把暴露用户的某些东西转换成表达用户的某些东西：一连串主动的注意力手势。他们把隐性的注意力数据作了公开、清晰的描述。注意力甚至被"还原"为类似于现实的情景，如一群人一致的反对立场表现为一群示威的卡通形象。

雅虎购买 MBL 的目的是要提炼他们的注意力数据。它们把"无价值的"网页浏览转化为注意力偏好的外形。

使读者能够以最小的成本来表达自己的独特身份是交际媒介服务能够达到的最佳状态。然而多数网站都不敢让用户知道他们到底对用户了解多少。这是注意力经济发展的一个障碍，也是实验学派感到遗憾的地方。

因为消费者缺少注意力经济的意识，实验学派很想知道什么时候用户会意识到数据持有的价值，他们是否会要求拥有它，正在开发的这样的数据是否合适。

说到对注意力的包装，不得不说到对注意力交易的主体——人的包装问题。包装实际上就是一种表达。注意力经济涉及的一个基本的问题是注意力的付出和收入，作为注意力的付出方和注意力的收入方在英语世界并没有合适的对应词。但是无论是注意力经济实践还是注意力经济研究，都需要一个概括性强的专门用语。高德哈伯过去经常用"追星族"（Fan）和"明星"（Star）来称谓，这虽然有些类似，但并不等同。追星族随着时间推移注意力的获得远远少于注意力的付出，而明星注意力的获得要远远大于注意力的付出。现在他在寻找描述那种瞬间状态的一对词，它们应该大致对等。因为注意力经济越来越演变为自觉、主动的

第八章 注意力托拉斯

行为，因此他认为理想的配对词应该是一项主动的过程。主动付出注意力和主动获得注意力。因为是常用词，所以它们应该比较短。

但是，注意行为涉及人的本能，有些注意力的付出和获得是不自觉的，甚至连人们自己都没有意识到。因此笔者认为也需要一对被动的词。

高德哈伯曾经提出一些配对词，如看者（Viewer）/做者（Doer）、视听人（Auder）/表现人（Actor）；观看者（Movee）/行动者（Mover）、吸纳者（Grokker）/张扬者（Squawker）、支付者（Payer）/表演者（Player），但又感到不满意。为了得到满意的配对的词，他在自己的网站上悬赏征求建议。希望能够得到富有创意又非常合适的一对词。他说："如果你提供的配对词被选中并且为注意力经济学研究所采用。那么你可以不要额外的成本就可以流芳百世。"

高德哈伯的这一举措是必要的，因为这一对词在注意力经济中的地位就像传统经济中的买方与卖方，是不可缺少的。

高德哈伯曾经对新旧经济的基本交易做过比较。他认为经济系统的关键要素是基本交易的特性。金钱交易通常涉及双方，并且在他们之间有一个或明或暗的合同，以确定买卖关系。合同是一种法律强制的形式。一方持有金钱，而另一方持有商品、劳务或服务等。一般来说金钱和商品都是标准化可计量的，双方按照合同约定的时间交出自己持有的东西。任何一方可以是自然人，也可以是法人，如一家公司或一个政府。但注意力交易很少有契约，没有法律上的可行性。每个注意力都具有唯一性，交易活动不可通兑。因此他认为注意力经济没有银行，没有贷款担保，没有期货市场。

具有讽刺意味的是，身为高德哈伯的追随者的高斯坦因，所做的事情从某种意义上来说却是对高德哈伯思想的反叛。高德哈伯认为不可为的事情他们都要去尝试。他要对注意力进行显示，要办注意力银行，要做注意力期货。对注意力经济的实验学派而言，世界已经变成了一个全球性的注意力金融村，但绝大多数网民现在并没有意识到这一点，他们没有在这里受益，这是需要重视的问题。

第二节 手势的独立宣言

2005年7月，高斯坦因领导建立了一个网站工作室，目标是创立注意力托拉斯。合作者有基尔墨（Steve Gillmor）和巴瑞（Hank Barry）等。基尔墨是一名博客与播客迷，他致力于注意力数据价值的建设。而巴瑞也是一位活跃的人物，不过他有他自己的主业，他只是利用休息日工作，可以说完全出于对这一事业的热心。注意力托拉斯组织先在一些志同道合的小群体中形成注意力的联合，但是他们的目标是要更大范围、甚至是全球范围的注意力联合。注意力经济的实验学派意识到注意力经济平等权问题的争论已经有了结论，即用户应该拥有自己注意力数据的权利。因此下一步应该着手如何实现这种权利的问题。

一 《手势的独立宣言》

因为人们还很少意识到感觉器官的价值，当然这里并不是指器官本身的价值，而是其功能的价值。因此探索和思考让人们注意自己的方法，让实验学派的专家们感到兴奋。他们采取先发优势，率先设立这种类型的网站。高斯坦因在注意力托拉斯的网站上发表了《手势的独立宣言》一文，阐述了注意力经济实验学派倡导的思想和开展的活动。

《宣言》指出，注意力本质是聚焦。它通过选择记录了我们的兴趣。在注意力经济中价值的建立是由双重的记录确定的，即

第八章 注意力托拉斯

"注意"和"忽视"。注意力变得越来越重要是因为互联网能够激活注意力记录并共享这些实时的选择。大量的注意力数据汇流产生巨大的影响力。有些消费者在影响控制方面是主动的,但大多数还是免费服务提供者的被动用户。这些免费服务提供者是注意力的积极捕猎者和自身意图的推销者。

在他们之前,就已经有许多人孜孜不倦地长期探索注意力是如何与现代性和网络化联系在一起的。如可拉瑞(Jonathan Crary)在《悬而未决的感知:注意、景象和现代文化》一书中写道,在资本的动力逻辑开始肆意破坏任何感知和理解结构的稳定性和持久性的同时,这一逻辑还力图对注意的"政体"施加影响。19世纪后期,在自然科学特别是新生的科学心理学领域,注意力问题已经成为基本的问题。资本主义结构的变化、无休止的新产品、刺激源和信息流,不断推动着注意和注意力的转移。

但是,直到20世纪传播技术出现以后注意力才成为广泛的社会话题。乔治·法兰克认为注意力是新经济交换的货币。他说,没有东西比注意力收入的积累更吸引人,没有什么东西比这种资本更吸引媒体,没有什么东西比广告更能展示财富对注意力的赚取。名人奇迹般地增加在于媒介对注意力的聚集和分配能力上。如果应该归我的注意力对我个人来说不只是信用而且被其他人登记在册,如果我付给他人的注意力和我获得的注意力是经过估价的,那么个人注意力之社会共享价格的会计系统就可以投入运作。法兰克的洞察力直接指向注意力的金融市场。《宣言》评论说,可拉瑞建立了历史的框架,而法兰克建立了经济的框架,高德哈伯则把两者结合在一起。尽管高德哈伯蔑视对注意力的任何商业企图,但从他的"新经济原理"看他的分析却非常准确到位:

计算机空间是新经济不请自来的地方。与其他经济一样,新经济基于最强烈的欲望和根本的短缺资源,现在它来自他人的注意力。

注意力短缺是因为每个人就这么多,它只能来自人,而不是计算机或其他什么东西。

经济基于可互换的、可以传递的东西,在计算机空间通过超链接非常容易传送注意力。

不是每个人都能够吸引等量的注意力。我们中有些人是明星,但大多数只是追星族。

你赋予某人的注意力越多,那个人侵占你的记忆就越多,而且你就越容易继续赋予他注意力。

因此,粗略地说,你的注意力财富=你过去和现在观众的数量×注意时间。

不像传统的物质财富,新财富并不是你可以在箱子中储藏的东西,只能从外部世界得到。

因此财富完全来自自我表达。获得注意力的最好办法就是尽可能过开放的生活,尽可能公开、表达自己,而且越早越好(高德哈伯经常发表一些不成熟的看法目的也在这里)。

充分施展自己个性以积累注意力,要让每件事都使你成为你而不是其他什么人。

因此新的隐私与旧的隐私是直接对立的。新的隐私意味着没有什么秘密,通常你没有这个必要,因为少有先前的羞耻,或者你现在必须去掉那些羞耻感。

人们需要的隐私是从被迫付出注意力的困境中获得解脱,不是避免被看见而是避免看见自己不想看见的东西。

注意力托拉斯在它的网页上大量转述著名注意力经济思想家们的观点,显然是要从观念入手,改变人们的传统看法,这一步非常重要。观念的改变是行为改变的开始,但是要改变观念,首先要获得注意力,这也是注意力托拉斯遇到的一个难题。

二 注意力基本权利系统

高斯坦因非常强调尽快了解注意力权利的重要性，为了让孩子们的注意力财产不至于流失，他在网站上设置了一个醒目的标题，"母亲应该知道"。那么母亲到底应该知道什么呢？他认为是有关注意力的基本权利。

建立一个注意力的开放市场首先要宣布一个基本权利的系统。注意力托拉斯组织把注意力的基本权利定义在四个方面：

财产性：我拥有我的注意力并且我能私下安全地储存。

机动性：无论何时何地我都能够自如地移动我的注意力。

经济性：我能够根据自己的意愿把注意力赋予某人并获得报酬

透明性：我能够知道我的注意力如何被使用。

这些代表我们作为注意力拥有者的权利被称为"注意力经济的四项基本原则"。我们的注意力数据是我们的，是我们每一个人的。在注意力经济联盟，承认我们的权利是至关重要的，注意力托拉斯的责任是管理我们对自己私人信息的使用。当然这里还有一些技术上的问题有待解决。通过承认上述权利，注意力托拉斯的成员（包括个人和公司）参与一个自由的开放市场以交换他们的注意力。我们的注意力确定意向，我们的意向建立经济价值。实验派声称，一旦我们承认一个人注意力的价值，公司就会惊奇地发现他们的商业要寻找的注意力是非常便宜的。

但是一些公司却拿走了我们的"手势"这种注意力财产。如我们所有的人都根据一个规则使用谷歌搜索。谷歌则通过搜索引擎获得我们寻找事物方面的信息。无论是否愿意，只要出现交互作用，人类就会通过身体动作持续地互相表达意向、利益、感情和思想。我们公开的表达流入了谷歌的账户。屈服于谷歌隐私政策条款，我们不仅提供个人的人口统计学信息，还包括我们联系和接触的人以及付账的信息。我们还同意谷歌可以把这些信息转移和披露给第三方。在这些数据的使用上他们的权利甚至可以优先于我们的权利，我们授予谷歌对网站或网站某一部分的访问权、指引权和隐匿权。这种权利存在着严重的不对称。我们无法得到我们注意力被使用的数据。换一句话说，这些公司的做法就是"请把你的注意力给我们，但离我们远一些"。谷歌对我们的使用与我们对谷歌的使用一样多。我们敲击键盘和点击鼠标搜索信息，在这方面我们处在控制地位；但这一行为也能被看做信息的设计形式，它暴露了我们。谷歌拿走了我们的寻找（从字面上解释就是我的注意力）并把它转化为称为"关键词"的商品，最后将它转卖给广告客户和出版发行者。实验学派认为这是对我们财产的剥夺。

三 提高手势的透明度

高斯坦因宣称，注意力托拉斯组织要公开我们的"手势"。我们面临的挑战不仅是要不要的问题，而是如何从机器那里夺回我们的意向权的问题。

韦纳（Norbert Weiner）曾经说："控制只不过是那些有效改变接受者行为的信息发送……我反对这一野蛮的对人类生命利用；任何对人类生灵的利用，都很少来自他们自己的需要并且造成他们完整人格的退化和生命的浪费。"高斯坦因虽然不能确定在互联网上完整的人格特征是什么，但他坚信它应该与发展"个人手势"公开的价值有关，而不是让它们作为一个隐秘的元素生活在一个运算黑箱中。

现代传播技术产生的没完没了的沟通环境把我们的注意力撕成了碎片，我们的人格已经处在"分裂状态"，无法修复。人们可以远离网络，以夺回我对自己注意力的控制权。但这样是不现实的，网络的人性元素发展已经完全为商业活动所屏蔽。网络越来越大，创造出来的信息越来越多，而被消费的内容却越来越少。网页被设计得越来越抢眼，这与传统的阅读模式不同。传统的模式人们消费已经存在的东西。而在这个时代，人们消费的却只是他们从前创造东西——已经表达的兴趣和偏好。

我们的注意力被偷窃。注意力托拉斯组织为之奋斗的基本权利却还不为人所知，这种权利就高斯坦因所说的："你对自己拥有权利；你对你的手势拥有权利；你对你的言辞拥有权利；你对你的兴趣拥有权利；你对你的注意力拥有权利；你对你的意向拥有权利。"

高斯坦因一直在为注意力托拉斯做公关工作，他写了大量有关注意力的文章，目的是要揭露免费的真相，促进公平竞争的、开放的互联网注意力市场的建立。从本质上说，高斯坦因还是一个企业家并且喜欢利用各种机会创建新商业。他希望注意力托拉斯的一系列设想能够成为现实，而自己也能够从中受益。

四　建立注意力合约

注意力托拉斯要培育出一种机制、一种文化，在这里用户能够把他们的"手势"商品化并参与网络价值链的价值分享。注意力数据可以从匿名的数据库中加以利用，这里有三个基本原理："谁"（存储），"什么"（项目），"多长时间"（交互作用）。用这三条信息，就可以对大量的各种各样的人群进行有效的关系分析和推理，形成各种各样的特征群体。这只要用1000个左右的用户就可以得出结论。手势在一定程度上是意向、注意和忽视的信号，包括各种在线的行为，如添加标签、评论、赞成、反对、点击、责骂、投票、搜索、链接等。如果用户在他的数据被他人利用之前能够获得并加以控制，他们就能够决定如何使用这些数据。

实验学派认为，要实现注意力经济的公平，我们必须达到注意力"物主身份"的标准。只有这样下层阶级才会最终推翻网络贵族的统治，消费者在有关他们手势（在线的行为）方面也会变得更加富有经验。注意力托拉斯这样的组织就是要唤醒他们在这方面的觉悟。这并不是建议消费者不要使用以他们的数据为代价的免费服务（例如搜索引擎），而是要求消费者更加清楚地知道当前的"交易成本"。

实践证明，为用户的注意力付款和打折的方式会导致注意力价格暴涨和点击率欺诈。因此鼓励用户与服务商建立长期的注意力经济合约似乎更为合适。这是一种较为正式的关系。高斯坦因对这种契约关系做了形象的描述：比如，要做一个抵押单据，只要在谷歌搜索"资金筹措"，然后填一张表格。在表格上可以提供这样的信息："我希望在星期一9：00联系。"如果成功，那么我在9：00有一个电话，因为我承诺在9：00付出注意力。这是一个契约，如果要其他商品情况也类似。意向信息发出以后，就会有许多人自动竞争你的注意力。你需要进一步决定你打算关注什么。这决定你的注意力日程表。在"TIVO"世界时间被激活成为可以转换的东西，因为它是可以互相替代的，你可以对事件进行自动记录以便有空的时候再看。但无论你在何处，你还必须跟踪它，并在合约规定的时间付与它注意力。它类似书架上的书，我们什么时候阅读有自由选择权。不同的是在网络世界，事情也可以保存。注意力支付的时间也是事先约定的。这里有一定的强制性。

实际上，法律对注意力付出的义务在许多国家都有规定，虽然许多职业并不签订具体的注意力合约，但法律规定它们都有相应的注意义务。

实验学派倡议建立一种新的社会经济学契约，在这里用户的手势成为一种通货，一种交换的媒介。用户的手势通过估价可以换得更好的服务、金钱和打折优惠。

五 实现机制

注意力托拉斯的注意力记录器可以记录用户浏览的历史和点击流。用户能够分析他们的注意力数据，用他们的数据交换一些有价值的东西。用户可以选择与一项服务合作，如高斯坦因的"鲁特市场"，这是一个正在开发的把消费者注意力货币化的金融交易系统，并且提供一个金库服务，就像一个银行，他让消费者能够以一种安全的方式存储和管理自己的注意力数据和潜在的身份数据。

高斯坦因说，谷歌或其他主要网站一般不会准许用户有一个清晰的外在的注意力行为。它们只是提供便利合适的服务。热门网站一直在说用户有他们元数据的权利，但这并不意味着这些网站愿意与用户分享由于他们的注意力而带来的股票升值利润。绝大多数用户并不认真阅读隐私声明。那么有什么办法使他们像商人看待商品一样开始管理他们的注意力数据，或者更为明了地说像对待他们的银行账户一样对待他们的注意力账户呢？这确实让实验学派感到头痛。但从长期看，注意力、手势、身份银行等等都有美好的发展前景，这不仅是流通和身份管理服务的需要，也是网络提高信息传送针对性的需要。最为重要的是处在中心地位的将不只是少数门户网站，还有网络用户。

我们都或多或少地要用动作实时地向他人显示自己的注意力。鲁特市场就是与手势和动作有关的一个注意力交换场所。高斯坦因把 Web 2.0 描述为注意力 1.0，认为这是我们经过的阶段。问题是注意力究竟关乎金钱还是关乎时间？这个当然因人而异，对纽约人来说，可能更多的关注金钱；另一些人可能关注时间或者关注安全；而实验学派则专注于把注意力商业化。

用户的注意力分配问题如果公开，势必涉及隐私。根据高德哈伯的观点，注意力的最好保证是使你的生活尽可能开放，尽快尽可能公开。因为获得注意力你需要给出信息，收到注意力使你产生影响力。高德哈伯把影响力定义为"你得到的注意力与付出的注意力数量之比"。即使不在场人们也可以收获注意力。如果你在读一本书，这本书的作者就获得了注意力。即使作者去世他也可以凭借自己的名声获得注意力。那么，在宏观层面上为什么现在要关注这一问题呢？因为网络服务使得注意力的记录和分配实时化。我们可以通过各种系统及时发送这些数据。

实验学派把鲁特市场看做注意力经济的开放式交易。在这里有一个专门的系统，叫"注意力支付承诺"（Promise to Pay Attention，简称PPA）。当我们把某些东西放在注意力日历中，就是承诺互相支付注意力，形成注意力契约。因为存在着经济和社会的关联，任何一个人如果不能兑现承诺，他的信誉就会蒙受损失。这种注意力经济形态是我们以前很少遇到的。

实验学派的这些做法还与华尔街有关。因为注意力能够被采掘、有价证券化和交易。就像华尔街把抵押支付承诺转化为万亿美元的市场。抵押契约使得所有人都买得起房子。那么注意力契约会给我们带来什么呢？这确实让人充满期待。

你如何花费注意力，什么时候花，你定位在那里，你和谁在一起，你正在看什么，你在点击什么，你在搜索什么，你在给谁发电子邮件，你在与谁聊天，你在给谁打电话，你正在买什么，这些注意力数据都是有价值的。注意力托拉斯组织认为，对于这些数据你应该拥有所有权，即使不能完全拥有，你起码也应该拥有高度真实的副本。

鲁特金库（Root Vault）是一个注意力托拉斯提供给用户存放注意力数据（那些使得你成为你、我成为我的东西）的地方。它具有以下功能：

输入：作为点击流发送注意力到鲁特金库。

储存：仪表显示用户的点击轨迹。

交换：用户可以知道他人是不是在注意自己。

删除：用户可以全部删除服务器中自己的数据，把它移到别处。

注意力托拉斯有许多董事，他们聚集在一起，坚持、维护、实践注意力的财产性、机动性、经济性、透明性这四项基本原则。

六　注意力公司

注意力经济的推崇者对一些传播媒介的工作人员还把自己称为"媒介人"表示不理解，他们甚至认为媒介已经死亡，谷歌不是媒介公司。媒介公司是内容制造者，在媒介消费者和广告客户之间扮演协调者的角色。谷歌所做的不只是这些。它是一个"注意力"交易所。在未来的时间里，真正的赢家不是媒介公司，也不是技术公司，而是注意力公司。许多媒介公司、技术公司都将转化为注意力公司。

注意力经济需要更多关注注意力。注意力托拉斯组织假设：你的注意力就是你在网上所做的事情。如谈话、阅读、标记、发送、博客、倾听以及与他人分享的东西；你选择的网站、社会网络、私人网等等，这些都是你的"足迹"。谈话是你的注意力的一部分，因此谈话也可以成为一个可供交换的商品，形成谈话市场。谈话的附加值通过注意力经济的商业运作可以不断增加。

我们买什么，在哪个银行存钱，使用什么信用卡，居住在哪个社区，这些东西我们几十年来被商家跟踪。网络的情况类似，他们甚至跟踪我们的网页选择、访问持续的时间、观看的顺序。注意力本来是经常被我们忽视的东西，现在是一个常常意识到和要处理的存在。一个好的网站应该监视用户的踪迹，注意用户的注意力，并且用聪明的方法改善用户的经历和体验。

注意力跟踪技术是一把双刃剑。一方面，网络技术拥有潜在的、显示我们心灵图景和引导我们行为方向的巨大力量，这对我们来说是非常有用的。我们可以与家人、同事和朋友共享我们感兴趣的详细资料。但从另一方面看，我们的注意力的每一个小小片段都可能为商家所利用，这也有点让人感到悲哀。一个物理学家写的幻想小说中提到：在2084年，有一个自愿的社会。每人手上都带着一条带，可以记录他的每分每秒的方位和行动。这样到商店购物也不需要自己付钱，信息系统会自行处理这方面的事务。暴力犯罪和偷窃也不会发生，拉一下手腕上的带就能招来警察……当我们选择进入注意力社会的时候，我们的行为是被监控的，这一代价所获得的结果是我们可以在世界范围享受良好的服务，这个社会会慢慢了解我们的兴趣和爱好，并提供我们越来越专门化的服务，而且许多是免费服务。但是既然是自愿加入的，那么我们是否可以根据自己的意愿退出这个注意力社会呢？多数人都有这种担心。注意力托拉斯解决了人们的这种担忧，它让用户可以随时退出。

  虽然多数网站无视用户的注意力，但大的公司一般都重视用户的注意力。有些甚至还非常重视用户生产的注意力。美国视频分享网站 YouTube 是用户上载个人视频片段、分享视频资料的天堂。这家网站被新东家谷歌收购以后开始了注意力草根市场的运作。根据英国《金融时报》网络版 2007 年 1 月 29 日报道，YouTube 网站的创始人之一，查德·赫尔利在达沃斯举行的经济论坛上表示，网站将在今后的几个月内启动用户分酬系统。实际上，其他的一些视频分享网站已经展开用户分酬机制，如 Revver 网站等。用户如果上传受欢迎的视频片段，为网站带来广告收入，他们就可以从网站的广告收益中分得一定数量的酬劳。这种做法是为了促使"播客"积极创新。

  在实验学派的一些学者看来，真正理解注意力经济真谛的公司会根据用户的搜索提供给他们可能需要的东西，而不是设法卖给他们东西。它们尊重用户的兴趣、珍惜用户的时间,并且设法帮助用户。它们追求的是双赢。我们比以往任何时候都注意公司对我们的态度,在乎它们是否重视我们。我们需要对话,需要尊重。我们既不是商品也不是商品推销的对象。我们是我们所访问的网站的投资者,我们是自身注意力资产的拥有者,我们是追求生命意义的人。

因此我们可以设定一个判断公司的标准:"好的公司尊重你的注意力;差的公司滥用你的注意力;一般的公司无视你的注意力。"

第三节 建立注意力标准

高斯坦因写了一系列关于媒介未来的文章,花了大量的时间和精力建立各种各样的数据服务项目。注意力托拉斯曾经在谷歌的"注意力"搜索中排名第二。他的许多公司看起来好像在处理大量互不相关的行为。但如果有足够的时间研究,就会发现它们之间都以一种深奥的方式互相联系。它们都在处理用户的互联网使用行为,并且拥有一个共同的目标,即最大化网络数据的信号/噪音比,以便得到用户个人注意力复制的最高保真度。当然这绝非易事,因为在注意力的有效分配和 TCP/IP 协议之间的界面并不那么友好。为了改善这种状况,注意力托拉斯组织力图建立一系列新的注意力标准。

一 把注意力看做物质

注意力天生具有不稳定性和模糊性。高斯坦因解释说,描述注意力就像在一间四面都是镜子的屋子里拍摄电影,要把摄像机从画面清除是不可能的。这有点像海森堡测不准原理,测试方法势必改变对象本身。虽然网络上被动的动作数据提供了更为纯粹和准确的注意力指示器,但当我们回顾注意力历史的时候,就像捕捉自己的影子,始终难以抓住。收视率、评论和链接,等等,这些东西在反映注意力的同时也改变了注意力的实质。

人类注意的"对象"具有"吸纳"注意力的能力,我们讨论的自然和社会对象都是被注意力加工过的东西,带有主观的因素。在某种程度上我们都能够以人格化的方式思考其他任何东西,如把大自然的力量看做某种神,把玩具娃娃看做有付出和获得注意力能力的人。

"完形"(Gestalt)是高德哈伯为研究注意力经济提出的一个概念。它是指一个人的注意力付出或当一个人注意另一个人时的心理状态的综合。我们把抽象的、非物质的信息通常感知为具体的、我们熟悉的东西。对于我们熟悉的人和事,尤其是人,如果被外部信息和他人所提示,就会在心理上产生回忆,出现一幅可见的图像或直接的感觉,我们就可以想起他。因为任何一个方面的外表都会再一次促使我们心理与对象进行重新结合。换句话说,它促使我们倾向于进一步付给他注意力,并不断补充新的内容和新的信息。一个信息片段都会产生一个相对完整的"对象"的回忆。这可能就是高德哈伯所说的完形。这些信息片段包括脸、身体、典型的动作和声音的风格、体味、风度和衣着的色彩习惯,还有发式,等等。

另一个关键的外表是对象的名字,名字包含了我们对这个人所有信息的积累。如果进一步扩展,这些信息片段还包括对象的情绪、情感、姿态特性、特有的欲望和野心、意志力和聚焦点。它们还包括谈话和写作的风格、表达和思维的方式、对自己的看法和语言的使用、签名特征、典型标志、装饰品和音乐符号等等。

实验学派中一些人受到高德哈伯这一理论启发,开始用自己的眼光看注意力。他们把注意力像物质材料一样看待,就像语言和液体一样从一个人身上传递到另一个人身上。高斯坦因指出,我们对注意力的认知框架需要从被动、抽象的比喻转移到积极、具体的比喻。

注意力是无形的,就像风一样看不见摸不着。但风可表现为姑娘飘逸的长发、依依惜别的杨柳、一波迷人的涟漪,注意力亦然。

实验学派发现用户控制着他和他的社交网络的媒介,这种媒介能够创造新的商业关系。因此传统的媒介公司需要新的价值创造模式,这种模式应该立足于用户的网络手势,而不是生产迷人的内容。这个被网络记录下来的手势就是实验学派所说的物质化的(或者说对象化的)注意力。

我们的网络行为透露了我们的身份、我们的意向和我们的注意力。(见图8-1)

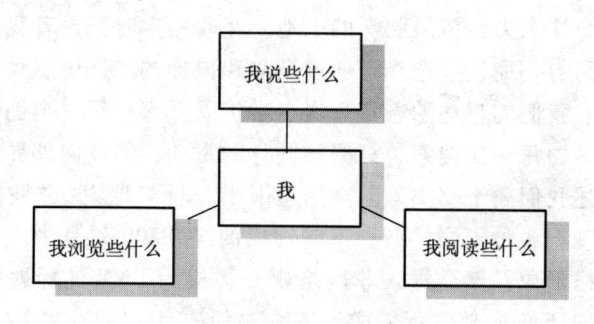

图8-1 物质化的注意力

二 新沙龙

网络手势就是用户的身姿,身姿具有自我叙述的功能。高斯坦因用沙龙做比喻。他说,沙龙是提供互相关注机会的交际场所。在18世纪,沙龙是资产阶级消费、思考和讨论艺术和文化的私人场所,这是一个真正的寻求注意和被注意的场所。今天我们付钱参加一个完全不同的沙龙，我们试图增加被看到的机会。通过对我们身体的包装和加工，通过修饰我们的脸部和眉毛，我们也可以做自己的广告。我们可以吸引、留住甚至迷住从我们身边走过的人。我们付钱以增加我们被看的机会，吸引人们，让他们产生期待、并讨论我们。我们付钱目的是获得他人对自己的关注。

在现实世界我们的手势和姿势被不断地解读、表达并被公众消费。而且这些姿势的不断积累被人们用来预测我们的未来行动。网络手势显示了我们个人的经历，谁能够解读这种"手势"谁就能赚钱。如同高德哈伯所言，注意力经济是以前从来没有出现的一种经济，这是一个与工业时代完全不同的生活模式，它涉及的是注意力的寻找、注意力的获得和注意力的付出。

如果注意力真的是当代人类社会关注的焦点，那么互联网无疑是培育注意力经济最肥沃的土地。互联网实时记录着我们的选择和注意力，而这些选择是通过键盘和鼠标的二进位制手势显示出来的。我们的自述随着每一次点击扩展开来。每一个创造的标签或链接，每一次搜索、订阅和同意的举动，都在向外界展露自己，叙述我们属于那类人。高斯坦因半开玩笑地说："我们的象征会出现在各种不同类型和不同规模的 TOP100 列表中。并且我们的网络形象甚至会进入非网络媒介，成为 CNN 的标题新闻并参与美国偶像选举。我们或许不会被没有固定职业的摄影师跟踪，但电视节目可能会抢先一步。"

实验学派认为，互联网是一个所有产品和消费的动力场所，一个我们熟知的模式被彻底颠覆的地方，一个物料被作为动力消耗而产品到处飞行的地方。社会学、心理学、经济学都争夺和扩大自己在这一领域的疆土。我们有标签、链接、交际网等新的媒介形式，它们随时随地被每个人创造也为每个人所用。作品的创造速度要远远超过消费速度。力量和价值都发生转移，成为要重新定义的东西,甚至我们的人格也需要重新定义。

三 注意力标准与注意力立法

尽管注意力经济让人着迷,它的概念也充满吸引力。但是有文章[1]称,注意力经济的全面实现还有很长路要走。要进入注意力经济时代,需要让所有用户都能控制自己的注意力信息,而这一项任务的艰巨性超越人们的想象。这里的关键是注意力标准与立法问题。

现在我们已经知道,注意力经济的一个重要前提是人们能够控制自己的注意力信息,并使用这些信息获得产品和服务。但现实情况是,注意力信息散布于互联网的各个角落,储存在不同的"仓库"里。要打破现有的注意力"仓库",创建真正的注意力经济,涉及许多方面,需要时间和等待。

人们一直想搞清注意力的本质,但也有人认为本质或许并不存在,我们需要的是认定注意力的标准。在网络世界,当我们与信息交互时,我们也就在不知不觉中显露了自己的注意力。注意力可以分为外在和内在两种:例如,标记一个网页或者为电影评分就是外在注意力,而多次访问同一网页或者花时间阅读一篇文章就是内在注意力。比起内在的注意力,外在的注意力更加容易被观察到。注意力信息的重要价值之一,在于从中我们可以获知一个人乃至一个社会的兴趣所在,注意力的流变反映了欲望的变动。

网络把我们的大部分注意力都储存在各种各样的"仓库"之中。我们虽然可以获得一些这方面信息,但非常不方便。了解了注意力经济的诸多好处,很多消费者都希望能够参与其中,但

---

[1] 马丁:《美著名博客称注意力经济距离现实仍遥远》,《新浪科技》2007年8月1日。http://tech.sina.com.cn/i/2007-08-01/08391649503.shtml。

悬而未决的个人信息所有权问题让他们难以如愿，这里不仅涉及技术问题，更为重要的是它与利益分配密切有关，这需要通过立法给予保障。一些网络公司用它们的服务换取我们注意力信息的所有权，在整个社会都被认为是天经地义的事情。注意力托拉斯组织发起的争夺注意力所有权的运动遇到了来自文化方面的阻力。

在金融行业，如果哪家银行不能为用户提供财务交易信息，肯定会受到严厉的指责。如果说媒介是注意力的金融系统，那么这些网络公司为什么不提供我们注意力交易的信息呢？从服务的角度来看，银行和亚马逊没有什么不同，因为它们都是服务，都与用户进行交易。（参见图8-2）

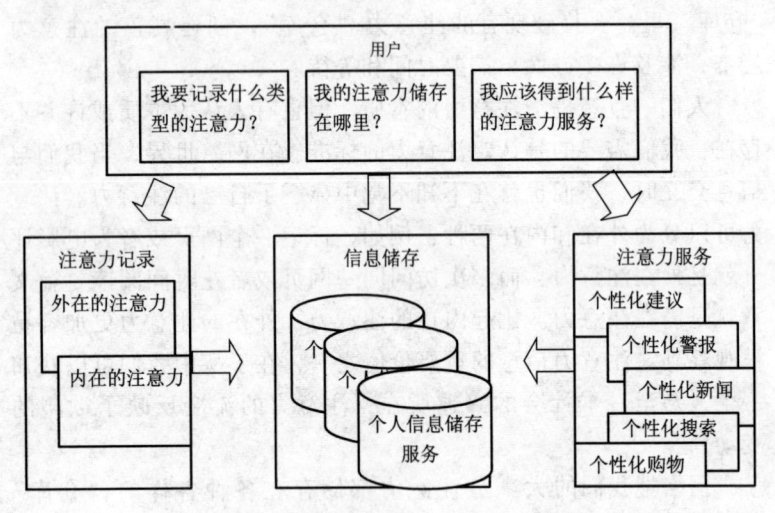

图8-2 用户掌控的注意力经济

资料来源：*The Attention Economy：An Overview*，by Alex Iskold / March 1, 2007。
http://www.readwriteweb.com/archives/attention_ economy_ overview.php

要改变网络公司与网络用户目前在注意力交换中的不平等状

第八章 注意力托拉斯

况,我们需要有专门组织和立法者介入,制定相关的规则和标准。在这种情况下,出现了注意力托拉斯组织,这是一件值得庆幸的事。遗憾的是这一组织的注意力标准推广并没有取得太大进展。

马丁认为,我们需要一套完整的注意力标准。它的目标是确保注意力信息的"准确性"和"便携性"。有了注意力托拉斯组织的工作基础,注意力经济发展所面临的困难将不再是定义注意力标准,而是游说立法者,并促使全行业达成共识。

注意力标准建立的过程,实际上也就是注意力商品化和货币化的完善过程。

问题:

1. 注意力托拉斯组织努力的价值在哪里?
2. 在现实社会和网络世界有没有建立注意力契约的可能?如果有会有哪些形式?
3. 注意力如何"产品化",这种产品的交易如何发生?
4. 传媒公司是注意力公司吗?未来的注意力公司会有哪些类型?如何建立注意力标准?

第九章 颠倒的买卖

意向经济只关乎市场，而与行销无关，是买家寻找卖家，而不是卖家寻找买家。

——道克·西尔斯

本章重要人物介绍

道克·西尔斯（Doc Searls），1947年出生，《丽纳科斯》（Linux Journal）杂志高级编辑，著名专栏作家。美国加利福尼亚大学圣芭芭拉分校信息技术和社会研究中心访问学者，哈佛大学伯克曼互联网和社会研究中心特邀研究员。1999他与人合作出版了具有广泛影响的《克鲁宣言：传统商业的死亡》一书，阐述了"市场就是话语"这个主题。西尔斯不仅对博客运作有着深刻的思考，他自己写的博客也一直为大量的网民所关注。2005年他获得了谷歌奥瑞力开放资源奖。在注意力经济学派中，他与众不同，反其道而行之，主张用意向经济来取代注意力经济。意向经济的概念一经提出，引起了一场广泛的讨论。短短一年的时间，就形成了滚雪球效应，在注意力经济学派中分裂出一个支派。

广告是现代社会营销的基本手段。一方面，我们无法想象，

第九章 颠倒的买卖

如果没有广告这个世界会变成什么样；另一方面，社会对广告的谴责越来越多，广告让人窒息，它用谋杀时间的方式谋杀生命。广告的竞争近乎相互毁灭，人们想逃离广告。那么有没有这么一条通道呢？意向经济的思路或许给我们指明了方向。

第一节 意向经济

"行销锁定的目标有两个：一个是那些会花时间省钱的人，另一个就是那些会花钱省时间的人。我们发现属于后者的越来越多。"[1] 在注意力经济学派中，有一部分人的观点与主流的观点有些不同，他们谈的不是注意力，而是意向。在为2006年的新兴技术会议确定主题时，许多人争相抛出"注意力经济"。当时西尔斯就出现了意向经济的想法，不过那时他只是一个听众，没有发言的机会。经过一段时间的思考以后，他把对这一问题的思考写成了文章[2]，提出了意向经济（The Intention Economy）的概念。并于2006年3月在网上发表。

一 买卖关系的颠覆

西尔斯是注意力经济实验学派的重要人物斯蒂夫·基尔墨（Steve Gillmor）的好朋友。在事业上有密切的合作。对基尔墨比较了解，他认为基尔墨在注意力经济问题拥有发言权，因此一直希望基尔墨在会议上能对注意力经济说些什么，但是，这次会议基尔墨并没有发言。关于注意力经济，基尔墨曾经在许多场合有过多次发言，甚至通过广播做过"注意力技术"的专题演讲。

---

[1] 肯·萨可瑞著，岳心怡译：《注意力行销》，汕头大学出版社2003年版，第36页。
[2] *The Intention Economy*, by Doc Searls, Linux Journal, March 8th, 2006.

但西尔斯也承认,即使全神贯注,他也只理解了基尔墨所说的一小部分,因为太专业。

广义上说,我们大多数人都在以各种不同的方式从事商业活动,就如一篇文章所说的,我们每个人都需要依靠出卖一些东西来生活,商人出卖商品,牧师出卖精神舒适,教师出卖知识,哲学家出卖智慧,乞丐出卖怜悯。我们都是需要买家的卖家。面对注意力经济主流学派强大的声音,西尔斯对他们观察问题的角度提出了一个实质性的问题,即他认为许多关于注意力经济的讨论,都是从卖方出发,而不是从买家出发。这是一个方向性错误。

现在媒介依然依靠广告生存,最为成功的网络经济也是如此,如谷歌的经济收入几乎全部来自广告。广告的有效性让人感到悲哀。广告交易中有一种流传甚广的说法:"我知道广告的花费一半是浪费的,但我不知道是哪一半。"虽然谷歌可以在根本上改变这种状况,但目前它仍然产生大量的浪费。只有浪费的部分(即非广告目标受众)在买卖双方都能够接受的范围,交易才能成功。

西尔斯反对传统的广告,而主张用"引导"的方式实现商业目的。他说,"虽然对我来说'引导'比'眼球'听起来不顺,但至少'引导'把我看做是潜在的购买者,而不是哪些受到广告说服影响就可能成为购买者的'消费者'"。任何一个人都有这样的经历,大众广告行销只是在数量上的积累,而对个体来说它的效果几乎是零,我们接收的大量广告信息对我们和商家来说都是没有价值的。广告缺少的是针对性。

由此,西尔斯有了"意向经济"的想法。意向经济不是围绕着卖家而是围绕者买家成长。它的方法是基于一个简单的事实——买家及他们的购买意向是金钱的首要来源。我们不需要用广告来打动他们。"意向经济"是有关"市场"而不是"行销"。意向市场是一个客观存在,没有必要通过行销制造"意向市场"。

意向市场建立在一个真正的开放市场基础之上,顾客不需要像蜜蜂那样从一朵花飞到另一朵花采集,它是对交易信息的集中。在意向经济买家向市场通报他们的购买意向,卖家对买家的购买进行竞争,这有点像政府的采购招标。意向经济的建立不只是围绕着交易,它还与交谈的内容、关系、名声、权威、尊重等都有关。在这个市场,买家要像卖家一样挣得信誉。意向经济是买家寻找卖家,而不是卖家寻找买家的过程。这对传统的买卖关系是一种颠覆。

在意向经济中,用户是中心,用户的要求可以非常个性化,甚至可以近乎"不受限制的"。中国电影《甲方乙方》是对这一市场的一个文学阐释。这里所提供的服务就是帮助你实现你的愿望,满足你的个性化需求。

意向经济在网络媒介的实现还包括个体对个体的交换,有许多非常个性的需求满足只能从另外极少数个人身上获得,因此网络的个性化交易也就在民间得以发展起来,这里还包括了技能的交换。说得再广义一点,在网络世界甚至还可以用语言来换得一份情缘。但这种解释就回到了高德哈伯理解的注意力经济,他与传统的涉及金钱的市场经济完全不同。

二 一个概念"雪球"

虽然西尔斯几年来一直想为充分的个性市场大声疾呼,但他却没有为这一即将出现的市场找到一个合适的词来形容。在新兴技术会议上关于注意力的问题一直争论不清,所以他才提出用形容词"意向的"来代替注意力,"意向"准确的表达了个性市场最为本质的东西,因为经济最为实质的问题就是要充分尊重顾客的购买意愿,而"意向"包含了这层意义。意向是一个没有任何外界拉力的心理倾向,具有引导注意力的作用。意向经济虽然是西尔斯一时的想法,他只是提出了一个核心概念,但这个概念像雪球一样越滚越大,许多人对这一提法表现出极大的兴趣,并不断加入他们的新思想和新观点。

意向经济必须建立在免费软件和开放资源的基础上,需要的是实践、标准和代码。它不需要任何公司的平台和环境,因为没有一家公司能够包办意向经济,这项工作的完成必须与周边合作。换句话说,意向经济不能画地为牢,单一的商场是好的,但商场只能让人在商场里选择。西尔斯虽然也看过部分高德哈伯的文章,但对他的思想了解非常有限,他不完全赞同高德哈伯所说的注意力经济,坚持认为需要从购买者个体到整个卖方环境对经济和市场进行彻底的审视,并为购买者能够从市场获得他们想要的东西建立技术上的解决方案。这不是销售者如何获得购买者注意力的问题。

表面上看西尔斯与其他学者谈的注意力经济完全是两码事情,但实际上两者却有着非常紧密的联系。他的意向经济对流行的、肤浅的注意力经济观点是一个颠覆性的革命,但对具有思维深度的主流经济学派的观点并未形成冲击,相反起到了一种极好的补充作用。

"意向经济"是一个非常好的重要术语,从某种意义上来说它还具有统领全局的作用,因此不少学者都旗帜鲜明地支持意向经济的提法。[①] 经济以"短缺"资源交易为基础,这恰恰说明西尔斯观点的正确,因为消费者购买意向就是短缺的东西。抓住了意向就抓住了注意力。佛兰明·方切(Flemming Funch)评论说,注意力经济不在中心位置,真正占据中心地位的是西尔斯所

---

① 但也有人认为,"意向"通常是一个更为高尚的词,它不只是想要在市场上购买东西,还包括人生的目标。

指的"意向经济",它有关"我"和"我想要"的东西,而这恰恰被传统的广告所忽视。

三 买卖双方的力量转移

问题不在于注意力还是意向,而是买方市场还是卖方市场。或者说得更恰当一点,是我们应该把注意力集中在需求的东西上还是供给的东西上。在工业经济时代,资本主义市场大量生产廉价的产品,并使人们确信这些都是他们需要的,应该买下。这与他们是否真正需要没有太大关系,与他们是否还有其他更需要的东西也没有关系。现在,新技术使每个人可以获得不同的东西,这就是大规模个性化定制(Mass Customization)。计算机制造商可以为个人专门定制一台计算机,旅行社也可以为个人专门安排一个旅游计划。

西尔斯指出,目前大公司控制的市场仍然很大。因此,不管是不是我们需要,它们的首要事情还是设法说服我们购买其产品和服务。由此可见,意向经济的实现需要消费者强有力的组织。如果大多数消费者能够提供充分有效的信息,情况就会发生变化。许多买方组织就会出现,消费者选择的机会也会大大增加,甚至可以主导整个市场。

可以设想,只要有一个能够聚集需求信息的网站。我们就可以首先集中购买需求,然后再寻找产品和服务的提供者。如果有一个系统能够在一个较大的大范围迅速做到这一点。那么,我们就可以代表买方为每个人寻找到合适的产品和服务。拥有这么一个庞大的买方联盟,我们可以要求厂家满足我们每个人的特殊要求。这种买卖关系将是全新的。

如果不止一家厂家愿意提供服务,那么我们就可以倒过来拍卖我们的需求意向。只要消费者足够强大,就可以做更多的东西,甚至可以做我们自己的商业。这与"抓住眼球"不同,仅仅"抓住眼球"做不了这些事情。一旦消费大众因某一共同需求以某一种方式组织起来，就会产生一种新的功能，形成一种新的力量，能够做一些个体无法做到的事情。他们可以有更多讨价还价的能力，可以有更多的选择，甚至永远拒绝某一种产品。

相对于产品，消费者突然成为短缺的商品。今天，公司不得不对消费者竞争，不过分散的消费者在许多方面还不能与商家抗衡。但如果消费者是一个"大块头"，卖主就不得不向他们屈服，满足其要求。西尔斯认为把这种经济称为"需求经济"、"要求经济"、"买主经济"都不合适。这是一个分散市场的集合问题。就像任何人都可以有博客，每一个博客都可以成为企业联盟的成员，每个人都可以展示自己的许多内容。把所有这些集合在一起，就可以与大众传播媒介竞争。我们可以把意向经济活动想象成与这类似的东西。

因为消费者利用网络能够以前所未有的效率和规模组织起来，经济力量开始向消费者一方转移。网络给了消费者强有力的组织工具。当然，人们以群体的力量来获得自己想要的东西并不是一个新生事物。真正让人感到新奇和兴奋的是，大量持有类似想法的市民和消费者能够轻易地借助网络组织起来，并在全球范围施加影响。

四 意向的经纪人

在新兴技术会议上，还有一位学者菲尔·文德理（Phil Windley）对注意力经济的提法表示不同的意见。他一直在忙于给人们"说的话"编年史。这项工作是由道克·西尔斯奠定基础的，他认为谈话表达了人们的意向和注意力，并在这里发现了一种研究注意力经济的新方法。菲尔·文德理认为道克·西尔斯与其他学者不同，其他人见木不见林，西尔斯的见解更加到位。他甚至感言，西尔斯不仅应该到会，而且应该在大会的最后一天

第九章 颠倒的买卖

阐述自己的全部观点，为今后的讨论设定基调。注意力学派的研究应该翻个个，转而讨论意向问题。

当然会上也涉及一些与意向有关的事情，最有意向性的谈话是波连·第尔（Brian Dear）所声称的"梦想的事"。在西方，已经有一些网络公司给予买家表达他们意愿的机会，这是梦想实现的重要一步。

菲尔·文德理一直在外围跟随注意力的讨论，他注意到早期问题争论的焦点集中在"我拥有自己注意力数据并应该能够以普通形式得到"的主张上，这是注意力经济的一场启蒙运动。但是，西尔斯的意向经济概念提出以后，意向一方被一些人认为具有更为强大的力量。因为人们更愿意商家利用我们的意向，它比其他方法更关乎我们的注意力。如果说注意力资源短缺，那么意向资源更为稀少。菲尔并不忌讳声称：较之赛思·高斯坦因所说的注意力支付承诺（PPA），自己更喜欢"意向"这个概念。虽然如此，他并不放弃注意力的概念。相反，菲尔还在积极寻找注意力与意向之间的联系。他认为最终连接意向和注意力的是经纪人，他们能够通过经营把意向表现为（其他人还没有想到的）对商品和服务的现实需求。从意向到注意力，这条道路通过这些经纪人的引导将变得不再神秘。

"库得思比"（Crowd Spirit）是一家网站，它扮演着消费者意向经纪人的角色。它虽然只是开始，但是已经显示了网络经济的一个重要趋势。这家网站不仅可以让消费者聚集到一起购买商品，而且也可以决定他们愿意看到什么类型的商品被开发和生产出来。

它工作方法如下：

第一步：在社区发布一个想法，并进行协调精细化，最后选出一个最好的主意。

第二步：最好的想法和它们的产品规格通过该网站的搜索被

共同定义下来，制造商合伙人、团体投资者开始筹措资金开发产品。

第三步：第一个产品生产出来后，通过团体的测试以更好的符合大家的需要。

第四步：借助该网站的供应链，消费者购买产品。社区继续关注产品的服务支持系统，并把产品推荐给零售商。

实际上在网络世界，还有许多群体消费力量展示的例子，其中包括克里斯考派公司，在这里消费者可以获得旅行代理，对旅行的费用进行砍价。在爱阁扉网站，潜在的买家可以预定市场上并不存在的房子，这样潜在的卖家可以了解他们的物业被需求的程度。易凡得福公司则可以让特定城市的音乐迷表达他们要求自己喜欢的乐队到他们这个城市演出的愿望。荷兰消费者联盟的25万名成员联合起来与保险公司、石油公司、电力公司进行谈判，以获得巨大的价格优惠。中国国内也有一些经营意向的网络公司，专门为互联网用户定制个性化、自定义的商品。

如果说网络的第一浪为门户网站，第二浪为游戏和搜索引擎，那么为用户提供个性化的解决方案就是第三浪的一个重要特征。有人在博客上评论说，"意向经济"的提法确实有其新意。但是，类似的做法早已有之。如招标、求租广告就是发出购买意向以寻求卖家。古时候闺阁小姐抛绣球也是对"意向经济"的有益尝试。买家主动发出购买意向，能够极大地减少卖家寻找目标客户的成本，买家也能获得更为合适的产品和服务，但为什么这么多年来都是卖家广告占据绝对优势呢？原因在于信息发布成本。买家之所以愿意花钱发布购买意向，是因为可以从卖家的竞价中获得高于发布费用的收益。互联网的出现，打破了信息发布和信息获取的双重障碍。事实上，已经有不少人在网上发布自己的购买意向。意向经济包括了个性化的服务，这需要群体协调一致的行为。

在意向经济中旅游行业是相对成熟的，它能够根据消费者的意向在较大的范围内整合各方面资源。意向的表达还催生了潜在的销售者和生产者。商品和服务的提供者可以根据意向网站，了解需求是什么，需求的量有多大，什么地方有需求，消费者出的价格是多少等方面的信息，这对买卖双方都有好处。意向经济是减少信息污染，实现绿色经济的有效途径。

第二节　意外的丢失

意向经济学派的支持者坚信，在新经济中，消费者只需要表达他们的购买意向，事情就这么简单。但是，是有了注意力才有意向，还是有了意向才有注意力。意向与注意力到底谁通向谁？这是注意力经济学派内部观察角度不同形成的分歧。

一　得到的和失去的

意向经济给人们注入了一针兴奋剂。在这里，人们发现有一个从根本上向个体方面转移的平衡力量，人们将宣布他们是什么类型的买主，他们要发起、主办和赞助有关他们自己的内容，卖主可以有发言权，但只能小心地围绕着用户的内容。广告信息会越来越少，取而代之的是与客户更多的互动和沟通。广告主将不得不投入更多的精力倾听，而不只是跟踪和分割客户。这样，对商人来说，如果不能卖出产品就不要试图通过广告改变状况，因为它是徒劳的。消费者将发布他们的"愿望"清单以供商家浏览和了解。商家传播的信息虽然对消费者的选择还起作用，但影响程度远远不及他们朋友的评论、建议、忠告和示范。

因为传统意义上的广告减少，消费者可以少受商业信息骚扰之苦。但是有人推测，消费者匿名获得免费的内容也会变得困难，无钱的人会发现越来越难以获得免费的内容。这意味着需要一个非营利组织,其任务是建立一个人人都能够享用的内容服务。

意向经济的提出在内在逻辑上并不否认注意力经济。但是目前人们并没有把握注意力经济学派主要代表人物高德哈伯的观点。多数评论者把注意力经济看做意向经济,在那里注意力等于(购买)意向,人们对注意力经济的解释都是关于"销售引导",把注意力当做货币。但是高德哈伯的论文相当激进,人们还没有付与他足够的注意力。他是说注意力独立于金钱,有其自身内在的价值。人们在网上寻找注意力,他们希望付出少得到多。多数用户并不想把注意力转换成其他什么东西。他们在为自己寻求注意力。无疑,注意力经济不会代替金钱经济。但是它不只是我们熟悉和喜爱的金钱经济的一个分支,意向经济更不能取代注意力经济,它只是注意力经济的一个部分和一种表现形式。

二 购物顾问

在意向经济追随者中,约翰·汉哥(John Hagel)也是其中一位。他既推崇意向经济,又对它的局限性进行了批判分析。汉哥之所以推崇意向经济,是因为西尔斯把他7年前在《网络价值》中提到的颠倒的市场概念很好地表达出来了。卖主寻找买主的传统市场,通常是卖方处在优势地位。与此相对,顾客寻找卖主并从卖主那里提炼和萃取价值则表现为颠倒的市场特性。汉哥在《网络价值》中提出了"购物顾问"的概念,它代表从促进传统市场到颠覆传统市场转变的一种新的商业模式。这些购物顾问将扮演顾客个体行为代理的角色,以帮助他们发现有价值的资源并从卖主那里汲取更有价值的东西。因为多种原因购物顾问的商业模式还没有启动,但这里蕴藏着巨大的商业机会等待开发。

虽然汉哥喜欢西尔斯的许多观点,但他认为意向经济看待机

第九章 颠倒的买卖

会的观点还是太狭窄。聚焦购买意向使我们忽视了意向最初是如何出现的这一关键问题。在一个选择权爆炸而注意力短缺的世界，我们如何找到资源（产品、思想、人等等），甚至包括那些我们没有想到要寻找的资源？一种选择是我们等待卖主找到我们并"俘获"我们。另一种选择是依靠了解我们并且值得信任的朋友或代理，他们介绍给我们新资源，这些资源有些我们原来并不知道。因此，注意力经济是一种从消费者角度描述机遇和挑战的更有丰富内涵的方法。

在西方也有一些学者认为，意向经济虽然解决了一些广告存在的问题，但是彻底放弃广告又会带来新的问题。如果消费者非常清楚自己要什么，比如只是需要最优惠的价格，最好的产品，那么意向经济当然很好。但许多时候消费者并不知道他们要什么，而且许多商品的消费带有符号性质，商品的附加值和符号的意义一般都离不开广告的作用。广告具有生产商品附加值和把商品符号化的特殊功能，不少新产品和新服务需要通过广告告知。一些人喜欢逛商店，这本身就是一种体验，还有些人把看广告也当做一种享受，如一些杂志的广告。我们不喜欢的只是一些营销活动的过度骚扰。不喜欢过分宣传和强调我们不需要的东西。我们需要与那些了解我们需要、值得我们信任的公司进行沟通并建立关系。它们能够给我们最好的产品和服务。

注意力经济关注卖主对关键性的注意力资源争夺，这种争夺战的最终结果导致力量从卖方向买方的快速转移。这对消费者来说也是一个最大的挑战——如何增加注意力回报以从这短缺资源中获得尽可能大的价值。一旦消费者购买意向形成，部分回报来自最佳卖主。但是还有更多的价值来自我们意外的发现——这是互联网创造的真正的机会。它去除了商品货架空间的约束，使我们能够获得世界上提供的任何东西。

汉哥举例说，西尔斯知道在戈登市可以滑雪并且有一个租用一辆汽车去那里的意向，但他如何才知道在智利提供的一个滑雪场比这个还要棒？有些机会可以通过个人的网络冲浪和意外的运气获得。部分可能来自朋友和各种形式的交际软件，这种软件把消费者暴露在广大有兴趣的利益相关者视野中。但汉哥坚信许多机会来自可信赖的代理对消费者行为产生的影响。而软件技术可以放大这种影响能力，对商家来说，还有机会利用代理服务的工具对消费者施加影响力。

汉哥指出，在注意力经济中，真正的赢家将是那些能够帮助我们扩展视野的人，而不是那些只知道我们当前意向的人。他们对我们的兴趣和需求有着深刻的理解，并能够提供我们有价值的资源。这只要比较一下值得信赖的顾问和只能完成交办事务的办事员就明白了。

三 行销时代的结束

西尔斯的《意向经济》的文章发表以后带来了极大的关注，除了以上几位学者的评论，还有许多学者已经接纳西尔斯提出的观点，包括琼·阿德尔（Jon Udell）的《控制我们的数据》和斯道·博德（Stowe Boyd）的《道克·西尔斯的意向经济》，这两篇文章都表现出对意向经济的兴趣。《意向经济》一文还被某个著名网站置于"今日最受喜爱的内容"目录的顶端。为了对此做出回应，激情未了的西尔斯又发表了一篇题为《行销和意向》的文章，继续阐述他对意向经济的看法。他大胆声称，行销时代已经终结，我们开始了市场的新纪元。

根据西尔斯的观点，行销经济不是一个市场经济。在行销经济中，商家一方面千方百计卖出自己的东西，在另一方面则想尽办法控制消费者的行为，限制他们的选择，他们只是被当做"消费者"看待。市场经济是这么一个状态，在这里买卖双方都是独立自主、不受约束的，能够自由地做出各种选择。西

第九章 颠倒的买卖

尔斯认为这两种经济差别很大。但因为我们在行销经济中待得太长，我们已经习惯了它，并把它当成很自然的事情。许多人甚至包括公认的经济学家都深信自由市场只能一个商场一个商场地选择，这些商场与其说是为消费者服务还不如说是给消费者设置的陷阱。

他借用地质学的语言说，行销经济繁荣于工业时代的大众行销的时期，现在这两者都走向终结。同样，恐龙繁荣于中生代的白垩纪时期，当流星撞击地球并改变了一切时，也就宣告这两者的结束。结束大众行销时期和工业时代的流星是互联网。但它并不是把旧世界付之一炬或撕得粉碎，而是给予每个生命一个更美好的世界去从事商业和文化。用纯粹的商业术语来说，网络世界对市场的适应要远胜过对行销的适应。真正的市场经济正在出现，网络已经为我们营造了最好的环境。

也有人把西尔斯的意向经济理解为"意向的网络"——注意力与我们的网络行为把我们自己扩展和延伸出去。用这种方法告诉他人我们需要和正在寻找的东西（意向）变得更为自然。有人为了检验"意向经济"的有效性，还专门做了试验。他的洗衣机坏了，部件和特性又不能很好地描述，他的意向是解决洗衣服问题，于是他在网上寻找帮助，希望两个星期内能够解决问题。结果参与提建议的人很多，解决方案也很多，而在诸多的方案中做出选择还需要花注意力。看来意向经济还是离不开注意力经济这一基本的问题。

不过一些精明的商人已经开始搜索网络中出现的意向。一些公司则从网络"听取"人们对公司的评论，这里可以发现消费者的意向。意向经济还只是起步，它是不是注意力经济的下一步进化还有待于观察。如果不能看清前面的路，我们就会被眼前的东西迷惑，迷失我们的方向。

第三节 众说纷纭

许多有识人士已经看到，在一个日益网络化的世界显示意向经济的成功只是时间问题。应用软件会不断发展，各种专门工具将大量出现，购买者和人的行为也会因此发生变化。这些每天发生的小小变化以及它们产生的影响逐渐汇合，最终会刮起意向经济的旋风。但是，现在还只是在积聚能量的阶段。

一 意向标签

杰米·保仑哥（Jeremy Ballenger）认为许多在博客世界的交易就已经有意向经济的倾向。在不远的将来，如果管子爆裂，可以张贴一个标签，附近的水管工（用某种搜索工具）就可以把事情办妥，人们还可以以此方法得到其他商品和服务，这将加速行销的死亡和新商业的诞生。他大胆猜测：意向经济已经到了，我们没有注意到它是因为我们认为自己在寻找其他东西。当人们真正联合起来的时候，我们寻找的东西就会到来。

意向经济需要把技术、商业、交际网络、行为和经济联系在一起。一些实践者进行了各种实验和尝试，他们的理念是首先要为人设计，其次才为机器设计。这些人主张在网络社区设立新的行为标准，即意向标签之类的东西，这样，商家就会瞄准人们购买的意向。"43件事"就是亚马逊公司建立的这样的一个服务平台，人们在这里可以公开列出43件他们想要的东西，相关的网络群体会帮他解决问题。

意向与注意力并不对立，他们处在同一系统之中，起着相互补充的作用。用贴标签来表达对服务的需要，使得我们的意向非常清晰。

但是这里也有一些不足，就是自己必须有意识地把意向表达

第九章 颠倒的买卖

出来,只有通过网络行为自动生成的数据才能够更好地显示意图,注意力经济才会变得更为完善。意向在这里成为自然的流露而不是刻意的表达。

不少人支持意向识别自动化,但动机问题还需要分析。因为自动的意向识别毕竟还是机械的,而人是一个非常复杂的动物,如果意向的表达经常化、标签化,那么在交际网络中家人、朋友、同事和读者的意向标签如何处理?我们每次提到他们是不是都应该有他们的意向标签?这样是不是每人在网络世界都有了意向标签,它把人们的意向清晰地表现出来,网络成为人们欲望展示的世界,这种情形是一个奇观。但是这种做法也可能带来意想不到的问题,借助网络,意向经济可以给人们带来他想要的东西,但隐私和欲望的透露会不会带来危险?我们不能确定自己的意向是否可以最终实现。

杰米认为完整的注意力和意向经济将包括直接的和含蓄的手势两个方面。一旦必要的技术基础建立,从用户角度看接下来的事情就简单了。

就网络激活的商业而言,无论是注意力经济还是意向经济,基本上都是搜索问题。以前在这方面我们多数人忽视了买家搜索。网络世界我们习惯于买家搜卖家,而意向经济应该是卖家搜索买家。买家在可选择的卖家中进行筛选。要实现这种商业模式,买家用类似标签的东西可能更明智。

随着标签使用的增加和搜索技术的不断发展,意向经济就有了立足的基础。理想的状况是,在一个开放资源环境中发展出一个独立的买主搜索技术,而且并行发展出一个为博客提供"意向标签"插入的系统。意向经济的一个好处是降低交易成本。意向信息成为越来越有价值的东西,它可以生产并提供给第三方。商家需要用金钱来寻找有价值的意向,支付的钱越多,获得的搜索技术就越好。

问题在于基于搜索的意向经济也会出现假冒的意向,他们贴上意向标签只是为了获得他人的关注,他可能会把真实的意图隐藏起来。如在注意力经济中,有人在自己的博客或者网站谈论某人、忠告某人、支持某人、表扬某人、挑战某人、批评某人,甚至只要提到某人的名字,很可能就会引来与此相关的人的注意力,而实际上他是要宣传自己的东西。

除了上述问题,我们另一个需要克服的障碍是激励。有什么机制和措施来引导人们消除现存的技术障碍、表达自己的意向、公开自己的隐私。有没有一个充分个性化的技术来满足个人的需要。如果这些欲望和动机能够被激发出来,就会出现更多的向意向经济方向牵引的力量。

二 品牌意向

意向经济把注意力集中在客户的"购买意向"上,而不是卖家去说服客户购买。购买意向是对市场本质属性的最好定义。这对品牌的理解具有重要意义。在意向经济中品牌的角色是什么?在新经济,似乎没有人再能够准确使用"品牌"这个术语,品牌计划也不能遵循老套路。但实际上我们并不需要发展新的品牌理论来适应意向经济。品牌的本质价值还是一个选择权的问题,它能够创造顾客。表现在消费者意向中的品牌排序。品牌实践不只是等待顾客公开告知他们的意向,商家可以用自己的创造性资源吸引顾客进入他们本来永远不可能发现的地方,帮助他们开发潜能并实现潜在的价值。有人建议,公司应该装备能够接收顾客意向信息的"天线"。

产品是不断演化的,品质和内涵也是不断改善的。有人认为,从意向经济角度看,"品牌是预付给顾客的意向"。顾客将根据你的品牌意向来判断你的价值。品牌意向将决定品牌战略计划的内容、范围和结构,并因此影响运营模式。它将决定企业与顾客达到一致的程度。这样传统的行销方式就面临危机，它不再是一个有效的选择。

在意向经济，品牌意向是一个稳定器。一家公司能够得到信用是因为它的品牌计划正试图为顾客做些什么。即使公司的产品有一些不足，顾客也能够判断品牌产品特性之外的利益——直觉告诉他们品牌意向反映了他们的梦想。开放资源软件是一个最好的例子。日常的开放资源程序能够让用户更好地控制他们的生活并产生对它的忠诚，尽管传统的软件投入大量的金钱进行常规的市场推广，但对它的忠诚从来没有达到过这个高度。

也有人认为品牌意向有积极和消极之分。

积极的品牌意向包括：

使消费者做得更多，成为更多。

培育消费者进入一个更为积极的状态。

增加消费者的理解。

强化消费者的情感。

点燃消费者想象的火花。

消极的品牌意向包括：

能够控制消费者行为。

限制消费者思想。

创造被动的消费者。

用制造信念来代替真实。

创造消费者依赖。

值得注意的是，在意向经济中除了顾客购买意愿和买主的出卖意愿，还有关系意愿，关系成为商业价值的一个重要组成部分。

三 选择与效率

意向经济解决的一个重要问题是效率。但克雷·休基（Clay

Shirky)指出,意向经济有可能出现效率下降趋势,这种下降趋势是意向经济发展进程中最大的拦路虎。因为自由选择的多样性会产生供求关系的不平衡,差异性越大,不平衡越严重。我们今天的多样性及因此产生的更多的选择是不容置疑的,因此意向经济的关键是如何越过所有这些供求不平衡的障碍。

杰米·保仑哥对此却保持着乐观态度,他断言,当网络把我们大家联系在一起的时候,交易的东西就是我们要的东西。虽然有许多障碍,但都是可以克服的。不平衡之类的障碍我们并不需要跳过去,只要绕过去就行,也可以在它的下面钻过去,而我们总是习惯于越过。但是杰米并没有提出"绕过"和"钻过"的具体方案。

不少人对意向经济的热情超过了对注意力经济的热情。他们认为,西尔斯的关于意向经济的论文比所有讨论注意力经济的话题更有意思。在他们看来注意力对理论研究有用,在学术市场概念是用来交易的东西,交易产生效率,从而推进理论的发展和学术市场的繁荣。但是,对世俗的市场来说,它讲究的是金钱,购买意向蕴藏着金钱。互联网使得意向经济对许多商品和服务成为可能,这是它成为经济力量的主要理由。消费者喜欢这一新生的力量,人们在猜测,基于谷歌的网络共享系统最终会不会成为意向经济的一个巨大的中心。因为意向经济它的核心概念很像搜索,只不过它搜索的是意向。

在哈佛大学召开的一次会议上,西尔斯继续推广他的意向经济思想。他对浪费巨资追逐潜在购买者的注意力这种商业现象再一次进行了猛烈的批判,因为广告不再有效。他主张把钱花在购买者的意向上,而不是他们的注意力上。在会上,西尔斯这样解释他的意向经济:每一件事都追随某人购买某东西的意向。这个市场始于顾客的意向终于顾客的意向。传统的市场基本上都是有关注意力的事务:我要看清你的注意力流动,要寻找机会抓住你的注意力，把你的眼球吸引住。这些都是行销要做的事情。意向经济的出发点是消费者有钱购买某些东西的事实。这个事实和意愿应该如何得到尊重，这种经济需要什么样的基础结构，实现的途径有哪些，这都是意向经济发展过程需要解决的问题。

西尔斯喜欢用"尊重"一词。这与广告对人的冒犯形成鲜明的对比。他认为如果更多的商业能够学会意向经济，消费者就会得到更多的尊重。此外，在广告和行销预算上也会更有效率。

有意思的是，受注意力经济思想熏陶的张朝阳也在考虑消费者的意向问题，他的"消费者实验室"研究的就是消费者的意向。消费者只对于符合他们意向的东西注意，注意力只不过是意向的流露。根据他的观点，如果仅仅以并非消费者本意的东西去诱使他偏离本意，就会变得本末倒置。从这个意义上说，消费者的嘴巴和手对于注意力来说，比眼球更重要。如果消费者不肯用嘴巴和手把自己的真实意向表达出来，还需要设互联网这个"局"，让他通过网络行为表现出来，让厂商观察到。

四　意向预示未来

科技作者约翰·拜特尔（John Battelle）曾经谈到互联网预测未来的可能性，他认识到当人们输入词语进行搜索时，他们是在宣布自己的意向。谷歌持续跟踪网络搜索词语，并出租用户"假定的"未来行为。搜索也可以与流行有关，如果把所有的信息加在一起，就可以预测这个世界的趋势——什么东西会热起来，什么东西会慢慢受到冷落。

拜特尔是《连线》（*Wired*）杂志和行业标准的创始人，他并不是第一个对这一现象进行描述的人，但他确实发现了比其他人更好的方法去描述这个数字结晶而成的球，他把它称为"意向数据库"。2003年下半年，他在自己的博客里写道：网络搜索的历史集成是人类意向储存的地方,这是一个巨大的欲望、需要和渴求的数据库,这些东西可以被发现、索取、存档、跟踪,最终会以各种方式被开发和利用。"这样一个'野兽'在文化历史中从来没有出现过,但从今以后它一定会成长壮大。"

这一思想很有见地,但对我们多数人来说它还只是一个抽象的东西。近年来,搜索公司确实提供了最热门的搜索排名。雅虎也开始出卖更多的数据信息给那些希望通过网络更好销售他们产品的广告客户。但对多数人来说现在还没有办法挖掘出自己的数据。

让人高兴的是谷歌在改变这一现实的道路上迈出了一大步,他们开发出一种名为"谷歌趋势"的产品,使得意向数据库对这个世界来说变得清晰可见。它能够让人们核对任何一个词语的相对流行程度,以审视几年来的变化并了解各个城市最为流行和最为上瘾的东西,如通过了解谷歌搜索的情况,我们能够很好地预测今年的"美国偶像",利用搜索我们还可以发现名人的"人气"变化。

因为有了"谷歌趋势",一些商人已经开始根据搜索数据来进货和储存商品。

从好奇心转化为一个真实的经济现象,意向数据库与市场有了密切的联系。现在"谷歌趋势"还不是一个非常有效的工具。它只是显示图表,而不是当前真实的数据。它的数据也比较陈旧,通常是一个月前的。公司对数据总是遮遮掩掩。因为它是一个有价值的竞争工具,可以帮助谷歌决定哪一个广告出现在你的计算机屏幕的顶端。

但"谷歌"正计划继续增加"趋势"的内容,并且其他公司也很可能以自己的方式赶上。谷歌搜索副总裁马利沙·迈尔(Marissa Mayer)说:"谷歌趋势几天时间内就已经完成对一百多万个数据的分析处理。当这些工具成熟的时候,我们可以看到市场和商业将会开始发生怎样的变化。公司一开始广告活动，网络马上就会有大量相关群体的反馈，信息的供求将会变得非常协调一致。如百事可乐的'超级灌篮'广告以后，在美国'百事可乐'的搜索就变得比'可口可乐'更为热门。"

有人预测[①]，这一做法将把广告业推到定量革命的边缘。与此类似对华尔街市场的分析也会越来越精细化，一旦拥有测试人们意向的数据和方法，我们就可以做出一个更为明智的决定。

当然，这种分析方法也有局限性，因为兴趣并不总会转化为销售，但没有比这更好的测量市场的方法，意向数据库显然提供了某些新的东西。

大卫·莱昂哈德（David Leonhardt）指出，在19世纪，一名政府工程师的工作成为打卡机设计的思想源头。这种打卡机实现了人口普查机械化管理，它最终让公司知道他们的顾客是谁。20世纪引入的公众舆论调查，揭示了顾客在想些什么。而21世纪的伟大技术则给了公司和任何人进入一个实时的甚至是超前观察人们正在干些什么的窗户。这种趋势可能发展得比较慢，但我们能够在现实中找到一些证据。

通过意向数据库，本来心理层面的东西变为可以证明其存在的事实，美国现在已经开始根据这种意向事实来给恐怖主义嫌疑犯定罪。对即将发生的事件的预见能力的增加，使得我们对什么是"行为"要进行重新认定，意向数据成为人们"即将发生的行为"。在这里思想也成为行为的一种。

五 非主流事情的可能

意向经济接近于"拉动经济"（Pull Economy），而注意力经

[①] 加利福尼亚大学伯克利分校经济学家郝·瓦瑞（Hal R. Varian）。

济则大致可以等同于"推动经济"（Push Economy）。注意力经济的出发点是卖方而不是买方。但是，如果把"意向"延伸到"拉动"，那么产品加工过程就将被消费者驱动。根据大卫·保勒的观点（David Bollier），"拉动经济"是基于开放、通融的产品平台。它用网络技术大范围协调和整合资源，用地方化、个性化的快速生产来替代大规模的标准化生产，人们的意向很容易在网络环境转化为实现。企业不得不重新适应这种新的经济，适应"拉动"的市场要求。在这种经济模式中，最好的生产方法是生产可信赖的、地方化的、小规模的与其他产品和服务可兼容的产品。

虽然意向经济似乎在把广告边缘化，但是意向经济也给广告带来新生。搜索广告如此成功正是因为它很好地抓住了用户的意向。广告从单向传播越来越转向双向沟通，从"内容"到"谈话"，各种形式的多媒体交换成为广告的新形态。网络广告从以卖方为中心、基于注意力的品牌宣传转移到以买方为中心、基于意向的信息供应，广告效果将更容易被测量出来。广告注重顾客的反响，"品牌行销"依然发挥一定程度的作用，因为品牌能够产生消费者购买意向。但是品牌的形成是注意力加工的结果。在注意力短缺的时代，如何建立品牌是一个值得研究的问题。虽然获得注意力正在变为不可能的任务，但当我们把意向与注意力联系起来的时候，我们找到了获得注意力的新方法。要定义消费者意向，获得他们的谈话是关键。如何帮助消费者明确他们的意向，如何帮助他们满足和实现他们的意向，这是意向经济学专家热心寻找的答案。在意向经济中，消费者总是赢家，因为商家必须围绕着消费者，满足他们的要求。意向经济不只是为主流人群在互联网干主流的事情提供便利，更为重要的是它使得主流和非主流的人群干非主流的事情也成为可能。

总之，意向经济的概念是非常有价值的，它给我们观察经济

第九章　颠倒的买卖

提供了一个新的角度,特别是对与注意力建立联系非常有用。但也有一些人认为意向经济只是注意力经济的一个部分,没有必要独立为经济现象,因为许多人的意向在许多情况下并不明确,有时连自己都不清楚自己要什么,因此需要通过注意力的吸引加以引导并施加一定的影响,这样生活才不会受到自己过去的历史和过去的偏好限制。人们需要惊喜和意外的发现。不管怎么说,"在这个世界上,没有完美的人,只有完美的意向"。当完美的意向通过意向经济得以实现的时候,人生也会变得完美。

问题:

1. 意向经济也可以翻译为意愿经济,怎样翻译才能更好地表达它的内涵?
2. 注意力经济与意向经济存在着什么样的关系?
3. 谈谈你对意向经纪人的看法。意向经济的发展是不是有利于人们各种意愿的实现?

第十章　意向的神秘力量

"意向—显现"模式的一个关键是你必须把自己的思想集中在你想要的东西而避免想你不想要的东西。

——斯蒂夫·派里纳

本章重要人物介绍

斯蒂夫·派里纳（Steve Pavlina）是一个带有神秘主义色彩的人物，他的思想也非常具有个性。在注意力学派的学术共同体中，人们几乎没有听到过他的声音，但是他的思想体系又与注意力经济密切相关，或者说得更准确一些是与意向经济密切有关，他曾经通过网络媒体进行了一系列公众实验。《纽约时报》、《今日美国》等许多有影响的媒体都对他作过特别报道。他的网站每月的访问量高达三百多万人次，个人博客列入世界博客百强。派里纳研究意向理论来自于他不平凡的经历，监狱生活使他有了冥想的时间和机会，促使他对个人的成长进行深入的思考，并在后来逐步形成自己独特的思想和理论，即"意向—显现"理论。这种理论认为注意力能够催生万物，这不仅表现在精神世界，也在很大程度上表现在物质世界。

第十章　意向的神秘力量

注意力经济学派的商业主义者总是把注意力与商业及金钱联系在一起。他们追求的是注意力的金钱效益。注意力托拉斯组织的一些商业实践家宣称自己是属于华尔街的。他们做的是商业，商业就是忙碌（business）。但是在一些发达国家，一些人已经意识到慢节奏的价值，他们不再盲目为金钱忙碌，他们重新开始向往诗一般的悠闲生活。这个时候就需要文化的思考和哲学的智慧。意向经济虽然已经开始脱离了盲目的商业忙碌，但是它依然与金钱经济紧密结合在一起。那么有没有可以通往注意力经济的更为直接的道路呢？派里纳的思考或许会给我们一些有益的启示。

第一节　非凡的经历与非凡的思想

斯蒂夫·派里纳可以说是个怪人。他有着一双蓝色的眼睛，色盲，左撇子，受过良好的教育，是一位快乐的无业者、严格的素食主义者、梦想家和冒险家，目标明确而动机强烈。斯蒂夫有多重身份：作者、演说家、计算机程序员、游戏设计师和企业家。他性格内向却又喜欢交际，善于合理的直觉思维，热衷于真理的探寻。1991年，当时只有19岁的他因为盗窃罪被判入狱，出狱以后又被告知被学校开除。在克服了偷窃成瘾的心理以后，他开始了大学生活，同时主修计算机科学和数学两个专业，并且只用了三个学期的时间就获得了毕业文凭，显示了他过人的天赋。

一　监狱留下的财富

斯蒂夫认为自己之所以进入监狱完全是自己"意向"显现的结果。那么"良好"的意向会不会显示良好的结果呢？他开始了自己成长的心理实验和心理训练，并把自己的实验和思考写成文章发表。斯蒂夫·派里纳的赚钱方式也很特别，在每一篇文章后面,他都会加上一句:"如果你认为这个网站对你有用,请为斯蒂夫捐赠,以便你也能享受精神礼物。"这有点类似中国的江湖卖艺,以吸引来获得报酬。这种获得报酬的方式,他称之为被动收入。

虽然斯蒂夫的思想有点神秘主义的色彩,但读了他的文章以后我们又不得不承认他的这种思维方式的独特价值和一定程度的合理性。他自认为是一个"聪明人",而他的文章也是写给"聪明人"看的。让人感到奇怪的是,他能够把看起来不可思议的想法在操作层面上给予实施,而且竟然初见成效。斯蒂夫·派里纳不仅自己的生活非常"自觉",而且他还把唤醒存在于他人内心深处的强大精神力量作为自己重要的人生目标之一。

二 意向显现与主观真实

在斯蒂夫·派里纳的思想体系中有两个最为重要的概念:"意向—显现"(Intention Manifestation)和"主观真实"(Subjective Reality)。意向是一种希望、一种梦想。据说,1520年以来,全世界只有85个机构存活至今,其中50家是大学。大学依靠梦想、希望生存下去——这就是大学的历史。[①] 意向具有一种吸引的魔力,意向越强烈,吸引力也越大,意向和显现遵循"吸引法则"。所谓吸引法则,简单地说,就是有一种自然的力量,它可以把人们想要的东西吸引到自己的生活中。所想即所得,这种现象即使在科学研究中也会出现。

斯洛文尼亚著名学者斯拉沃热·齐泽克在一次学术演讲中曾经提到一个例子:曾有人类学家去考察某一个原始部落。在考察之前他们就听说这个部落里的人会跳戴着骇人面具的原始舞蹈,于是他们通过翻译提出了观看的要求,这些人类学家以为自己找

---

① 美国哥伦比亚大学校长 L.C. 柏林格的观点。

第十章　意向的神秘力量

到了他们需要的蒙昧的东西,而实际上并不是这么一回事。他们看到的只是部落里的人根据他们的提示编排的舞蹈,这些正是他们自己欲望的投射,而不是真正本真的东西。[1]

实际上,类似的思想爱因斯坦就曾经有明确的表达,他说:"你能不能看到眼前的现象,不仅仅取决于你的肉眼,还取决于你用什么样的思维,思维决定你到底能够看到什么。"[2]

一般而言,一个人占支配地位的主导思想容易找到其显现的方法。同样社会的意愿也会以某种方式呈现出来。在欧洲,有一种"哭丧妇"职业,她们被雇佣到丧家去哭,而真正的亲人则可以去做其他更重要的、不可替代的事情。可见许多事情的呈现恰恰是外部世界的关注,关注产生了"真实"。说到"真实",这里涉及一个非常重要的问题,这就是真实的客观性和主观性问题。斯蒂夫·派里纳是这样表达他的思想的:

"主观真实是一个信仰系统,在这里只有一种知觉,你是唯一的知觉,并且在你的真实中的每一件事和每一个人都是你思想的投射。"

虽然我们可以在自己的真实世界中看到许多活生生的人,但就主观真实而言他们都只存在于我们的意识中。他说,我们都知道梦是怎么一回事,但并不知道我们醒着的真实是不是另一种类型的梦。我们之所以对现实感觉更为真实,只是因为我们相信它是真实的。显然,这只是派里纳"庄子梦蝶"式的浪漫想象。

他说,假设你有一个梦。在那个梦里真正的"你"是什么?"你"是身体梦见的人物吗?当然不是——那只是你的梦的化

---

[1] 斯拉沃热·齐泽克:《意识形态犬儒主义:被假设为相信的主体》,《社会科学报》2007年6月28日。

[2] 转引自金定海、郑欢编著《广告创意学》,高等教育出版社2008年版,第77页。

身。"你"是一个梦者。整个梦出现在你的意识中。所有梦的特性都是你梦中思想的投射,包括你的化身。事实上,如果我们学会"清晰的梦想"(这是派里纳构筑主观真实的一个媒体实验),我们甚至可以在自己的梦中通过支配他人来转换自己的化身。在"清晰的梦想"实验中,我们可以做任何自己相信能做的事情。

对于这个虚拟真实的实验,我并没有参与过,因此也没有什么发言权。但是从派里纳那里得到启发,我在思考一个非常有趣的问题:如果我们对梦的记忆超过对现实的记忆,那么梦是不是就会比现实更现实?我想答案应该是肯定的。不仅如此,人的记忆是根据自己的需要对自己的经历进行重新构筑的。因此我们的记忆并不是现实的记录,而是对现实的再创造。在媒介高度智能化的今天,虚拟真实已经成为常态的存在,在这种情况下,真相到底是什么,它由什么构成确实需要重新思考。美国字典出版商梅里厄姆·韦伯斯特公司在互联网上开展的一项调查显示,英语单词"truthiness"成为2006年度英语单词。其创造者科尔伯对这个单词的解释是"来自内心、而不是来自书本的真相"。对多数人来说,地球是平的就是来自内心的真相,而地球是圆的则是来自书本的真相。

这个世界是怎么样的与一个人的意向密切相关,其心理实验证据是一幅"魔鬼天使两可图",这张图的美妙之处是当视觉把白色部分作为图案、黑色作为背景的时候,一个天使的形象就会显现出来,而当把黑色看做图案、白色看做背景时,一群魔鬼的形象就会显现出来。意向对现实的投射心理学有许多著名的试验方法,医学上的"安慰剂效应"也是一种典型的主观真实在产生作用。从真实的主观性看,一个人眼中的真实世界,在另一个人眼中并不一定真实,甚至根本就不存在,一段时间的真实可能经过一段时间以后变为不真实,反之亦然,一段时间的不真实会成为另一时段的真实。

第十章 意向的神秘力量

物质的真实也是这样。根据派里纳的观点，这是一个比我们的睡梦体验更为密集的世界，所以在这里改变存在（显现的东西）更为缓慢。但这一真实仍然遵循我们的思想，就像睡梦。"我们"是一个所有发生的一切的梦者，我们认为其他人有意向这只是一个幻想，我们无法了解他人的真正动机，因为其他人只是我们意向的投射。当然，如果我们坚信他人有意向，那么，这只是我们为自己创造的梦，但本质上它还是一个幻想。斯蒂夫·派里纳在这里要表达的意思是，真实具有很大的"可塑性"。我们对真实的信念可以为我们的意向创造出"真实"，这就是意向显现。在网络时代，我们的真实确实是传统的客观真实和当代的主观真实高度混合的产物。网络的发展，人类的进化，两种真实之间的鸿沟正在消弭。不过，我们也可以看出，派里纳在肯定人的主观能动性的同时，也夸大了真实的主观性。

因为在主观真实世界，每个人都是唯一意向的存在，因此斯蒂夫·派里纳认为我们的责任重大。我们可以通过自己的"心理的随意"而放弃对自己主观真实的控制，但却永远不能放弃责任。在这个世界我们每个人都是唯一的创造者。如果你思想中充满战争、仇恨和痛苦等等，它们就会真的出现。如果你的思想充满和平、爱和快乐，你也会得到它们。真实是我们真正意识到的东西。你认为是什么东西，就意味着你在召唤它的出现。

三 信念的等级

派里纳认为信念是分等级的，如果我们坚信真实是随意的、不可预测的和不可控制的，并把它置于信念的最高级，那么这一意向就会统治其他不怎么确定的意向。一个人思想的全部集合"指令"他的真实的出现，想得越多，就越会看到它在真实世界中的演化与发展。这种意向显现不仅在你的梦中、你的网络世界，而且也会在所有的物质真实世界展开。

如果我们的思想是矛盾的，那么我们的真实也是矛盾的。这就是为什么对我们思想的责任设定如此重要的原因所在。假如要在这个世界看见和平，那么在我们的真实世界里对"每件事情"都要有和平的意向；要享受相爱，那么就要对"所有的一切"都抱有相爱的意向。根据这一逻辑，要是我们完全停止思考某一事情，是不是就意味着它会消失呢？斯蒂夫·派里纳认为，理论上来说是这样，但在实践中要灭绝我们已经证明存在的东西几乎是不可能的，我们会注意它们，并不断巩固它们的存在，但如果我们对自己所经历的每一个真实负有100%的责任，那么我们就可以通过注意力和思想的转轨显示出改变"真实"的力量。

我们许多人都有共同的经验："你越去注意某种行为，这种行为就越有可能被重复！注意力就像阳光一样。我们注意什么，什么就会生长，我们忽略什么，什么就会枯萎！"[①]

既然所有的真实都是我们的创造，那么，只要我们做出决定并保持自己的意向就可以创造真正想要的东西。也就是说要始终保持我们的注意力的某种偏置，并以独特的方式来解读这个世界。如此看来，要达到生命的经济，就应该明确自己的欲望到底是什么，并设法把自己的注意力从己所不欲的地方撤出。要做到这一点最为便捷有效的方法就是关注自己的情绪和情感，想自己想要的东西让人心情愉快，想自己不要的东西令人不悦，注意到自己感觉不好，表明我们已经在想着自己不要的东西，把注意力转移到想要的东西上，我们的情绪状态就会很快改善。如果我们反复这样做，就会看到我们的物质真实也会随之变化，起先是微小的变化，然后就会有大的变化。这里的关键是对自己意向和注意力的驾驭。

---

① 参阅［美］布兰佳等著，张鸿斌译《鲸鱼哲学——一个与人打交道的绝妙方法》，中国人民大学出版社2004年版。

第十章 意向的神秘力量

派里纳说:"我也是你意识中的一个显现。我扮演一个你期待我扮演的角色。如果你期盼我是一名有所帮助的向导,我就会是向导。如果你以为我是一个深刻而有洞察力的人,我就是样的一个人。如果你认为我在蛊惑人心,我看起来也会是这样。显然,没有一个与你截然分开的清晰的'我'。我只是你的许多许多的创造物之一。我是你意欲我成为的东西。但在你的潜意识里却根本不知道这些。"斯蒂夫·派里纳的这一观点可以找到大量的证据,如有一对恩爱夫妻,相敬如宾,每当吃鱼,妻子总是把自己最喜欢吃的鱼头留给丈夫,丈夫也一直默默地接受妻子的美意,就这样过了数十年。丈夫在临终时对妻子说,他很想吃鱼尾。妻子感到非常吃惊。原来他们一直在相互误解对方。妻子一直以为丈夫非常喜欢吃鱼头,而丈夫则一直以为自己的妻子喜欢吃鱼尾。他们都生活在自己主观的"真实世界"里。

有趣的是斯拉沃热·齐泽克对文化的理解,他认为当一个信仰不再被相信的时候,它便成了"文化"。人们不再相信,但一边同样以尊重文化的名义实践着那些东西。[①] 我们社会的殡葬行业提供的许多产品和服务就是典型的例子。虽然多数人不"迷信",但有时他们又愿意"迷信"。

信念来自理想,但是信念又要时时经受现实的考验。可喜的是"人是超越化的动物,人有意识和语言,这使人从实然世界突入可能性之域,使人由事实世界进入一个价值和意义世界,使人成为一个理想性的动物"。[②] 人类不断在现实中推进理想和实践理想。而根据注意力经济学的方法论,理想的实现,要建立积极的信念,并有效地配置自己的注意力。因为从真实的主观性

[①] 斯拉沃热·齐泽克:《意识形态犬儒主义:被假设为相信的主体》,《社会科学报》2007年6月28日。

[②] 李文阁:《哲学须回归生活世界》,《社会科学报》2008年4月3日。

看，注意力有"催生万物"的能力。

四 吸引法则

"吸引法则"（The Law of Attraction）带给你"你之所想"，这是斯蒂夫·派里纳在网络进行的一个重要思想实验。[①] 在这里"问"就是"想"，每一个想法都是一个意向。"吸引法则"是一个完全中立的，它不会过滤掉你的任何要求，如果你想要你的东西，你就会得到它，如果你不想得到什么东西，你也会实现你的愿望。注入积极的意向，就可以让"吸引法则"为你工作，此后就是密切关注意向如何变为现实，也就是等待各种条件的同时出现。

意向显现可以通俗解释为"心想事成"，因此，派里纳认为控制"吸引法则"的关键是责任。我们必须对生活的每一件事承担后果，认识到这一点，我们就显现了所经历的事件的真实。我们的任何注意都会被放大与扩展。

如果我们把自己的注意力聚焦在已经得到的东西上，实际上等于不知不觉地刺激"吸引法则"不断提供给我们更多相同的东西，让我们的生活做简单的循环。这样我们的境遇就永远不会根本改变。派里纳说："如果我们的生活是我们欲望的显现，我们就进入了天堂；如果我们的生活充满厌恶的东西，我们就如同生活在地狱。"实际上他这里谈的就是个人自身注意力资源的配置和效用问题，特别是注意力配置与一个人的"幸福指数"的关系问题。不过斯蒂夫·派里纳并不是经济学家，他不用经济学术语。

为了推广他的"吸引法则"，派里纳自己也参加了实验，通

[①] *The Law of Attraction*, by Steve Pavlina August 18th, 2006. http：//www.stevepavlina.com.

第十章 意向的神秘力量

过个人亲身体验,他坚信"吸引法则"的有效性。通过"想"就能够吸引我们想要的东西,真叫人不可思议。其实只要转换一下思维方式,就会发现斯蒂夫·派里纳所说的并不完全是天方夜谭,至少它在心理学层面是成立的,这里需要一个真实的新模式。"吸引法则"制造的是意识和感觉。因此,要意向显现、心想事成,我们需要对自己的信仰做出大的调整,引导自己趋向更为主观的真实、并最终会成为我们习惯的思想方法。当然,这并不是说我们可以无视客观的存在。

"一切皆有可能"是一句著名的广告语,在消除对"可能"和"真实"的偏见以后,我们可以经历许多以前认为不可能的事情。转变我们的主导思想,我们就会发现真实也变了,在很大程度上,我们都在通过意向创造真实。

根据斯拉沃热·齐泽克的研究,马克思的《资本论》中包含了这样一层意思:商品是这样一种东西,我们第一眼看上去,它是非常明显、非常琐碎,看似司空见惯,然而,实质上它充满了形而上学的、神学的神秘。[①] 如果说从一般商品中人们难以发现这种神秘性的话,那么在股票市场这种神学的神秘就体现出来了。股票市场是一种复杂的、难以捉摸的群体注意力和意向的游戏。

第二节 意向的显现方式

从科学的角度看,我们要论证意向的显现必须有一个严密的逻辑分析过程。但是,一些非理性主义者拒绝这么做,他们认为科学并不是获得真理的唯一手段,信仰和直觉也是把握真理的一

[①] 斯拉沃热·齐泽克:《意识形态犬儒主义:被假设为相信的主体》,《社会科学报》2007 年 6 月 28 日。

251

条重要途径。斯蒂夫·派里纳就属于这一类人。意向是如何显现的呢？派里纳根据自己的经历，对意向显现的模式做了具体的描述。

一　创建意向

建立强有力的意向是意向得以显现的前提。而一个意向的力量是否强大则与一个人的欲望关系密切。对于意向的建立，派里纳提供的建议非常具体。

首先，把握自己想要的东西。通过沉思让自己进入思想完全放松的状态，然后集中注意力至少60秒灌注新的意向。

设想自己的意向是可见的，用思想的眼睛，描绘一幅目标实现的生活图景，并把大量积极的情绪注入心田。如果我们不能创造强有力的积极情绪，那么就知道这不是我们真正渴望的东西。在这种情况下，我们就应该放弃或改变意向。没有欲望支撑的意向，其显现的力量非常的弱小。如果我们真的不想要，就不会有任何的意向。

二　阿尔法与贝塔反射

通常在新的意向产生的24—72小时内，我们会经历阿尔法反射。这是一种信号，它往往以一种非常引人注意的协同条件发生的形式出现。我们得到确认，意向已经把握住了。有时协同条件本身就是意向显现结果的一个部分，而在另一些时候，它看起来又好像是这个世界对收到意向的一个确认。

阿尔法反射逝去非常快，然后是持续几天到几个星期的平静期，这一时期常常让我们沮丧，因为我们会认为自己的意向已经完全失败，派里纳认为这是一个巨大的错误！这只是暴风雨来临之前的平静，也是继续坚持意向的一个最为关键的时期，要避免产生矛盾的意向。如果我们出现这些思想苗头，如"为什么不

第十章　意向的神秘力量

起作用?"或"我怀疑会不会有效?"我们就灭绝了这一意向。我们必须"知道"它会有效。有时,当我们了解到我们并不是真正想要它们或有更好的打算时,我们会有意消灭原来的意向。

派里纳坚信持续执著一种意向并且虔诚地期待它的显现,我们最终将体验到贝塔反射。贝塔反射的典型特点是出现在意向形成的一个多星期以后。阿尔法反射只是确认意向已经收到,而贝塔反射则是真实的显现的实质性的开始。他说,贝塔反射比阿尔法反射要长得多、强得多、慢得多。设想一下雷暴。如果阿尔法反射是一道闪电,那么贝塔反射就是随之而来的雷声,它们原本是一件事情,但它们到达你这里的时间不同。

贝塔反射一般以三种形式到达:思想、机会和资源。

首先,我们会经历与自己最初的意向有关的思想狂涛,这些思想或许以自发灵感的形式进入或者通过其他人来到这里。

其次,贝塔反射还带来新机会,这些机会常常看起来不知道从哪里冒出来的。

最后,贝塔反射带来新资源,这包括信息、人、金钱等等。无论意向要求显现什么,它们最终都会进入我们的生活。

下面一则新闻给派里纳思想提供了佐证:

加拿大青年别针换来大房子[①]

一年前,麦克唐纳在Craigslist网站的"物物交换区"发布信息,希望用一枚红色别针换"更大更好"的东西,并宣布终极目标是一栋房子。通过互联网,麦克唐纳首先换到了一支鱼形笔,然后又用笔换来一个陶瓷门把手,接下来的交换品更是五花八门,包括一个野营用的炉子、一台发电机、一只装啤酒的桶、

---

① 资料来源:《重庆晨报》,2006年7月14日。http://news.sohu.com/20060714/n244251222.shtml。

一个"百威"啤酒广告牌。此后,麦克唐纳的收获越来越大,先后是一辆雪地车、一趟加拿大落基山脉之旅、一辆老货车和一份唱片合约。到2006年4月,麦克唐纳几经易物换到了美国菲尼克斯城一套公寓的一年免费居住权。但这还未达到他的目标。

麦克唐纳此后用公寓的免费居住权换成了与摇滚歌星艾丽斯·库珀共度下午时光,并再用这一下午时光换了一个以KISS乐队为模型的雪花水晶球。

因为好莱坞知名导演科尔宾·伯恩森喜欢收集雪花水晶球,麦克唐纳因此换来了伯恩森新片中的一个角色。麦克唐纳的传奇经历此后又引起了加拿大萨斯喀彻温省吉普灵镇人的注意。该镇政府在梅恩街买下一栋面积为99平方米的新房,向麦克唐纳发出交换请求。尽管罗奇没有公布房屋的售价,但这所房子的市场价大约为5万加元(约合4.5万美元)。

对吉普灵小镇而言,这笔交易换来的不仅仅是一个电影角色。小镇政府还计划在高速公路服务站里立一个巨型红色曲别针,并在9月举行电影演员的海选活动,由胜出者出演伯恩森执导的新片。不过,条件是参赛选手必须向镇上的公共服务部门或慈善机构捐款。

麦克唐纳上星期点头同意这笔交易。至此,他那长达一年的换货经历终于圆满落幕。 (张代蕾)

在贝塔反射时期保持意向还是非常重要,但它并不像贝塔反射之前的平静期那么困难,因为现在有了一些真实的要素。它不需要太多的信仰就可以看见意向正在开始显现——即使是凭借逻辑思维也可以看见它的到来。这一时期主要的事情是保持自己的逻辑思维来控制过程。

根据意向的复杂性程度,贝塔反射持续的时间长短也不一。斯蒂夫·派里纳把我们生活的全部结果解释为一生所有意向的贝塔反射之长期积累的总和。无论什么事情,只要用足够的精力去想象，它们最终都会显现。如果我们的思想清晰而集中，我们的愿望实现就来得快，来得容易；如果我们的思想混乱无序，我们也会在自己的生活中看到混乱和无序。

随着贝塔反射扩展，最终的显现以一种非常直接的方式一起到来。当然这里需要一些直接的行动，但随之而来的行为是平和、顺畅和容易的，不会出现沉闷和厌烦，也无须奋斗与挣扎。这个世界已经为你完成了 80%—90% 的工作。思想、机会和资源的最终结合如同一根高级杠杆，它使得以最小投入达到梦想的结果成为可能。

意向显现的一个关键是要坚信把注意力聚集在自己的欲望上是绝对必要的，否则就不能成功。不管我们认为世界是客观的还是主观的，我们应该知道我们的主导思想是决定自己一生成效的关键。我们的思想控制我们的决定，我们的决定随着时间的推移决定我们的结果。明白了这个道理，我们就要设法控制自己的思想。

派里纳自己通过心理训练，建立了对意向力量的崇敬。因为坚持意向力实验，他发现了隐藏着的、证明意向力存在的大量证据。他认为自己比以往更容易达到自己的目标。他说："我让宇宙处理细节，而我只是把注意力集中在高层次的成果。"

三 "烟雾"模式

斯蒂夫·派里纳对意向力的显现提出建议，即要很好地利用"烟雾"（SMOG）模式。他以开车为例，形象地对这一模式作了说明：

"我刚学驾车的时，教练要我只取缩写语 SMOG，这代表信号（Signal）、反光镜（Mirror）、回头过肩看后方（Over the shoulder）、走（Go）。这是高速公路上改变车道的动作顺序。记住第一步是发出你改变车道的意向信号。而在实践中，多数人遵循 MOSG，即反光镜、回头过肩看后方、发出信号、走。他们首先是通过反光镜寻找机会，以确定是否可以改变通道，如果没有机会就等待。这些人往往用加速或者减速的方法来寻找机会，他们担心如果没有机会就发出信号会被看成是傻瓜，因为没有人会让他们进入车道。但事实是，即使没有机会，如果你首先发出信号许多司机也会给你一个机会。如果你不发出信号，他们就无从知晓。即使起先没有机会，你发出的信号时间越长，给其他司机制造的压力也就越大，这会增加你意向实现的可能性。"

据此，我们可以类推到意向—显现如何产生作用。我们必须首先发出（意向）信号。有时我们在发出信号之前进行观察，并没有发现什么机会。但发出信号，我们就会给自己创造自己要寻找的真正的机会。

要显示意向力，坚持非常重要，我们的意向要出现阿尔法与贝塔反射需要大量的精神训练，没有持续把注意力集中在自己想要的东西上面的能力，最美好的意向也没有扎根的机会，它们会遭到精神上的噪声和冲突的破坏。培养这种把注意力保持在自己想要的东西上的能力需要几年的时间。派里纳发现，越是简单的意向越能够更好地显现，因此意向力的训练可以从简单的意向开始。

派里纳宣扬的是一种生活的哲学。生活哲学把哲学看做是一种生活方式，看做是对幸福和美好生活的追求，是什么样的生活值得过的问题。它是对人生价值和意义问题的追问。但是，"古代的生活哲学是一种本质主义思维，而我们主张的生活哲学是一种生成性思维，这种思维既不认为存在有一个固定的本质，也不把哲学看做高于其他学科之上的'大写的哲学'。我们可以把这种基于生成性思维之上的生活哲学称之为现代生活哲学"。"经由一种历史的考察，可以得知生活是人的自我生成过程，其最终

第十章　意向的神秘力量

是全面的人和人的全面性"。①

主观真实越来越显得重要，这是因为今天社会变化加剧，事物的稳定性受到了空前的破坏，本质越来越难以把握。

第三节　因果关系与意向显现

原因—结果模式是说原因导致结果，这是达到目标的关键模式之一。我们的任务是认识和创造能够产生结果的原因，从而达到目标。这听起来很简单，但是，这一模式的主要问题是几乎所有的人都对它有很大的误解，这种误解来自于不了解"原因"到底是什么。

一　被误解的因果关系

派里纳说，我们可以假设结果是一系列身体和精神行为的"作用与反作用"产生的。如果我们的目标是做饭，那么我们可能认为原因是一系列有准备的步骤。这是纯粹客观观察，是科学的方法。然而，我们知道这一系列行为并不是真正的原因，行为自身就是结果。真正的原因是我们的最初意向，没有这个决定，饭就永远不可能出现，"决定"导致一系列行为，最终才出现饭。"决定"来自我们的意识。我们的意识是一种巨大的力量，因为它一旦被意识到就可以制服下意识的选择。不了解这一简单的道理就会导致许都目标的落空。

我们要达到自己设定的目标，最关键的是"决定"让它实现。如果我们认为自己不能保证达到目的，如果我们还没有看清如何实现，这些都没有关系，实现目标的大多数资源会在我们做出决定以后来自网络和其他各种渠道，而在我们做出决定之前这

---

① 李文阁：《哲学须回归生活世界》，《社会科学报》2008年4月3日。

些资源是不会到来的。如果我们不了解这简单的一步,就会浪费大量的时间。

意向既然是原因,那么第一步就是要做出决定。这意味着注意力配置的调整,人们认为在做出决定之前必须要具备一些东西,因此常常花几个月的时间设法做出判断。但要知道,这样做其实是在"创造延误",我们只是在目标能不能实现之间摇晃。我们在头脑中"生产怀疑",我们在这个世界"寻找疑问"。派里纳的这一观点是对传统经济学"理性选择"的一个革命性颠覆,它几乎给"有限理性"不留任何余地。

没有人愿意帮助意向不坚定的人,也没有人愿意在不诚心的人身上浪费时间。斯蒂夫·派里纳甚至认为,不仅是人,就是宇宙本身也能感知到一个人是否对目标有信心。当我们支持与自己的美好目标一致的坚定的成功人士时,我们甚至会觉得自己也充满活力,因为我们也要成为成功的一部分。

如果我们自身的意识互相冲突,这样就不会把自己全部的内心资源用于目标。我们的下意识是给我们所有的能量并尽可能地创造目标还是阻止目标的实现,有多少比例的心力资源被用于我们的任务,这在很大程度上决定于我们自身的意识是否相互矛盾。

二 向宇宙播撒种子

宇宙也是以相同的原理运转。我们可以把它设想成一个具有超常意识的大脑,如果你做出了坚定明确的决定,这就打开了宇宙的闸门,带给你所有你想要的资源,有时它的出现方式看起来似乎神秘莫测、不可思议。

因此,派里纳建议,从目标设置开始,我们要为自己设立一个新目标,并且花时间明确自己想要的东西,然后对宇宙说:"这是目标,实现它。"一切都会 OK。这就像在地上播撒种子,

第十章 意向的神秘力量

生长是种植和田间管理的自然结果。我们的意向也一样，只要把它们种下，不需要乞求，自然有它的结果。

期待并坚信我们的目标会以最佳的方式实现，这非常重要。否则意向就会逆转，得到自己不想要的东西。即使得到自己想要的东西，也会产生一些痛苦的回味。真诚的意向能够为我们制造最佳利益，并将这些利益以一种积极的方式呈现给我们。派里纳的这种思想方法类似于宗教信仰——"心诚则灵"。

派里纳说，宣布我们的意向以后，就等待资源和心理协同的到来。通常它们在24—48小时内开始出现，甚至更快。有时这些协同的出现是下意识行为的结果。偶尔我们也会注意到需要的东西其实早已经存在，只是原来没有发现。现在我们是以一种新的视角去审视，它们就成为了我们的资源。有时协同作用就像雪崩一样滚滚而来，简直让人不可思议，我们只能把它解释为超常意识作用的结果。在某种意义上说宇宙自身意识到我的意向并且帮助我们实现它。这些协同作用的东西越是吸引我们，就越是容易流动，资源不断地流向我们，说明我们的意向正在快速实现过程。

一旦获得足够的资源，我们就可以看清如何进行组合以达到目标。但如果实现的道路过于复杂和困难，并且产生我们不喜欢看到的东西，我们就会产生一些新的意向，寻找一条自己喜欢的路径。我们可以宣布"让它再简单一些"，再等待新的协同作用的到来，一个更为简单的方法就会变得清晰。同时派里纳指出，为了让意向实现，有时我们必须在某一层次提升自己，如不得不学一些新技术。

派里纳在习惯和熟练运用这一方法达到目标之前，花了数年的时间建立自己对意向力的信任。有时他用不同寻常的方法公开自己要达到的目标，他得到了自己想要的东西，但不都是他期待的东西。因此当协同作用开始提供线索的时候，派里纳并不总是了解它们怎么会成为自己目标的一部分，但他认为总会有某种我们现在还不了解的东西在起作用。如果自己相信它，它就能很好地起作用。它通常先给我们带来新信息，这样就可以提升我们达到目标的意识和知识。

三 意向力

人们因为不了解意向的力量而破坏了自己的目标。事实上"每一个"关心都是真正的意向，多数人生活出现混乱和矛盾是因为它们的思想和意向是矛盾的，他们设定目标但又不能稳定巩固这一目标。如果我们试图在互动的层面实现目标，意味着我们必须把注意力聚焦在行动的阶段。要达到目标，我们必须在自己的思想意识中清晰分离出"充满希望的"、"可能的"和"不可能的"几个信念层次。不让自己沉溺于消极的思想，那些意向会导致我们所不要的东西显现。这当然需要训练，学习利用意识来创造自己想要的东西的艺术。如果思想协调一致，目标就容易出现；如果思想出现不协调，我们的注意力资源就会用在互相消耗上，矛盾和障碍就会由内而外表现出来。

意向有显现的力量。不相信自己的这种力量意味着我们在用自己的力量反对自己。强烈的意向类似宗教信念，它就像一个神话："让我无能力"就会让你真的变成无能。即使我们自己根本意识不到，如果我们想要软弱，就会显示软弱。如果我们把力量的来源归结于外部世界，那么我们也就会失去自己的力量。

意向力是一种人的本能，通过训练开发，我们可以意识到它的存在并能够很好地加以利用。斯蒂夫·派里纳认为最为重要的是学会信赖它。

如果我们决定实现一个真正的大目标，这个目标从身体上看起来是不可能实现的，那会发生什么？派里纳认为这一意向仍然在发生作用，只不过它需要更多的步骤，更长的时间，更烦琐的协同才能到达最终目标。如果目标太大，花费我们一生的时间还不够。即使如此，如果用这种方法，我们肯定也会取得进步。他主张，我们有什么最伟大、最美好的目标，现在就应该大声地说出来。让意向产生神力！

过程太过复杂，有些过程我们根本无法理解，有些过程的分析又太消耗我们的注意力，我们需要的是结果。在这里我们已经感受到了派里纳直觉的智慧。"现代西方的思想家充分认识到理性化给人类带来的限制和压抑，他们批判理性的一种特殊形式——工具理性，主张一种合理的、更符合人性的理性——价值理性。"[1] 显然主张信念的建立和直觉的智慧来自于价值理性的选择。

第四节　心理福利

我们都来自物质世界，我们的思想都有这个世界留下的深深的烙印。不过，在事实面前我们不得不承认，在物质经济丰富到一定程度以后，内心的调节和控制就成为重要的力量。注意力资源的配置方式直接影响到一个人的心理福利——幸福感。

一　幸福来自内心

当今社会，大量的商品消费成为符号消费，我们的注意力配置更多地给予了外部世界，注意力随着资本寻求利润的路径流动。人们力图通过追寻物质的消费来获得幸福感。但是派里纳认为真正的福利来自内心。其思想体系不仅包含了哲学高度的理念，同时还包含了能够付诸行动的一系列具体方法。他有一种把来自宗教神力和来自世俗社会的市场力量结合起来的非同寻常的

---

[1] 李文阁：《哲学须回归生活世界》，《社会科学报》2008 年 4 月 3 日。

能力。当然他的有些方法实际上是用来直接改善"心理福利"的，其中包括增强意向力的心理训练。

"意向—显现"模式就是"心想事成"。强烈的意向会对其对象产生吸引力。它要求我们必须把注意力集中在自己想要的东西上面，避免去想不要的东西。即使我们对意向的力量持怀疑态度，也会明白心理训练带来的好处。不管我们目前的真实模式如何，改善头脑的训练无疑是一项有用的技术。在这里时间花得很值得。

派里纳指出，当我们的心绪混乱并且试图建立一个新的意向的时候，这就像把小小的鹅卵石扔进波涛汹涌的大海。波纹仍然会出现，但他们会被吸收。我们思想的大海越是平静，我们意向的波纹就越是清晰，也越能心想事成。这种思想有点类似中国的智慧——宁静致远。当前社会的浮躁心理很难建立起强大的心理意向，在这样的一个环境，保持注意力聚焦非常困难。

总是为付账焦虑如何产生致富的想法？仍然想着独处的好处又如何集中注意力建立新关系？派里纳认为这些问题的解决方法是建立精神训练，培养把注意力保持在自己决定"想"的东西上的能力。

我们花大量的时间想，但我们管理我们的思想有多少成效？选择我们思想的技巧在哪里？派里纳说，如果你决定想一个柠檬，你肯定能够做到。但如果要你30天内没有任何水果的思想进入你的大脑，你能做到吗？在发出这一挑战以后，只要跟你说，"不要想橘子、苹果、葡萄"，你就已经失败了。

但如果你不需要绝对完美，只要保证在30天以内所有想水果的时间至少要有90%花在柠檬上，你能够做到吗？如何做？假如你希望变得富有，所有与财富有关的思想在30天内都会进入你的脑袋，你又能做些什么确保90%的思想与财富有关？

第十章 意向的神秘力量

二 注意力控制

在信息社会，注意力的控制能力非常重要。拥有强大的注意力控制能力就像在农业社会拥有健壮的体力，可以为自己赢得利益。对于注意力能不能像肌肉一样通过训练来增强，注意力经济学派的一些学者一直很关心。

斯蒂夫·派里纳在这里提出了自己的一套训练方法：[①]

放弃电视。如果要把我们的注意力保持在想要的东西上，阻止注意力资源流向不想要的东西是明智的，电视充满消极的东西，特别是暴力新闻节目，这是最初杀人者的意向，要防止沉迷于电视。

有意把注意力集中在手头的工作上。每天都力图全神贯注于少数几件事情，举重锻炼时把注意力集中在自己的肌肉上，吃饭时把注意力集中在食物的味道上，开车时把注意力集中在汽车的驾驶上，这意味着活在当下。这不仅可以改进我们的专注能力，而且可以让我的注意力远离可能消极的思想，即使我们不注意，这些思想会不知不觉出现在脑海中。（这可能与斯蒂夫·派里纳本人的偷窃瘾病史有关，其实我们完全可以边干活边想美好的事情。当然出于训练的需要，那就另当别论。）

分心指数测试。偶尔对自己进行一次测验，了解自己到底能够把思想集中在一件事情上多长时间。方法就是启动计时器并想象柠檬之类的东西，尽可能长地想着柠檬，如果其他想法一出现，就立即按下计时器，流过的时间就是你的得分。

聚焦的环境。创造轻松的工作环境，减少压力，这容易使我们的注意力集中在想要的东西上而不是不要的东西上，混乱无序的

[①] *Disciplining Your Mind to Become Better at Manifesting*, by Steve Pavlina, June 28th, 2006, http://www.stevepavlina.com.

263

环境很容易转移我们的思想。

　　为此,第一,要改善财政状况。在经济条件好的时候我们很容易把自己的注意力集中在我们想要的东西上,欠债、缺钱很容易让人分心,难以把注意力集中在想要的东西上。我们主要的利益不是物质财富,财富的利益在于排除经济状况不好造成的分心,这可以让我们把更多的注意力集中在其他事情上,特别是那些比金钱更为重要的问题上。

　　第二,要为"意向"抽出时间。增加思考自己"意向"的时间是有益的,选几个意向并对他们展开想象,如果意向—显现模式是正确的,我们就会看到显现的持续进展。

　　第三,要有娱乐精神。娱乐和消遣有助于把注意力集中在积极的一面,至少可以防止自己屈从于恐惧和焦虑,即使没有想自己想要的东西,也不会把任何一丝精力消耗在讨厌的问题上。

　　第四,关注性的价值。派里纳说:"很难想象还有比性更能排除消极想法的东西,除非你是性无能。性生活以后的平静和放松是建立新意向的最好时机,我们还可以与伴侣大声讨论自己的欲望和意向。"

　　在"意向—显现"方面斯蒂夫·派里纳的实验还处在开始阶段,但实验结果初步证实了他对意向力的猜想和信念,甚至远远超过了他自己当初的预期。从实验开始的不长一段时间,他已经看到了自己生活的巨大改善。因此他决定投入更多的精力继续这项实验。尽管"意向—显现"的成功应用需要重大的信仰重构,这里的作用机制目前还不完全清楚,但他认为值得为此做出努力。

三　意向显现的时间

　　当我们在自己的生活中创造一些新的意向时,如职业转变、关系建立和健康改善,最初的时候或许根本不会看到结果出现,

第十章 意向的神秘力量

但斯蒂夫·派里纳认为只要持续保持这种意向，最终它会出现。新的信息、新的人和新的环境会产生协同效应，使得你的意向显现最初的可能，继而变为很可能，最终转化为现实。

有时，过程是如此之缓慢，以至于感觉不出任何的效果，而且很多意向并没有可以测量的结果。

为什么意向显现要经过如此漫长的时间，甚至根本就不出现？派里纳指出这里有一些共性的问题：

1. 没有坚持自己的意向

想象一下意向就像飞向宇宙的电磁波，好比发射的无线电信号，宇宙接收到你的思想并通过物质世界反馈给你，你的意向中放入思想和情感越多，你发射出去的电波越强，反射回来的也越强，如果不能坚持你的意向，意味着你没有给它足够的能量，反射（即显现）可能非常弱小以至于你检测不出来。

人们放弃意向的第一个原因是缺少坚持。派里纳说，物质的东西只是能量，但它是非常密集的能量形式，把我们的思想变为物质的领域需要花费时间。在存在的另一个方面，如在梦里，事物都是非常稀松的，所以我们的思想能够非常快地显现。

顺着这一思路，我们可以发现在星际空间我们的思想可以即刻显现，因为我们有非常大的想象余地，我们把星星想象为金钉子，它就是金钉子。但在我们接触的物质世界，真实是更为固定和一致性的东西。尽管如此，派里纳认为它还是会被我们的"意向"所推动，不过它需要用更多的能量去推动。所以最初看起来它们根本就没有移动，但虔诚的意向终将产生效力，到时水闸会突然打开，期待已久的东西就会一下子涌现出来。

2. 在意向的后面没有输入能量

当出现了意向的时候，情绪（情感）等于能量。如果对自己的意向没有真正的热情，这就像打开没有电池的手电筒。不要觉得你应该像其他人一样，仅仅根据他人的价值取向来选择自己的意向。真诚地对待你自己真正需要的东西，最为有力的意向是那些有助于你实现快乐的东西。

3. 最好的意向是清晰而集中

如果要钱，就要列出具体数字。一般的意向能量很少，把你的意向像激光一样聚集，而不是像蜡烛一样，你将会看见它们更快地实现。

4. 无意中取消了意向

你必须把注意力从不要的东西上面转移出来。拒绝对消极的东西做出回应，否则就是承认它，就是确定它的存在。不要在消极的状态中生活，恰恰相反，应该在积极的状态下生活。应该更加关心自己消极的梦。压力下的人被快乐所拒绝，一文不名的人被富有所拒绝，关系不良的人被爱所拒绝。承认你要的真实并抛弃你不要的东西，能够为你创造出更多的价值。

派里纳要我们设想以下开车的情形：如果你只看已经开过的路（在后视镜），就会出车祸；如果你只看正在经过的路，就会受它羁绊。成功的驾驶必须看着自己要去的方向。看前方并不意味着忽视自己现在的处境，我们仍然可以以自己眼睛的余光观之。生活也是如此，如果我们喜欢现在的处境就应该尽情享受。但如果我们发现自己已经陷入不良情绪的边缘，那么只要关注公路前方，同时对周边稍加留意即可。不要在自己不想待的地方安营扎寨。

5. 意向与自己的信念相矛盾

拿手电筒照太阳自然没有效果。我们把一个意向射向一个已经存在的强大无比的信念领域结果也是如此。一方面我们的思想超负荷地承载着"不可能"的信念限制，另一方面，我们却抱着成为亿万富翁的意向。如果我们试图执著于自己的主导信念矛盾的意向，这种意向只会落得失败的下场。如果我们的强大意向射向与自己的信念一致的地方，这些意向就倾向于很快实现。这

第十章 意向的神秘力量

是我们的生活中能够得到最好控制的部分，我们会因此而顺流直下。

有一段对话很能说明意向的作用：艾丽斯问道："请你告诉我，从这里可以去哪儿？"猫回答："这要看你想去哪儿。"——刘易斯·卡罗尔（Lewis Carroll）

斯蒂夫·派里纳的"意向—显现"理论有类宗教的性质。宗教不只是幻觉，对信徒来说它是无处不在的真实。信仰和信念在本质上决定生命的意义。

注意力经济学与现象学在哲学上存在着深刻的渊源关系。法国哲学家梅洛·庞蒂说：真正的哲学就是"学会重新观看世界"。以往传统哲学所建立的各种范畴，诸如"主体"、"客体"、和"真理"等都不是现实世界本身，知觉是一切行为得以展开的基础和前提。感知之所以珍贵，就是因为它是人在生活世界的亲身体验……世界并非与我们精神无关的独立"客体"，因此根本不存在自然科学所宣称的外在的独立对象，一切对象的真正意义，都同我们对它们的感知有关。[①]

这个世界不仅信息过剩，真相也出现过剩，当然我们所说的"真相过剩"是一种结构性的过剩。在强烈的追求真相的活动中，有时我们忘掉了真相不是唯一的，也忘掉了追求真相的目的是什么。真相真的那么重要吗？寻找真相的热情往往让我们失去注意力经济的智慧——失去了追求幸福的本义。

问题：

1. 你如何理解真实的复杂性？哪些产品创造并构成我们的主观真实？

[①] 高宣扬：《梅洛·庞蒂：学会重新观看世界》，《社会科学报》2008年4月10日。

2. 如果对梦的记忆超过对现实的记忆，那么梦是不是比现实更现实？

3. 斯蒂夫·派里纳的"意向—显现"理论对注意力经济有何意义？

4. 网络的发展为"意向—显现"提供了什么样的现实基础？

第十一章 独特的战略管理

在你会管理注意力之前,你需要了解组织和个人中这些资源是如何耗竭的。

——托马斯·达文波特

本章重要人物介绍

托马斯·达文波特(Thomas H. Davenport),1954年生,毕业于哈佛大学,获得组织行为学博士学位,曾经在哈佛商学院、芝加哥大学等多所大学任教职,著名学者、专栏作家,著有《关键使命》、《流程创新》等大量著作。2000年,被《CIO》杂志评选为"新经济十大杰出人物"之一。达文波特是注意力经济学派的重要代表人物之一。目前是爱信哲战略变化研究所所长,该所位于美国马塞诸塞州坎布里奇的一个研究中心,这个中心的前身就是非常有名的研究咨询机构安达信咨询公司。他与约翰·贝克合作于2001年在哈佛商学院出版社出版了《注意力经济:了解商业的新通货》一书,这本书出版以后产生了巨大的影响,在中国,它成为了畅销书。

托马斯·达文波特与他的合作伙伴约翰·贝克对注意力的兴

趣开始于1998年,这种兴趣完全来自于个人爱好,在当时他们都意识到,要把注意力这个课题列入任何一个商业研究机构的研究项目中都是不大可能的事情,但他们确信,如果深入研究,它也可能吸引广大的商业人士,于是他们的合作就在那年的秋天开始了。

第一节 战略层面的注意力意识

我们已经认识到注意力不仅是一个重要的问题,而且是一个非常普遍的问题。但托马斯与约翰把研究的重点放在了注意力对公司管理的影响以及这种影响对战略的意义上,这种选择应该与他们的教育背景和职业有关。在注意力经济的管理学派看来,注意力经济学是一种把注意作为短缺商品的信息管理方法,它应用经济学理论解决各种各样的信息管理问题。

一 注意力社会的三种群体结构模式

在分析管理学派的理论观点之前,我们先来分析一下社会的群体结构,注意力社会的群体结构可以归结为以下三种模式:

1. 明星——追随者模式

关于注意力经济时代的组织结构变化,注意力经济学派中的不同学者有不同的认识和表述方式。高德哈伯继续沿用他的一贯思维方式,认为以明星为中心的社会群体结构将成为一种普遍的社会组织结构形式。这就是所谓的"名人体制"。当有人成为明星的时候,对其他人来说以各种各样的群体的方式与之建立关系往往是一个好的战略。在这种模式结构中,"追随者"就像影子一样围绕着明星,亲近明星使得他们更容易分享明星获得的注意力。在美国有电视系列片专门反映这些人的生活,在日本甚至时装商店的服务员就是名模,她们有着自己的追星族俱乐部。这是一个完全基于注意力吸引的无形的组织结构，发挥聚集作用的是明星个人的魅力。

明星——追随者模式在传统的社会并不多见，但是在注意力经济时代，这种模式在越来越多的领域被发现。

2. 平等关注模式

群体成员或多或少地平等分享注意力。在网络社区有大量这样的群体存在，这是一个无组织的自治的社会，但是在现实社会基于这样一个平等亲密交换注意力的群体不可能大。因为群体增大平等就会被打破，那些获得更多注意力的人就会被接受为群体的领袖，他们可以在群体中调控注意力的流动，对群体的注意力进行分配。

高德哈伯认为，长期维持平等注意力交换的群体规模一般不会超过4个人。这也是没有领导的乐队组合的正常规模。更大的团队通常都有正式或非正式的领导，他们在决定团队的方向和目标上具有更大的影响力。

3. 科层组织模式

科层结构是典型的权力结构模式，是权力导向的注意力等级结构。一个群体的人数超过一定规模，彼此利益相关，并且拥有共同的目标和任务，这就需要一个组织。在一个组织中，组织的权力结构显然是组织成员关注的焦点，谁被提升了、谁被贬职了、谁将遭到普遍反对、谁将成为组织再造或合并后的领导，这些问题都备受组织成员的关注。

根据托马斯和约翰的观点，组织结构是获取注意力强有力的媒介。建立某一种特殊形式的组织结构往往是为了把注意力集中在商业的某一特殊方面。组织结构是引导雇员和投资者注意力的一个有力的工具。所有的组织结构都在传达一种信息：某些问题比其他问题更重要。由于先天的倾向性，我们不可能将自己的注意力平等分配到两个领导身上。也就是说，同时注意组织结构的不同方面并非易事,因为这难以形成专注和投入。军队和教会的金字塔组织结构有利于把注意力集中在少数几个人身上,以完成特殊的任务。我们倾向于把注意力更多地给予地位更高的领导。

二 组织的注意力赤字

在信息社会和知识经济时代,人力资源的观念发生了根本的变化,注意力成为最具有生产力的资源。在以脑力劳动和信息处理为中心的现代公司工作环境,员工的注意力资源短缺已经非常明显地显现出来,注意力管理就成为公司管理面临的重要问题。要管理好这种新的短缺资源,第一步就是要了解组织和个人的这些资源是如何耗尽的。这是管理注意力的基础。

基于当前社会组织内部注意力资源严重不足的事实,托马斯和约翰提出了"注意力破产"的概念。他们认为长期的注意力赤字,或经常出现注意力不足,最终不仅会导致严重的心理疾病,甚至还会给组织带来灾难性的后果。注意力缺失症本来是一个心理学的概念,托马斯和约翰把它引用到组织行为分析,认为当前社会许多组织也出现了这种症状。组织注意力缺失症的特征包括:决策中丢失关键信息的可能性不断增加;对任何事情反应时间缩短;无法吸引他人的注意力;越是需要的时候越是难以集中注意力。

在一个信息过剩的环境,人们变得越来越浮躁,已经不会有太多的思考。任何雄心勃勃的商业创意和计划又都需要大量时间和大量注意力的投入,而现在我们却做不到。注意力经济中的最大风险是多任务处理,人们已经习惯于在不丧失理解力和基本含义的情况下同时应对多项工作。这是提高注意力分配效率的需要,是信息化工作的必然现象,遗憾的是这种做法也增加了工作中出现差错的可能性。在实践中，企业决策和管理人员要么注意力不够用，要么把注意力放错地方，我们对有些信息关注不够而对另一些信息又关注太多，不去管理注意力可能会导致机会的丧失和成本的增加。

因此，从公司内部的注意力资源管理看，领导和管理者一方面要学会有效分配自己的注意力；另一方面还要学会如何管理员工的注意力。从外部来看，公司还有一个重要的任务：就是吸引、保持和引导投资者和消费者的注意力。公司必须对重要的利益相关者的兴趣和注意力做出预期，这是现代社会公司稳定发展的基本要求。

三　谁控制组织的注意力资源

管理是一种控制，对人的管理从某种意义上说就是对人的控制，而控制人的注意力是控制人的思想和行为的关键。

在一个以体力劳动为基础的经济形式中，生产力的提高会带来雇佣劳动的减少。在信息社会，组织内部员工产出增加反而意味着组织内部注意力资源消耗的增加。因为人们需要更多的理解、更多的协调和更多的沟通。根据托马斯和约翰的观点，这里存在着一个组织内部信息市场和注意力资源的平衡问题。

这一认识非常重要，它让我们重新思考哪些值得做，哪些不值得做，哪些原来认为是对公司有贡献的工作实际上却是在消耗组织重要的、看不见的注意力资源，我们需要反思传统的绩效考评。

在美国，大多数人认为专业人员和管理人员的工作时间比过去延长，并且许多知识型工人现在相当多的业余时间都用来钻研和处理与工作相关的知识和信息。既然几乎无人知道该如何处理庞大的信息，说明我们必定存在着注意力分配不当。管理学派的学者指出，总经理总体上控制着资源并有能力激发公司任何一个成员的注意力,因为他有权力、金钱以及自己指挥的信息部门,因此他们在组织的注意力分配效率上负有重要责任。

一个组织存在着诸多的利益相关群体,如何在这些群体上分配注意力,这个比例多少才是恰当的,不同的决策者认识会有所不同。注意力的集中与注意力范围的扩大是一对矛盾,组织面临的一个问题是如何处理好这种矛盾。居支配地位的人应该有能力很好地处理这方面的问题。手中的权力可以支配注意力,但不懂得注意力经济的人不善于支配注意力。

四 注意力失衡

在一个团体中常常会表现出各种各样的"注意力失衡",这是托马斯和约翰对注意力配置不当的另一种表达。企业中一个重要的问题是员工的注意力中心与组织战略目标设定的要求严重错位,注意力管理最为重要的任务就是要对这种"失衡"进行纠偏。如果企业实施的是顾客满意战略,员工的注意力应该大量集中在客户身上,一切为客户着想;如果企业要求管理层更多关注竞争者,那么在管理上也要把这种意图体现出来。实际上不同的领导工作风格也不相同,有些领导注重细节,在细节上发现重要问题,所谓"细节决定成败",但也有些领导更多的注重宏观的环境和宏观的战略决策。不管怎样,这里都涉及决策层的注意力配置的合理性问题。但是对自身注意力的管理与对团队的注意力管理有很大的不同,因此,作为领导和管理者,仅仅懂得有效利用自身注意力还是远远不够的。"考核什么就会得到什么",这表明组织人事政策对注意力配置的重要导向作用。问题在于我们的许多考核的东西并不完全是我们真正想要的东西,而为了这些东西,我们在一系列的过程中又耗费了许多不必要的精力,出现注意力资源配置的本末倒置现象——形式重于实质,过程重于结果。

五 战略对注意力资源的安排

战略基本上就是一个资源配置的问题，成功的战略必须将主要的资源用于最有决定性的机会。托马斯和约翰指出，当一个群体被带到一起，每一个人都有自己关心的事情，这时需要一个凝聚注意力的东西，这个东西就是组织的战略目标，因为组织的注意力是与个体的注意力相关的。因此战略目标必须融进员工的利益，融进员工关注的问题。任何成功的努力都始于对终极目标的强烈关注，战略制定者的任务不在于看清企业目前是什么样子，而在于看清企业将来会成为什么样子。

弗雷德里克·格卢克（Frederick Gluck）认为战略制定者要在所取信息的广度和深度之间做出某种权衡。他就像一只在捉兔子的鹰，鹰必须飞得足够高，才能以广阔的视野发现猎物；同时它又必须飞得足够低，以便看清细节，瞄准目标和进行攻击。不断地进行这种权衡正是战略制定者的任务，是一种不可由他人代理的任务。

密歇根大学的威廉·奥卡西奥建议在群体这个层面对注意力进行研究。他提出："公司战略可以理解为一种组织注意力模式，即公司对一系列特定事件、难题、机会、威胁和一套技巧、惯例、纲领规划以及程序所付出的大量时间和努力。"[1]

战略结构从某种意义上说是组织注意力结构。在制定和使用战略的过程，人类固有的两个缺陷应该引起重视：

人不能将注意力同时集中于多个目标。

人的注意力不能贯穿战略过程的始终。

战略的制定和战略的改变始于决策层，特别是主要领导人注

---

[1] 托马斯·达文波特、约翰·贝克著，谢波峰、王传宏、陈彬、康家伟译《注意力管理》，中信出版社 2002 年版，第 37 页。

意力的转变。投资方或执行总裁（或两者）投注到常规事物上的注意力发生转移是战略过程开端的标志。这个被托马斯和约翰称为"非常规事物原则"。

玛丽安·杰利内克在《制度化改革》一书中指出，"除非所谓的常规事物实现了制度化，不需要广泛的管理注意力而照章执行，否则管理注意力有必要集中在常规事物上"。

把注意力集中于战略上的常见方法主要包括下面几种：

将那些妨碍战略注意力的琐碎的事务制度化（或者外包出去）。

让一位演说家或者顾问与主管人员讨论注意力问题，以引起主管人员内心的震撼。

对那些压力不明显的日常商业实行"战略撤退"。

将管理注意力集中到竞争对手的具有威胁性的行动上来。[1]

商业战略最为基本的是将企业注意力集中在众多的可选方案中的某些方案上。战略不仅仅选择正确的战略方案，也包括对战略本身的哪些要点给予关注。

比如，用户第一，雇员第二，股东第三，社区第四。这是位于圣保罗（St. Paul）的已有百年历史的黏胶剂生产商 H. 富勒公司（H. B. Fuller）的信条。这一信条表明了该公司在战略层面的注意力分配原则。

六　时间管理成为过去

注意力管理与时间管理理念大不一样。传统的公司管理绝大多数都是基于时间的管理，八小时工作制，早9晚5的作息时间。但是托马斯和约翰指出，一些占用大量时间的事情可能只得

---

[1] 托马斯·达文波特、约翰·贝克著，谢波峰、王传宏、陈彬、康家伟译《注意力管理》，中信出版社2002年版，第241页。

第十一章 独特的战略管理

到少量的注意力,我们每个人在学校上课时几乎都有过这样的经历。与此相反,有时少量的时间也可以获得大量的注意力。比如,对下级的一句赞美之词,这虽然不需要多少时间,但可能带来相当于一年工作总量的注意力。在未来取得成就的公司将不会是时间管理的专家,而是注意力管理的专家。在工业时代产量唯一的限定因素是时间,如果你有足够的时间,就可以生产出任何东西,但在注意力经济时代情况发生了根本的变化,有时间并不一定能生产出需要的东西,更不一定能够创造出有吸引价值的产品。因此"时间就是金钱"的信条应该让位给"注意力就是金钱"的信条,计时工资应该由注意力"贡献"工资取代。虽然以时间为基础的体制在我们的制度文化和工作实践中已经根深蒂固,但一些 IT 行业的公司文化正在打破这种惯性。工作时间在他们那里已经变得不是那么重要,是否有想法,是否有创意成为更为重要的东西。公司的奖励也开始转向点子和策略的价值。所以托马斯和约翰断言"时间世纪"已经过去。

为了把员工的注意力聚集在公司的未来发展上,许多公司都为员工设计了一种特殊的奖励办法,即员工的认股权。这种权利把员工的补偿收益与公司未来的价值紧紧地联系在一起,所有员工都被调动起来关注股东乐意投资的一些事情,员工为公司创造价值也就是为自己创造价值。

问题在于现在许多公司的制度导致员工把大量的注意力都浪费在琐碎的事情上,人们总是在抱怨自己的精力没有用到有价值的地方。不仅如此有些人的注意力付出不仅没有创造正面价值,而是在消耗公司其他人的注意力资源,产生负面的价值。一些在注意力管理方面领先的公司开始对员工的注意力资源分配进行调查研究。经理们必须确认员工注意力走向,并奖励那些真正把精力用于切实关系企业成功的事件上的人。如果说一个公司或组织成功的关键在于创新,那么对于那些肩负创新重任的员工,就要给予更多的时间去"胡思乱想",产生一些新的概念和新的想法。托马斯和约翰建议在公司内部采取措施,加强注意力管理。基于注意力管理的考虑,一些组织甚至开始随时按响传呼机要求员工立即记录此时的注意力动向。这可能会带来一些问题和员工的不满,但从理论上说在工作时间公司有权了解雇员的注意力投放。因为这个资源是公司购得的财产。

七 注意力全球化

在一个全球化的时代,注意力也需要全球化。要把足够有效的注意力集中于全球化问题上,一种方法是雇用和选拔具有国际性视野的人。一项研究表明,主管人员全球化思维能力与国际旅行的次数从统计上不具有相关性。尽管担任全球性公司关键职位的那些人必须有全球化的注意力定向,但并不是每个人都需要这样。现在的一种趋势是在应对紧急而又重大的课题时,全球性企业开始了在不同时区的"注意力"接力,包括危机时期的实时跟踪控制,24小时持续管理,项目的快速开发等。因为网络世界非常容易沟通,也非常容易衔接工作。这样,员工在正常工作时间仍然可以保持公司工作的24小时连续性,组织的效率大大提高。

第二节 组织注意力管理要点

注意力经济管理涉及许多方面,方法也有各种各样。那么在这一领域的管理中我们应该把关注的重心放在什么地方呢?我们来看看注意力管理学派的一些建议。

一 提高领导的注意力素养

实现战略转换,领导和管理者需要有良好的注意力素养。传统的管理方式很少顾及注意力成本,这种管理方式应该彻底改

第十一章 独特的战略管理

变。为此，有必要对组织结构做出调整，首先是要设立首席注意力主管来取代首席信息主管，因为信息主管通常难以在信息和注意力资源之间寻找到平衡。托马斯和约翰指出，如果组织没有一个将注意力引向何方的有意识的计划，那么其成员就不会费尽心思去寻找真正相关的信息。有效的领导者必须评估注意力去了什么地方，保证应该得到关注的信息真正得到关注，限制不必要的信息和知识入侵，并设法防止干扰。一项研究发现：在所有体育运动、个人财经、甚至色情网站的访问中，有超过一半以上的访问是在工作时间内进行的。90%以上的雇员承认，基本上每天都会访问与工作无关的站点，这样会导致"虚假工作"的现象。

托马斯和约翰提出了一些具体的了解员工注意力流向的方法，通过注意力评估，可以修正组织注意力的不平衡。

组织对员工注意力的管理可以通过政策和技术的手段对信息的数量和传送进行限制，然而很少有企业这么做。当然也有一些企业在特殊时间对不重要的信息进行限制。托马斯和约翰建议实行发送电子邮件名单最小化，只有高层才能给所有的员工发电子邮件，由那些负责公司日程和分配注意力的人最终控制信息流，使用一种既能吸引人的注意又用少量注意力就能够理解的信息显示方式，如不要太多使用印刷字体，在一大堆信息中突出关键词。知识经理要力图生产更多吸引注意力的知识，通过祛除不必要的知识和信息分布以保护员工的注意力。公司不应该对他们广泛的知识入口而自豪，他们应该骄傲于能够建立一个有目标性的信息环境。

在将来不仅注意力保护技术得到发展，注意力的监控技术也会无处不在。我们可以想象这种监控就像现在对金钱的监控，作为公司领导应该知道如何合理地利用这些手段。

公司管理者只有意识到注意力的重要性，才可能出台相应的政策。组织要规定什么人能把信息发给员工，谁的信息应该受到重视。公司需要培育一种新的文化，在这种文化里，员工都会意识到某些与注意力相关行为的适宜性和不适宜性。就像音乐会里有单间隔离噪声一样，不公正地消耗他人注意力的行为也将被认为是无礼的。[①]

爱信哲（Accenture）战略变化研究所的一项研究表明，比较自觉的领导者在引导他人的注意力方面最为成功。要具备这一特性，必须在任何时候都清楚他们的注意力，把握其投向和深度。而我们的大学并没有提供这方面的课程。托马斯和约翰认为，注意力对我们的工作既可能有利也可能有害——而且被误导的注意力往往比完全没有注意力更有害。

我们都有这样的经验：领导关注的一系列事情和目标都会影响到雇员的注意力，整个公司的雇员都会揣摩领导者在关注什么，并据此对自己关注的事物做出选择。这种现象也被托马斯和约翰注意到，不仅如此，他们还用自己发明的注意力观察器作了测量研究，结果表明：小公司的雇员一般与领导的注意力保持有很高的相关性，而大公司虽然没有这么明显，但关联性依然存在。

因此他们提出忠告：成功的注意力领导者不仅要清晰地理解自己的行为和言论对下属的影响，而且要自觉地利用这种影响来服务于公司和组织的注意力管理。他们应该是恰当的注意力寻求者，懂得如何在恰当的时候获取恰当的注意力，还要懂得如何避开不恰当的注意力。

指挥注意力的关键在于接受这一事实，即你不能控制任何人的注意力焦点。任何打断你预期的事物或你认为意义深远的事物都能捕获你的注意力。最好的领导者能够提供或引进组织关注事务的重要背景材料，并且能够在聚焦注意力的过程中，平衡好兴奋与压力之间的关系。他们还要善于识别和管理那些转移注意力

[①] 托马斯·达文波特、约翰·贝克著，谢波峰、王传宏、陈彬、康家伟译《注意力管理》，中信出版社2002年版，第332页。

的力量。托马斯和约翰同时指出,好的领导应该意识到,如果要求雇员关注一项新的事务,就必须让雇员放弃关注另外一项事务。因为,正如杰里·赫茨博格所说:"从一项我们还没有完成的工作中分身出来,并不意味着放弃。恰恰相反,尽管我们的注意力转移到了别的事物上,但我们的潜意识仍在工作,而且这种潜意识能从眼前的事物中寻找工作需要的各种材料。"

但是即使能够正确引导雇员的注意力,如果不能确保并维持顾客的注意力,公司仍然会失败。因此作为领导,必须善于吸引注意力,引导注意力,把注意力分配到需要的地方,这种注意力智商将受到重视。

二 探明注意力分布

有效管理的第一步是调查研究。注意力管理首先要了解这种资源的流向和分布。虽然媒介和广告行业有一系列注意力测量的方法,但这种方法用于员工注意力配置的调查还有不少问题。托马斯和约翰开发了一种专门的技术,这种技术叫做注意力观察器,用来测量和评估个人和组织的注意力分布。他们把注意力分为主动的注意与被动的注意、喜爱的注意与厌恶的注意、有意的注意和无意的注意。使用注意力观察器不仅能测出注意的程度,也可以测出注意的类型。他们还在网上提供了这种测试的工具。通过一系列提问和回答,计算机会以图像的方式显示出你在某一对象上付出的注意力数量和付出注意力的类型。它能帮助组织了解员工和公司整体对各种事物投入的注意程度和注意效果,即投入注意力的数量和质量。如果进行动态跟踪还可以测出个人和组织注意力流向的变化。

那些把任何事情都放在有意注意的人容易被过度的辛劳击垮。如果在琐碎的事情上付出的有意注意太多,就要考虑改进工作。存在这种问题的人通常分不清主次。他们"把空调的噪声和鸟儿的歌声当做和老板与自己讨论的声音一样重要"。托马斯和约翰认为对于这样的人主要是要让他们学会放弃,不要事事追求完美,有所不为方能有所为。

当然我们也可以推论,那些厌恶的注意占很大份额的员工一般来说工作的满意度是不会高的。从公司的发展来说,理想的注意力管理应该是让员工围绕着组织战略目标,更多地付出主动的、喜爱的注意。

注意力管理要防止两种存在的危险:一个是过多类似的信息分散了注意力,失去了目标。第二个是注意力过分的集中导致注意力盲区,从而丧失身边的机会。

三 寻找生物学启示

托马斯和约翰强调注意力不是机械的,而是有机的。过于复杂的管理不仅不会奏效,反而会令人混淆。它将人们的注意力从管理的内容转移到管理的机制与方法上,因此组织制度如果僵死得像一部机器,就难以得到有效的注意力。人不全是理性的,从本质上说他还是动物。金钱虽然能吸引注意,但根据亚里士多德的观点,它只是"第二目标的东西",只是用来交换第一目标的媒介,第二目标远不如第一目标更具有吸引力。任何希望成功管理注意力的人都必须懂得这一点:人类的天性总是优先考虑第一目标。

人的注意力虽然有理性的模式,但从根本上看他还是与"猿人"差不多,由本能驱动。他们在乎满足自己需要的直接的第一目标。用进化论的术语来讲遗传让人类把自己的注意力优先配置在与觅食、安全、繁衍有关的重要事务上。人们对这些问题的关注实际上已经演化为媒介开发注意力资源的有效手段,暴力、谋杀、性都成为一切商业化媒介和文化产品的主要原料。广告的3B(Beauty、Baby、Beast,即美女、婴儿、野兽)原则,体现的就是生物学意义上的注意力本能。性是注意力的一个永恒

第十一章 独特的战略管理

主题。美国的一项研究表明，1983年杂志广告只有1%的内容涉及性描述，到1993年，这个比例已经上升到17%。注意力竞争不能从逻辑角度考虑，而要从生物角度考虑。在注意力经济中，经理们必须认可并接受人类的生理对注意力的影响。

我们从灵长类动物群体的研究中可以得出结论，自恋情结在集中个人注意力上是很有效的工具，猴子常常会在镜子前顾影自怜的时候被人抓住，但没有一种生物比智慧的人更关心自己。事实表明，人类在近几年变得越来越有自恋倾向。社会学家查尔斯·德布在《追逐注意力》一书中提到：在许多场合我们甚至不能将目前的讨论进一步深化下去，因为人们只知道谈论自己，周围所有的人都在寻求接纳、自主和尊重。因此要想得到某人的注意力，你必须给予某人一些注意力，为了获得某人的注意力，你的信息必须包含着有关某人的信息。

如何吸引顾客是每一个企业都会遇到的问题，要吸引顾客的注意力，那就是先注意顾客。人们对关注自己的人也会给予特别的关注，这是人们关注自己的"注意力财产"。根据高德哈伯的观点，注意力财富存在于那些曾经关注我们的人的记忆中，如果我们在乎这些"金钱"，我们自然关注我们的"金库"——那些关注我们的人。根据这一理论，我们有必要关注顾客的姓名、职业、爱好等等，以便结成人际关系，制造受重视的感觉。

托马斯和约翰提供了一个马斯洛的需求（注意力）等级表，来帮助我们预测人们的注意力方式。不同层次的需要有着不同的注意力指向。高度社会化的人类在社会交际方面花费了巨大的精力，社会交往涉及社会等级，人们常为等级的升迁而不懈努力。

管理学派的这两位学者还提出了一些富有创建的思想。如他们认为，有时人们喜欢让自己的注意力饱和到极限，甚至为此愿意拿生命去冒险，比如极限运动。这种运动往往同时引起人们的各种注意力活动，从而使大家产生特殊的体验。社会娱乐化趋势是人类这种生物本能的一种大规模表现形式。他们还描述了注意力越轨现象，特工人员习惯于扫描人群中那些和其他人视线不一致的人，这是注意力脱离社会准则的一个迹象。注意力常常在不知不觉中暴露一个人的内心世界。员工的注意力如果脱离常规，就要引起管理者的注意。

四 选择明智的策略

注意力管理涉及内部的政策。管理学派的学者们提醒我们：现代世界上充满获取注意力的技术，为了获取注意力，各国政府、各个组织，甚至个人都加入了注意力技术的"军备竞赛"。真正的问题不在于你比过去做得更好，而在于你比竞争者做得更好。他们预测，在未来，构成注意力获取技术的内容可能包括全息照相、虚拟现实、嗅觉视觉合成和人类心灵感应。但与所有的军备竞赛一样，依靠技术获取注意力的能力也有局限性。

由于信息的过度刺激，贫瘠的大脑再也没有注意力资源用于思考，人们越来越丧失了思考的能力。注意力技术可以使你的注意力从一个路线转移到另一路线，然后又回到原处。[①] 一些组织已经在内部明确禁止使用那些昂贵且令人炫目的技术：有些禁止在内部使用多媒体演示系统；有些禁止彩色激光打印机用于内部文件打印。

现代组织是一个开放系统，员工的注意力与外部环境有许多连接的通道，如果对这些通道不加以限制，就会导致员工注意力的流失。因此一些公司出台措施，根据不同的工作岗位和不同的身份，划定不同的权限。如哪些员工可以上网，在什么时间上网，上哪些网站，是否接受监控等等。利用技术来捍卫我们自身

---

① 托马斯·达文波特、约翰·贝克著，谢波峰、王传宏、陈彬、康家伟译《注意力管理》，中信出版社 2002 年版，第 121 页。

第十一章 独特的战略管理

的注意力资源在现代社会是必需的。虽然托马斯和约翰认为注意力保护技术要求把我们的注意力投入到我们的偏好中，但是我认为这种技术也会巩固我们的偏好，限制我们的视野和思维。它使我们"外遇"和偶然发现的机会大大降低。因此在保护与开放之间，企业要做出选择，寻找平衡点。

在公司内部实施的一系列技术限制措施对员工的资源节约会有好处，但在外部注意力竞争的战场，注意力获取的技术工具依然不可缺少。因为没人能够制止这种注意力战争武器的使用，没有人能禁止军备竞赛。

网站是组织获得注意力的重要技术手段，获得并保持注意力就形成所谓的"黏着力"，这是一个用于衡量网站获得注意力程度的重要指标。其常用的指标有三个：

上网总时间。

每人访问该网站的次数。

每人浏览的网页数。

在注意力竞争中，瞬间获得某人的注意力并不困难，但要长久维持这种注意力，或者至少维持到他人能够理解你想要表达的信息就很难了。注意力经济越发达，人的耐性程度越低，黏着力的获得是一个严峻的挑战。从策略上，托马斯和约翰建议所有的首席执行官都应该分析电视的注意力竞争，这样可以从中受益。

数字技术的发展使得有些人过多地依赖于技术手段，但是多数人认为好的秘书在信息的筛选方面超过任何注意力保护技术。即使注意力技术高度发达，人性的东西永远是有价值的，永远不能放弃。

在注意力市场，不同人的注意力其价值含量是不同的，因为注意力产品也要讲究适销对路。注意力经济学派的学者都知道并不是所有的眼球都生而平等。

对于内部，不同的员工注意力的价值也是不一样的。绝对不应该让富有创造力的人才整天忙于事务性的工作。作为一名领导者,不仅要管理注意力的数量,还要对注意力进行分类管理。将不同类型的注意力放在最应该放的正确位置上。如果有可能还要对竞争对手的注意力进行管理,在认识竞争对手获得注意力的类型和数量后,进行分析判断,进而做出决断。

在注意力管理研究方面,还有一位日本学者值得一提,他就是远藤功。这位早稻田大学商学院教授在《可视力》一书中,从另一个角度强调了注意力对企业发展的重要性。他主张企业要充分可视化,所谓可视化又被称为"目视管理",是指让企业各种经营管理活动变为看得见的活动。他把可视力作为一种竞争力来理解,企业应该把重要的事物置于能被看见的状态。使事情变得"看得见"是人的意志,有些事情虽然重要,但是就其自在的状态来说是不容易被人看见的,有些问题则是有些人主观上不愿意让人看见的,不仅如此,他们还要设法掩盖它。因此可视化既需要意志也需要方法,两个条件缺一不可。如果这两个条件弱化,即使现在看得见的东西也会变得看不见,企业自身也会随之消退。在远藤功可视化系统建构中包含着五个基本类别:即问题的可视化、状况的可视化、顾客的可视化、智慧的可视化和经营的可视化。①

托马斯和约翰发现,合并也是注意力竞争的有效战略。如果有两家公司都不足以获得足够的注意力,就尝试将他们合并。大公司通过兼并其他的公司使股票价格上涨,这与注意力有很大关系。在自然界中,获得注意力的一个基本方法就是把尺寸弄大些。这个被托马斯和约翰称为"大狗反应",许多动物包括狗、猫、鸡、甚至鱼在格斗和遇到危险时都会以各种方式尽可能地扩张自己的身体,以恐吓对方。规模日益增大的公司可以迅速获得

---

① 远藤功著,林琳译:《可视力》,中信出版社2007年版。

第十一章 独特的战略管理

新闻机构、客户、竞争对手以及证券市场的注意力。由于主管人员的奖金以股票价格为基础，企业领导往往找出无数的理由促进企业的合并。实际上，合并也给自己赢得名声，当然这里也有虚荣市场在起作用。总之，许多合并都是名利双收之举。

合并也会带来风险。因为并购之前投入到客户、供应商、合作者和其他股东的注意力，会突然转向投入到内部的一些人为的工作问题上：对解雇的担忧，对工作变动的推测等等。这些问题不及时解决，就会大量消耗组织的注意力资源，人们虽然依然上班，但会产生一系列问题。因此，在合并战略实施之前，就要有个合并过程的注意力管理方案，防止过渡期产生注意力混乱。

与合并策略相反，有时企业分割也是出于对注意力经济的考虑。如果没有足够的注意力满足需求，专家们主张就应该将一部分实体从公司分割出去或将一些业务外包。企业分割的优势在于：管理层级和烦琐拖拉的办事程序减少，使得新的管理能够将更多的注意力集中于促进企业的发展上。

当然在注意力管理学派的学者们看来，较为合理的方法还是组成联盟，而非进行复杂的注意力合并，这对一些网络公司更是如此。组成联盟的每一个企业依然将注意力投入到自己的专长领域，同时又从其他企业的专长中获得好处。把注意力集中于核心商业活动，把那些非核心的商业活动外包出去，这是结成联盟取得成功的企业的主要特征。

企业对熟悉的简单工作一般都会"自动化"，不需要付出太多的注意力。制度化在一定意义上说也有这种功能。虽然组织可以通过代理机构和专业情报机构来"购买"额外的注意力资源，但组织还是需要给每个成员合理分配注意力。根据分工，不同的员工在不同时期的注意力分配应该制度化，一旦制度化，公司的注意力就不仅仅是个人注意力的总合，而是个人注意力的综合。

第三节 环境战略与信息污染的控制

从宏观经济看,注意力经济要长期可持续的发展,就必须有新的环境政策。新经济的战略选择必须包含环境战略的考量。注意力遭到了长期的、过度的、不可持续的开发,会导致注意力环境状况越来越差。在过去的 30 年,我们对电视广告的记忆能力衰退了 70%。仅仅 5 年内,网络横幅广告的点击率急剧下降 90% 以上。虽然广告的形式和方法在不断创新,但是这远远跟不上注意力环境恶化的速度。正如霍华德·葛隆奇指出的:"当(对重复广告)免疫系统形成时,每一年就得花更多的钱去做广告。就像麻药,每次的剂量必须越给越多,才能达到相同的效果。"[①] 广告无度竞争带来的注意力环境问题引起了人们的广泛关注。我们需要一个环境友好型的商业沟通方式。注意力是人类珍贵的资产,我们应该把它当做重要的自然资源给予保护。

一 注意力保护的理论依据

所谓信息污染就是指没有价值的信息垃圾对人类注意力资源和精神世界的侵蚀。注意力是我们的日常用品,网络的发展把注意力的经济学分析摆在了我们的面前。但新经济需要什么样的法规来保护人性和文化利益呢?参与注意力经济讨论的学者,并没有给读者提供多少答案。既然注意力已经成为商品,人们对注意力的各种权利的考虑自然也就会产生。如何通过注意力商品的价值评估来防止掠夺性开采,就需要有一个清晰的认识。虽然要做到这一点有一些困难,但还是有一些学者提出了自己的看法。有

[①] 肯·萨可瑞著,岳心怡译:《注意力行销》,汕头大学出版社 2003 年版,第 31 页。

第十一章 独特的战略管理

一种观点认为，可以延伸已有的相关法律条文来帮助认识注意力的经济价值。路易斯·白兰戴斯（Louis Brandeis）在20世纪创立的涉及"隐私"民事侵权行为的"独处权"（the Right to Be Left Alone）可以用来很好地解释和说明这些问题。"独处权"通常被用来平衡另一种应该被尊重的权利，如言论与表达的自由。这种权利可以确定某一传播形式是不是过度侵扰接收者的"独处自由"，受民事侵权保护的财产权也具有类似的作用。在美国有这样的案例：被告未经同意擅自向原告雇员发送电子邮件，这件侵害动产的案例，最后被转化为对原告雇员时间和注意力的经济价值侵害。美国联邦政府和州政府的立法机构都有几条法案反对骚扰电话、传真和电子邮件。在每一个判例中，补偿的考虑本质上还是出于保护商业的传播权，强调商家向公民提供商品和服务情报的功能，不正当竞争法禁止虚假广告和广告对消费者的误导。但近50年来，因为广告的策略已经偏离了对"事实"的主张，开始朝着"含糊不清"的"联想"转变，这样的禁止条文在削减广告的力量方面并没有多大效果。表面看来，保护商业话语权非常重要，实际上广告还是让人感到非常烦恼。在这两者之间存在着错位，并且这种错位的距离越拉越大。基于这样的事实，一些学者认为，我们必须引进"盗用注意力"的理论来对现行的法律提出挑战和思考。沿着这一思路，媒介环境中的"心理动产"总有一天会为"心理福利"的法律权利提供一个平台。马歇尔·麦克罗汉（Marshall McLuhan）和尼尔·波斯特曼（Neil Postman）提出，我们的心理作用很大程度上由我们周边的媒介所决定，这些媒介修正了我们对于社会方方面面的看法。要用法律来改变这样的局面是非常困难的，也是无法想象的。虽然说发布下流或骚扰信息的广告可以禁止，但像市场形式的信息环境污染，以及媒介环境变迁产生的长期心理作用，如果没有主流的"精神环境保护主义"组织，就难以引起人们的重视并取得明显的效果。在西方,虽然也有一些反广告的社团,但力量还不是很强大。解决这些问题的关键是能否找到逻辑的出发点,也就是注意力盗用理论。

高德哈伯指出,"金钱不能可靠地买到注意力"。然而,与高德哈伯的想法相反,公司却愿意在市场上为自己的产品和服务投入巨资。他们越来越认识到开发和推进品牌的价值。20世纪90年代后期技术的发展,使人们对品牌的重视达到了登峰造极的程度,大量的资本投入到品牌建设,甚至有些人吹嘘除了品牌的潜在价值不再有其他价值。即使是现在,对消费者驱动的产业来说,品牌的建立和维护也是非常重要的。虽然高德哈伯坚持认为网络的发展导致力量的倾斜,注意力从金钱大户转移到创新者身上,但这个程度如何,还有待于观察。它决定于未来几十年占支配地位的网络这种"拉"媒介和传统的"推"媒介的使用,拉媒介来自于内容的吸引,推媒介依靠"惯性"或"分心"来发送他们的信息,如报纸和电视广告。从本质上说,我们不能把电视广告看做是注意力偷盗。但一直以来电视都受到伤害观众身心健康的指责。杰瑞·门德(Jerry Mander)的《电视消亡的四个论据》、尼尔·波斯特曼的《娱乐到死》以及简·海丽(Jane Healy)对电视神经学的研究结果表明,所有的电视都具有麻醉作用。有关健康研究的文献资料表明,目光长期锁定在闪烁的荧光屏前面会导致痴迷的神经状态,电视射线会导致感光性的癫痫。门德和波斯特曼指出,集成的力量使一个人可以面对众多的传播媒介,电视病会导致语言的退化和视觉快餐形式的泛滥。

如果这种影响是确实存在的,那么对相关的权利要求也就有了依据。从心理效果看,言语和行为之间有一种密切的相关性,传播媒介和注意力经济的发展模糊了这两者之间的界限。如果这两者之间的隔阂被打破,一个以法律来保护免受信息侵扰的全新的景象就会展现在我们的眼前。我们就可以像限制各种淫秽信息一样,用法律限制各种形式的广告。这样一个法律制度可以让个人保持对自己大脑开关的控制权,驾驭自身的知觉系统。不过,一些学者也担心,这样的心智自由会不会导致思路的狭隘。当然结果还有待于观察。

二 垃圾邮件的控制

在英语中,兜售信息、骚扰信息、垃圾邮件都是同一个词"spam",这个词意味深长。信息污染来自各个方面,商业信息的滥发是信息污染的主要来源。商业性电子邮件产生大量的骚扰信息,形成巨大的信息垃圾,而接收者必须对这些垃圾花费注意力进行处理。信息污染影响生活质量,导致社会资源浪费。形成这一污染的原因是互联网服务商提供了成本低廉的电子邮件发送服务。这样,发送尽可能多的商业信息就成为一个合理的战略选择。即使只有 0.001% 的接收者成为购买者,垃圾邮件战术也会有利可图。商家之所以制造垃圾邮件,是因为他们渴求潜在消费者的珍贵注意力。但是由于现行的电子邮件系统基本是免费的,他们正在逃避为这些注意力支付公平的价格。

针对这一问题,一些研究人员建议把电子邮件的兜售信息当做"信息污染"来处理,并应用隆纳德·考斯(Ronald Coase)在控制空气和水的污染中创立的产权思想。隆纳德提出,在消费欲望、公司发展以及人们对清洁的水和空气的需求之间存在着矛盾,市场不仅能够平衡这种矛盾,而且比政府管制更为有效。因为市场的利益机制体察到个体的因素,这种个体的因素可以通过市场行为表达出来。"注意力产权"的概念同样可以被用来分配短缺的人类注意力资源,从而控制我们传播渠道的污染。

控制信息污染的一种方法是:每发一份电子邮件,发送人都交纳一小笔费用。如果只发送一份电子邮件,对发件人来说几乎相当于免费。但广告客户如果发送同样的邮件给 1000 名接收者，就会花费 1000 倍的费用。基于这种设想，有人在 2002 年做了一个实验。结果发现，在这样的收费体制下，邮件发送者会做出更大的努力，在提高传播的针对性上下工夫，以把他们的信息发送给有关的接收者。一封电子邮件是否与接收者有关，价格能够让人做出聪明的决定。这就是市场价格机制的神奇之处。

控制信息污染还有另一种办法，这种办法的基本思想就是购买"打搅权"（Interrupt Rights），换一句话说，就是购买者要获得一个人的注意力，必须支付小小的费用。购买这个权利的费用可以根据被打搅者的身份而有所变化：名列《财富》500 强的公司的执行总裁可能非常昂贵，而那些学生的价格就比较便宜。价格还可以因为个体关联的不同而有所变化，如在热闹的假日价格上升，在难熬的酷暑季节下降。被打搅者可能会降低甚至免除从朋友、家人和其他受欢迎的"打搅者"那里收取的费用。

在这一方面，还有一个想法是建立"注意力合同"（Attention Bonds）：为保证某些信息不浪费接收者时间，在发送时把它置于第三方监控之下。类似于"打搅"授权，如果信息浪费接收者的时间，接收者可以选择收取一定的费用，如果信息受欢迎，接收者可以选择不收取费用。

主张利用注意力市场机制控制垃圾邮件的人声称，他们的解决办法要优于使用信息系统进行的管理，因为人们对于哪些信息属于污染没有一致看法。例如，一些人会把寻求政治支持或慈善组织的电子邮件当做垃圾信息，而另外一些人可能认为是合理的。在美国，法律把抗击垃圾信息的决定权赋予了政府，而一些技术解决方案又把它交给了私营公司或熟知技术的使用者手中。基于市场的解决方案不同，它允许个体对提供的信息价值进行谈判和讨价还价，而不是单方面由控制方做出决定。这种解决方案意义重大，它可能是解决问题的真正出路。当然这种方案也有缺点，因为谈判和讨价还价本身也要花费注意力，但与得到的利益相比，这种代价是值得的。

三 网页兜售信息的控制

搜索引擎已经成为在网络中寻找和获得网页信息的主要工具，根据搜索引擎聚焦搜索者的注意力，搜索结果的顶端排位就成为有价值的商品。就像其他信息系统，网络搜索也容易受到污染，因为网络环境包含了利润寻找的投机活动，搜索引擎技术的进步带来注意力获取战略的变化。据估计，在美国这里每年就有约45亿美元的潜在市场。

因为目前主要的搜索引擎依靠网页排名位置来决定搜索结果，这就导致超链接的创建与交易的灰色市场开始浮现出来。这一市场的开拓者引进了各种做法，在这一领域，经济的激励作用类似于那些电子垃圾邮件，极其低廉的花费成本导致大量的链接产生，这种大量的链接即使只能产生一个非常小的商业转化率，也可以有利可图。大量的网页商业信息垃圾分布于搜索引擎中，必定要求搜索者花费注意力排除污染，以确定搜索结果的正确性。因为搜索引擎永远不可能把所有的垃圾信息阻挡在外，因此需要投入大量的金钱和劳动去开发对于信息垃圾的检测技术。

一种改变网页商业信息的经济学尝试是"无追随"超链接，这种技术可以让搜索拒绝"出于排名目的"的超链接。设计者期望网页管理者和制作者讨论相关软件和实现系统，增加垃圾信息链接的生产成本。但这种做法有很大的难度。

这样，最后就要看看基于市场的方法是否可以给这个灰色的地带提供更加灵活的处理方法。

还有一种处理信息污染的设想是"内含支付"（Paid Inclusion）模式。在这一模式中，引擎负责把广告客户的网站超链接到搜索结果，然后采用根据业绩支付的办法，也就是广告客户为搜索结果的超链接排名权竞争，拍卖赢家根据协议价格为引擎使用者的每一次搜索付费。随着内含支付的出现，寻求利润的网站可以选择付给搜索者的注意力一个合适的费用，而不是去推翻搜索法则。

内含支付模式，在一些广告网上已经开始有普遍的应用，在这一模式中，都把搜索引擎中消费者的注意力当做公司的财产来运作。这与反垃圾邮件的"注意力产权"的使用有些不同，在那里把个体的注意力作为他自己的产权，而不是电子邮件运营商开发的产权。

2005年年初"鲁特市场"启动，试图创立一个关于个人的注意力（对媒体）和意向（对购买产品和服务）信息的商业交易平台。个体可以通过安装"网络浏览器"记录他的在线注意力数据，这个数据可以被注意力市场的投资者购买，并卖给广告客户。与现行的网络广告模式主要不同的地方是，除了出版者，个体消费者也可以出卖注意力，作为第三方的投资者可以很容易地进入市场以在线的方式订购。目前，这还只是在尝试阶段，接下来就要看"鲁特市场"创建的注意力交易是否成功。

四　反流氓软件联盟

对于网络信息环境，中国国内也一直很关注。与上述情况不同，我们把更多的精力放在对付"流氓软件"上。"流氓软件"是继病毒程序、垃圾邮件之后的又一大计算机公害。民间为此成立了自发性组织"中国反流氓软件联盟"。众多防病毒软件也将它们列入"黑名单"，用技术手段加以检测和封杀。2007年年初，在流氓软件综合治理研讨会上，反流氓软件联盟和一些软件公司发表《关于联合打击流氓软件、维护网民权益的联合声明》，呼吁国家立法机关加快流氓软件定义的制定以及治理方法

第十一章 独特的战略管理

的立法步伐,建议执法机构追查流氓软件的制作者并予以严惩。[①] 由于我国现行法律没有"流氓软件"、"恶意软件"、"高风险软件"、"恶霸软件"等用词,无法对这些注意力的掠夺行为进行遏制。2006年11月中国互联网协会公布了《"恶意软件定义"细则》,具有较强的权威性。但是软件业发展很快,恶意软件的定义也需要不断修正,这样才能做到全面、客观、准确,有利于用户利益,有利于网络世界和注意力经济的健康发展。网民需要一个尊重其合法权益、健康、绿色的网络环境,恶意软件泛滥最重要的原因在于商业利益的驱动,法律缺位则使得这种注意力掠夺性行为不能得到惩治。从另一方面说,恶意软件泛滥也给一些公司带来商业机会,它们开发了相应的软件,剿灭恶意软件,这是一场注意力开发技术与注意力保护技术的较量。从技术上讲,恶意广告软件(Adware)、间谍软件(Spyware)、恶意共享软件(Maliciou Shareware)等都介于合法商业软件与计算机病毒之间的灰色地带。根据瑞星公司副总裁毛一丁的观点:凡是违背用户意愿、通过欺骗、强制捆绑、利用浏览器强制安装等手段进入用户计算机,并且难以卸载的都可以被称为"流氓软件"。一些"流氓软件"还具有反杀毒能力,危害性极强。因此注意力经济的环境保护问题,依然任重道远,这是一个复杂的系统工程。

问题:

1. 注意力资源的短缺带来组织结构和管理上的变化有哪些?
2. 在改善组织"注意力赤字"方面你有什么建议?
3. 在信息污染的控制方面,市场机制如何发挥作用?政府可以有哪些作为?

[①] 林丹:《"恶意软件"天下围攻》,《钱江晚报》2007年1月23日。

第十二章　寻找生命的意义

　　体验是一种迄今为止尚未得到广泛认识的经济提供物。……当他购买一种体验时,他是在花费时间享受某一企业所提供的一系列值得记忆的事件,就像在戏剧演出中那样,使他身临其境。

——约瑟夫·派恩二世

本章重要人物介绍

　　约瑟夫·派恩二世（B. Joseph Pine Ⅱ），毕业于麻省理工学院斯隆管理学院,是战略地平线咨询公司创始人之一,也是宾夕法尼亚大学高级经理教学项目负责人。1993 年他的著作《大规模顾客定制：商业竞争的新前沿》由哈佛商学院出版社出版,产生了很好的社会反响。他的名字经常出现在《富布斯》、《财富》、《商业周刊》、《纽约时报》等美国的各主流媒体上。1999 年,他与詹姆斯·吉尔摩（James H. Gilmore）合作出版了带来商业观念革命的畅销书《体验经济》,这给他带来极大声誉。"工作是舞台,商业是表演。"如果这个仅仅对演艺界而言并没有什么新意,但对约瑟夫·派恩二世来说"所有的商业都是表演"。他把戏剧上升到了一个普遍的商业意义,情况就发生了变化,它

第十二章　寻找生命的意义

表明了在注意力经济环境下一种新的商业现象的出现和新的商业革命的开始。

生命的意义寓于注意力参与的交换活动。一位国际商用机器公司（IBM）的经理说："我的孩子与他们的祖父母进小学时相比，好像已经生活了几辈子。"[①] 这种认识反映了当前社会人们经历的丰富变化和体验。如果说，在游牧时代，人们是无阅历的；在农业社会，人们是少阅历的；在工业社会，人们是有阅历的；那么在信息社会，人们是多阅历的。在这个时代，一个年轻人完全可能比一个老年人的阅历更丰富。中国的谚语"不听老人言，吃亏在眼前"，现在已经被改为："不听小孩言，吃亏在眼前。"孩子对以计算机为基础的网络媒介有着天然的兴趣，他们之间似乎有种神秘的亲和力，孩子们的生命历程几乎可以说从这里起步，许多人从这里开始体验自己的人生。

第一节　意义的交换

关于生命的意义，2008年3月世界各国的宗教学家和医疗专家参加了在德国海德堡大学举行的题为"宗教和疾病的治疗——哪种连接的形式具有生命导向意义？"的国际学术研讨会。德国海德堡大学神学家安内特·威森里德（Annette Weissenrieder）说："现代医学将病人亲历的病痛灾难看做是微生物体内的偶然泛滥和不平衡。于是病人会放弃对病状缘由的思考和病状自身责任的承担。但是，病人却同时具有思考自身意义

---

① 马歇尔·麦克卢汉著，何道宽译：《理解媒介——论人的延伸》，商务印书馆2000年版，第26—27页。

的需要。"① 实际上人们对自己生命意义的思考通常是在遇到重大挫折或重大灾难以后，而这种生命意义的思考不仅影响个人整体行为方式和精神世界，同时也会影响人的身体机能。因此生命意义的选择不纯粹是精神领域的东西。

一　生存的本能和意义的获得

结构主义人类学家列维—斯特劳斯认为，在任何社会中，沟通与交换是在三大层面上进行的：女人交换、货物和服务交换以及信息交换。② 我们在这里对他的观点作一个修正：任何社会都包含性的交换、货物交换、服务交换、信息交换和注意力交换。不同层面的交换可以交错进行，从而形成人类社会复杂的交换体系。在了解体验经济的意义之前，我们先来看看注意力经济与体验经济的关系。现在我们还是从注意力经济学派的另一位重要人物高德哈伯的思想谈起。

高德哈伯研究注意力经济的逻辑起点是生命的意义。1996 年他在《注意力、意义和富有意义》一文中指出③，我们一直在寻找有意义的生活：我们来自哪里，我要去何方，我是谁？人生的目标决定人生的道路，人生的道路构成人生的故事，人生的故事构成人生的意义，对这些故事的回顾就定义了这个人是谁。

意义不是个体的而是社会性的。一个人只对自己讲故事根本就没有意义，因为没有人会赏识。如果离开了社会，那么可以在故事中添加的素材也就变得非常有限。通常而言我们都是根据某些手艺、职业或行业来定义和说明自己，比如"我是面包师"，

---

① 《社会科学报》2008 年 3 月 13 日。

② 高宣扬：《列维·斯特劳斯：结构主义掌门人》，《社会科学报》2007 年 9 月 27 日。

③ *Attention, Meaning and Meaningfulness*, by Michael H. Goldhaber June 24, 1996. http://www.well.com/user/mgoldh/attmean.html.

第十二章 寻找生命的意义

"我是评论家","我是钢铁工人"。这些行业都是社会性的,离开社会我们无法定义自己。

一个人一旦出生,他的人生的故事也就从此开始了。一个新生儿可以哭,也可以笑。对这些表达,我们应该是警觉还是忽视?虽然这一阶段孩子的表达能力还非常有限,甚至只是本能的,但父母也会积极地去寻找孩子所表达的意义,父母会寻找导致孩子啼哭的原因,并设法消除。如果他们仅仅把孩子的哭声当做令人心烦的喧闹,不去寻找和发现诱因,那么孩子就会遇到一系列问题,甚至会导致不幸。没有注意力的影响一个婴儿永远不可能得到食品、温暖、新鲜的尿布等物质上的需求和满足。在稍后的成长过程中,他们的感官发展也需要注意力。一般来说孩子在两岁之前就有了一些语言能力,他们的语言指向非常明显,就是提问:"这是什么?那是什么?"孩子把获得大人的注意看做认可和同意,大人会跟随孩子的凝视方向并根据他的要求设法回答问题。但这也并不是那么容易办到,因为会有几个(或许多个)不同的对象在这一视线上。这一阶段,只能通过看清他们的视点来达到解释的目的。这里包含了一种基本的想象:"如果我朝他指示的方向看,我所见的很可能就是吸引他注意力的东西。"通过这一过程孩子逐渐会发现语言的意义。

此后,孩子会核实他的发现。他会愉快地拿着苹果,说"球,球"。以此来学习和获得"球"的更为精确的含义。他需要获得更多的注意力,我们可以纠正他,也可以赞扬他,但我们都必须注意理解他的意图。我们不能解释他的意图就等于没有成功地赋予他注意力。

注意意味着什么?大多数人认可是知觉的,实际上每一个注意行为都承载着意义。高德哈伯说,英语中注意("pay attention to")就是一种交换,通过注意力的付出来获得意义。"付出"注意力,就像我们"付出"金钱一样。通过英语的语言结构分析，我们发现注意意味着价值选择——在温柔的选择中装满动词"支付"（pay），这不是历史的偶然。

注意意味着某种程度的理解和对某种行为和表现的吸收。因此，高德哈伯认为只有有感觉能力的人才会成为注意力资源，只有对人类自身熟悉的人才能理解人。当然，许多人认为他们的猫和狗也能够理解人，还有人认为计算机也能够理解人，不过后两者对人的理解同人与人之间的理解还是有本质区别的。如果说狗能理解你，能够给你注意力，那么它同样需要你的注意力，注意力交易是理解的前提。没有迹象表明植物需要注意力，或意识到已接收到注意力。只有生气勃勃的动物看起来在乎注意力，只有人类注重以注意力的投入实现意义的交换。

二　人类欲望的基础

注意力之所以是新经济的核心，是因为它是人类欲望的基础，它之所以能转化为财富和复杂的综合性经济，主要是因为注意力可以转化为各种有价值的形式，如爱恋、赏识、留意、顺从、思考、赞扬、警觉、欲望、忠告、评论、帮助、技能，等等。少量的注意力是一个人生存的基本条件，不过我们中的许多人都渴望大量的注意力，渴望公认和赞誉，其诱惑不仅是名声和在历史上占有地位，来自周围的赞扬也为我们的目标实现提供了条件。人们渴望注意力的交换，渴望与他人的接触、闲谈、争论，并希望从他人那里得到忠告。

人的注意力总量是有限的，不管注意力技术如何发展，我们真正的注意力还是有限的，这是一个无法改变的事实。

高德哈伯还引出了一个虚假注意力（错觉注意力）的概念。他说，如果你读一本书，你会不知不觉地感到是某人专门为你写的，就像作者在与你交谈，否则你会一无所获。当你注意明星的时候，你通常不能得到真正的注意力回报，但你确实获得了

第十二章 寻找生命的意义

"错觉"的注意力,而实际上你所关注的明星对你的存在一无所知,对你也一点都不了解,所以你觉得他们在关注你是一个错觉。

电视使这一现象更为明显,新闻记者直接看着你,好像是在跟你说话。对虚假的注意力或想象的注意力的需求也是人的一种本能。孩子喜欢对着玩具说话,大人也会自言自语。

当今的注意力技术很容易让我们愚蠢地相信某些人在关注我们,而实际上他们对我们一无所知。即使没有真正的技术参与,这种现象依然存在。比如,在古希腊竞技场,一个训练有素的演说者很可能使人们不知不觉地感到他在关注自己,而实际上他并没有。尽管明星不知道你的存在,但关注明星可以使我们了解他们的活动和生活,由此我们有了新的经历。

以高德哈伯的视角观之,基于生理的个体注意力和基于社会或技术的注意力之间没有什么本质上的不同。技术并没有改变注意力产生作用的基本方法,它只是改变了我们能够注意和获取注意力的条件,在技术的后面还是人的因素在起作用。如果互联网不能使成千上万的人兴奋,这些发明就没有设想的那么重要。兴奋和刺激主要是因为我们能够用这些技术获取真正的和"错觉"的注意力。

新经济的关键是真实注意力的稀缺。这种资源是绝对有限的,而人们对注意力的欲望却是无限的。高德哈伯说:"如果地球上每个人每天给你 1 个小时的关注,这个诱惑你能轻易地挡住吗?如果世界上每个人每天有 1 个小时的注意力分别为 16 个人所占有,那么这 16 个人将耗尽这个地球上所有人的生命(除了睡觉的时间)。"

为了进一步说明问题,他还作了这么一个有趣的设想:假如地球上每个人都要做一些引人注意的事情,比如在有生之年写一本书,而一个人即使其他什么事情都不做也没有能力读数万本书。因此，如果世界上所有的人都是作者，或许只要3万种左右的书就可以垄断地球上所有人整个生命历程的所有注意力，另外十几亿种书将根本无人问津。

总而言之，人类对注意力的需求是本能的，所有的哺乳动物天生就有，年轻人尤为强烈。人在刚刚出生的几年对注意力的主动要求是必需的，这不仅是身体存活的需要，也是适应文化成为社会人的需要。人类的许多欲望涉及对注意力的需求，纯物质需求已经很少给我们成就感，我们正在寻找生活的意义，我们为什么生活？哪些事情值得我们去做？如果一个人觉得他完全被周围的人忽视，他就不大可能觉得自己的生命对他人有何意义。虽然不是人人都需要大量注意力，就像在货币经济中不是人人都需要许多钱一样，但正如在资本主义经济中每个人都必须有一些钱才能生活下去，注意力从某种意义上说是生存的重要条件，事实上它是生存的基础。显然在高德哈伯看来，生命意义来自注意力资源。

关于生命的意义与注意力的关系，笔者在本书的第一章中阐述得非常清楚，这是笔者对注意力经济的人性基础做的深入思考。向前，笔者把注意力经济延伸到了动物世界的生存竞争，延伸到动物的生理进化；往后，笔者把注意力经济延伸到符号化的人，扩展到符号的生产与精神的消费；在现实世界，笔者更多的把注意力集中在人作为一种社会存在，其社会性所表现出来的丰富的注意力经济内涵。如果读者有兴趣可以回过头来重新审视这个基础性的问题。

三 意义的交换

人类社会经历了物—物交换，商品—金钱交换，信息—注意力交换，它们分别代表农业社会、工业社会和信息社会的三个基本经济特征。注意力与信息交换获得的是意义，因此，这种方式

第十二章 寻找生命的意义

的交换也被一些学者认为是意义的交换。在注意力经济时代,意义交换频繁,成为交易的主流。互联网是人的互联,也是大脑的互联,意义可以通过信息与注意力直接交换,不需要金钱这个媒介。有意思的是有学者指出,讨价还价是一个语义交换的过程,也是一个价值生成过程,过去它只是商品交换的附属,商品交换转向语义交换以后,情况发生了逆转,商品已经沦落为语意的附属。甚至股票市场交易的也只不过是对股票的"看法",看法的波动引起股票的波动。它是个性化的看法的交易,与股票本身的赢利能力并没有太大的关系。股市的均衡是不同看法的力量均衡、对股票意义理解的均衡。[1]

绝大多数参与注意力经济讨论的学者都围绕着营销打转转,并且以此误解高德哈伯的思想,这让这位富有个性的学者感到非常恼怒。他在"2006 新兴技术会议"上的发言中非常明确地指出注意力经济是"一个全新的层次",它引起的社会变革就像中世纪后期欧洲资本主义的兴起。如同不能用股票市场思考封建制度一样,我们不能再用旧的术语思考当前的社会和当前的经济。

15 世纪全球资本主义的上升成为整个 20 世纪封建乡村转变为工业城市的变化力量,注意力作为短缺日用品的上升也成为真实世界向虚拟世界转移的力量。金钱给资本主义带来效率,同样注意力经济也给信息社会带来效率。今天的先锋派网民正在学习使用新开发的工具管理和使用他们的"注意力新货币"。高德哈伯对人们总是以旧的方式思考感到遗憾,他指出:"你已经是蝴蝶,但还是把自己看成毛毛虫,当你该吸吮花蜜的时候你还以为自己需要吃绿叶。"

商品交换得先找到一个可比较的东西,而比较的前提是产品的通用性。因此在传统的经济中,个性化强并且只有少数人认同

---

[1] 姜奇平在这方面有一系列精彩的论述。

其价值的东西是很难流通并实现市场价值的,也就是说它们不能成为商品进行广泛流通。一些艺术大师在有生之年很难卖出一幅画,甚至连维持生计都有困难,这与其作品的价值不具有普遍性有关。传统的农业经济产品难以多样化,也与流通的困难不无关系,进入工业社会的商品经济,由于金钱的发明大大方便了流通,产品也变得丰富多样。但是由于信息技术和运输条件的限制,个性化的东西还是受到限制。意义的交换则完全不同,它只需要付出注意力,而这借助互联网就可以在世界范围内轻松实现,这给意义的生产带来巨大的机会。人们在这里可以充分体现个性,寻找生命的价值。

四 人为什么喜欢出名

人类对于自己身体的态度大致经历了三个阶段:鄙视身体—轻视身体—张扬身体。① 人们利用各种形式装饰身体,构筑身份,彰显自身的存在。更为重要的是人类越来越把自己符号化,名字成为自己身体和灵魂的化身,越来越多的人寻求名人的地位,希望借此名利双收。名人的影响力是巨大的,人们的内心深处隐藏着一种"影响他人的渴望"。在西方国家,许多青年人都有强烈的成名欲。过去青年人满足于有父母、老师、同学和朋友的关注,但现在这不够了,他们似乎得了注意力饥渴症,大家都希望吸引全世界媒体的注意力,他们宁可放弃更聪明、更强壮和更漂亮而去选择更出名。人们出名成瘾,如果不能当名人,就是当名人的助手也是上佳的选择,实在不行,也要通过阅读名人的"八卦新闻"来获得一批幻想的朋友。非但人喜欢出名,猴子因与人类同源,也有原始的名人崇拜。美国杜克大学研究人员的一项研究表明,恒河的猴子在喜欢喝的橙汁和观看猴群领导者或

---

① 李文阁:《哲学须回归生活世界》,《社会科学报》2008 年 4 月 3 日。

"名猴"的照片之间做出选择时,一些地位低的猴子宁可选择看"名猴"的照片。希望出名是很自然的事情,人类学家海伦·费希尔说:"因为出名能带来金钱,繁衍后代的机会更多,出名的男人能够得到更多女人,出名的女人也得到更多男人。"为了出名,有些人甚至到了病态的地步,他们甚至主动认领与自己毫无关系的名人凶案。①

在西方有许多学者研究名人现象,最近几年,注意力经济学派把这种名人现象归结为人们对注意力的追求和注意力经济的生态系统。高德哈伯在注意力经济学派中更是独树一帜,提出了注意力经济的名人体制以及在此基础上产生的两大新型的阶级。

实际上,我们只要稍加思考就会发现,能够相互关注意味着我们生活在同一世界。根据社会关注度的高低,我们可以把社会分为白色空间、灰色空间和黑色空间。这三个空间对人来说有着不同的意义和价值:白色空间社会关注度高,"聚光灯下",万众瞩目,众目睽睽;灰色空间虽然也是一个社会场所,但人们受到的关注程度要低;黑色空间是一个完全的私人空间,人们的行为彻底脱离了社会的视野。人们不同需求和欲望的满足需要在不同的空间里实现,我们在不同的社会能见度空间内穿梭,寻找自己生命的不同表现形式。

第二节 戏剧化的经济活动

人类的生产和消费存在着二元结构。在生产中,核心的组织原则是专门化,以此来追求效率;而在消费领域,情况恰恰相反,核心的组织原则是多样化,以此来寻求体验的丰富。2007年美国《新闻周刊》发表文章,剖析了全球奢侈性消费的新特

---

① 陈济朋:《人为什么喜欢出名》,《钱江晚报》2007年1月8日。

点，指出人们渴望有意义的经历，定制自传成为时尚。最新发布的一项调查报告表明，全球的百万富翁无论从人数还是控制的资产总额都在迅速增加，这刺激了奢侈品消费市场的发展，奢侈品产业正在经历着根本性的改变。现在的奢侈品消费者寻觅的是与众不同的、令人惊奇的体验。实际上对这一现象，注意力经济的体验学派早在前几年就曾经做了深刻的揭示，他们认为在当代富裕的社会，经济活动都被戏剧化为消费者对生命意义的体验。

一 注意是一段体验

注意被定义为一段体验。这个观点已经被广为接受。体验经济是注意力经济的一种重要形态。生命在自己的哭声中开始，在别人的泪水中结束，而在这中间我们一直在寻找幸福，获得生命意义的体验。许多人都在抱怨时间过得太快，这是因为我们缺少体验，生活中没有特殊的事件和特殊的体验，生命的历程就没有里程碑，我们的生命回忆就缺少内容，时间就变得短暂。我们都有这样的共同的体验，在旅游的过程中时间显得特别的长，为什么？这是因为旅游活动在我们的体验中注入了许多新的内容，产生了新的记忆单元，这个记忆单元就是心理体验到的时间刻度。

有一种流行说法："所谓'繁荣'，就是你出售商品时价格上涨；所谓'通货膨胀'，就是你购买东西时价格上涨；所谓经济'衰退'，就是别人失业的时候；所谓经济'萧条'，就是你自己失业的时候。"显然，在相同的宏观经济现象中，个人微观层次的体验是不同的。

财富和物质享受的增加并不意味着快乐和幸福的增加。现在有各种各样的发展理论，而一种理论的价值在于它是否改善了人们的生活。传统经济学更多的是从物质条件的改善考虑，实际上真正的幸福来自人的主观感受，因此从人本经济出发，如何分配注意力、如何去体验这个世界就不只是主观上的事情，还是经济活动的一项重要任务。西方世界所提倡的"生活素质"在提醒大家，追求生活水准只是一个工具，追求生活素质才是真正的目的。所谓生活素质就是对生命意义的感悟与对生命价值的实践能力。

在注意力经济学派中的体验学派，虽然采用的话语体系与主流的注意力经济学派有所不同，甚至彼此之间也很少交流，但他们的研究也处处闪耀着注意力经济思想的火花。与一般的注意力经济学者不同，他们把注意力集中在人的内心体验的经济价值上，围绕着"体验"的生产大做文章。但是与斯蒂夫·派里纳的神秘主义色彩不同，他们主张对体验经历的构造应该更多地诉求于外在的经济力量。

二 体验经济时代的到来

1999年《体验经济》的出版，成为体验经济学派诞生的宣言。该书作者派恩和吉尔摩指出，我们人类社会的经济形态经历了四个不同的阶段：产品经济时期、商品经济时期、服务经济时期和体验经济时期。他们把体验经济赋予了时代的意义，显示了这种经济形态的非同寻常。

在产品经济时期，产品是从自然界中开发出来的可交换的物质材料；而在商品经济时期，商品是公司标准生产销售的有形产品；到了以服务经济为主导的时期，服务成为向特定顾客演示的无形活动。当前已经开始了体验经济的里程，体验是使每个人以个性化的方式参与其中的事件。当一个人购买一种体验时，他是在花时间享受某个企业提供的一系列值得记忆的事件，就像在戏剧演出中那样让他身临其境。派恩和吉尔摩以美国迪斯尼乐园为例，认为它开创了一种特殊的经济形态，作为一个主题公园，它通过视觉、听觉、嗅觉和触觉让消费者沉浸在生动的卡通世界。在这里雇员就是演员，他们的工作就是演出，让顾客也成为故事情节的一个角色、一个部分,创造一种独特的体验。这种经济本来属于娱乐领域,但随着注意力经济的发展,娱乐成为商业和经济的基本元素。现在越来越多的行业已经开始参与到这种基于体验的经济竞争,如一些餐厅装修得像岩洞,另一些则乔装成村舍,还有一些餐厅全部用与某一名人相关的东西点缀;一些购物场所则被精心设计,具有异国情调和舞台的效果。有些传统的产业也被主题化了,在美国一个计算机维修队竟然给自己取名为"吉克纵队"。这种情况在中国也非常普遍,如发廊被命名为"爱情故事"、"今夜有约"等,甚至饭店的菜名都成为体验的元素,比如,一道菜名为"走在乡间小路",实际上是猪蹄加香菜。

商品的差异竞争走到尽头以后,人们开始把目光转向服务,通过独特的服务体现自身的价值,当服务的竞争走向尽头的时候,人们在体验中寻找差异和价值,体验经济充满着创意,它为生命意义的追求提供了无限的可能性。

三 提供一种经历

人们有一种追求刺激的倾向,所谓刺激就是意外和冒险带来的注意力高度集中的一种体验。西班牙奔牛节是制造这种刺激和体验最为典型的例子,人们不惜以生命为赌注来寻找与"疯牛"比速度、比灵活的非常体验。这已经成为当地吸引游客,发展旅游业的一个重要因素。旅游业是体验经济中较为传统的产业,当这种产业被理解为体验经济时,其戏剧化的成分就会不断增加。毕竟戏剧和演艺活动是人类超越现实平凡生活和寻找不同体验的最早形式之一。在旅游行业,导游在旅游者的经历中不断加入故事性的情节,以增加戏剧效果。正因为如此,不仅传说可以成为重要的旅游资源,就是临时编出来的故事也可以成为新的旅游资源。

与其他学者不同的是,派恩和吉尔摩发现了体验经济进一步

第十二章 寻找生命的意义

发展泛化的趋势,他们认为在体验经济中,企业是体验的策划者,它提供的商品和服务只是手段,其真正的价值是一种经历和体验,顾客带走的是愉快和特殊的记忆,这些将成为他们生命中新的组成部分。体验经济充满感性的张力,当一个人达到情绪、体力、智力和精神的某一特定水平时,他的意识中就会产生一种美好的感觉。这种特殊的体验也会成为人们相互交流的内容,成为另一个人的另一种体验。体验消费活动也可以成为逃避现实或者超越现实的一种有效方法。

既然体验经济已经成为经济的一个普遍现象,那么制造商就必须将他们的商品体验化,将商品嵌入体验的品牌之中,生产满足体验消费者和展示者的商品,并使产品感知化、稀缺化。体验"制造"企业可以建立俱乐部,策划并展示产品体验的活动,以独特的主题提供独特的体验从而带动一系列相关产品的发展。可见,从产品到商品再到服务最后到体验是产品的经济价值不断提升的过程。

派恩和吉尔摩指出,如果说人们沉浸其中并忘记了周围的一切,而这种体验又是刻意设计和有意安排的,那么这就是一种逃避现实的体验。与娱乐相比,逃避现实是体验更为积极的参与者,它们能影响现实的行为。除了家庭和工作场所,社会学家雷恩·奥尔登博格还提出了"第三个地方"的概念,它是人们能够和同样的社会团体的人进行交流的地方。[①] 我们如果把这个世界作进一步的扩展,那么这还可以是我们逃避现实的地方。逃避现实是对自己所处的既定环境和社会角色进行有意识的再造,重新构筑自己的生活世界。网络空间是一个世外桃源,人们完全可以在这里"一切从头开始"。逃避现实的另一种形式是富人去过流浪者的生活,守法者去租住监狱体验铁窗生活,普通人去体验

[①] [美] 约瑟夫·派恩、詹姆斯·吉尔摩著,夏业良、鲁炜等译:《体验经济》,机械工业出版社 2002 年版,第 41 页。

一下明星的感觉。

　　同样沉浸在体验中，但如果客人不能影响对象和环境，那就是一种审美。这是派恩和吉尔摩对逃避现实和审美所做的区别。

　　在以往的经济中，精神消费的最高形态是审美，但是现在看来，从某种意义上说，逃避现实的体验是更高层次的精神享受，逃避现实过去常常与放弃社会责任联系在一起，是一个贬义词，它表达的是消极的生活态度。而现在不同了，从某种意义上说，它是对自己生命自然存在的主动超越，是一种积极的生活态度和对自由生活的向往。如果人人都能寻找到这种超越的途径，如果经济的发展能够提供给人们这种超越的条件和环境，那么人类的发展就真正进入了一个神话般的世界。

　　问题在于这种体验的结果会对现实产生什么样的影响。如果主题是"一个所有的人都知道你名字的地方"能够满足消费者的成名瘾，那么，"犯罪无须付出代价"的主题体验会不会带来我们意想不到的后果？我们能够在现实与商业制造的供人们消费体验的"现实"之间进行自由和有效的切换吗？

　　主题是体验的基础，而体验还必须通过印象来实现。所谓印象就是体验的结果，一系列印象组合起来影响个人的行为并实现主题。不同的体验建立在不同的印象之上，公司必须引入确认体验之本质的线索，从而给客人留下无法抹去的印象。一家体验工程公司的总裁刘易斯·卡博恩将人类印象分为机械学和人类学两种类型。"前者的视觉、嗅觉、味觉、听觉、触觉由各种事物，如风景、图像、香味、音乐唱片、手感等产生。与此相对，后者的发出主体是人，它们是由员工在与顾客相遇时的行为实施的。"[①]

　　塑造整体印象，仅仅展示正面的刺激因素还是不够的，体验

[①] [美]约瑟夫·派恩、詹姆斯·吉尔摩著，夏业良、鲁炜等译：《体验经济》，机械工业出版社 2002 年版，第 60 页。

第十二章　寻找生命的意义

经济活动在以正面的线索使印象达到和谐的同时，还要淘汰负面的因素。这就是说，体验提供者还必须除去任何削弱、抵触和分散主题的刺激因素，雇员也要停留在剧本规定的角色里，太多随意的服务会把一种体验破坏。

在我国的海南，"最后的原始部落"的主题旅游很好地制造了这种体验，他们有自己的语言，有与我们相去甚远的行为方式和风俗习惯，在那里旅游者会产生非同寻常的体验，我们不知道哪些是在演戏，哪些是他们自然的流露。从而在游客生命中留下了无法抹去的印象。

作为体验经济的一个部分，纪念品的提供具有重要的记忆价值。它可以巩固体验，并把这种体验与他人分享。人们很愿意，甚至可以说有一种强烈的欲望把他们难忘而独特的体验讲述给他人听，这对体验经济来说是一种有力的推动，这种推动作用在许多情况下胜过广告。纪念品从某种意义上说是个人体验的大事记，是人生记忆的一种里程碑。纪念品可以免费赠送，也可以销售，这要视经营策略和经营项目而定。作为出售的纪念品，其价格要点是回忆体验价值的一种功用。

成功的体验营造要充分重视客人的感官刺激，一种体验越是充满感觉就越是值得记忆和回忆。因此体验学派的学者认为体验的设计者和执行者应该是感官科专家和注意力技师。

出售门票是销售体验，出卖商品也是销售体验的记忆。在体验经营活动中，可以销售其中的一种，也可以两种同时销售。如果把商场看做是一种体验经济的形式，那么它就可以出售门票。有些展销会收取门票，它的价值部分就来自购物的特殊体验。"经济进步的历史是由对过去免费的东西收取费用而构成的。"[①]

---

① ［美］约瑟夫·派恩、詹姆斯·吉尔摩著，夏业良、鲁炜等译：《体验经济》，机械工业出版社 2002 年版，第 69 页。

要把服务转化为一种体验，只要提供糟糕的服务就能够达到，但这种体验是我们不愿意经历的，人们不会为此付钱，甚至还会因此提出索赔。鲍威尔提出："顾客满意值就是顾客期望值与顾客体验之差。"当体验超过期望时，带来的就是惊喜和愉快的记忆。当某些特定顾客所不需要的活动和资源被滥用时就产生了浪费，为了一般水准所进行的设计是顾客牺牲价值的根本原因。较少的顾客牺牲，就是要把一种普通的服务转化为个性化服务，转化为一个值得记忆的事件。

四 商业成为演出

在体验经济中工作就是剧场，商业成为演出。表演是"一种个人或者群体的活动向另外的个人或者群体的展示行为"。[①]根据这个定义，直接被消费者接触到的活动都必须被理解为戏剧表演。而戏剧应该由一系列情节构成，所谓情节就是对事件的一系列安排。戏剧的情节安排与一般的事件安排的最大不同是前者的目标是制造情感体验。派恩和吉尔摩认为在商业这个舞台上，策略就是剧本，也是企业的核心。商品的交易成为吸引注意力的演出。而表演行为将值得记忆的体验与我们的日常活动区别开来。

社会学家爱尔文·高夫曼在他 1959 年出版的《日常生活中的自我展示》中揭示出，人们对自己的行为给别人留下的印象的认识程度是不同的，有些人在乎其他人对自己的看法，而另一些人则不太在乎，也就是说有些人把更多的注意力放在了别人对自己的注意力上。

如果一个人把人生看做是一场游戏，那么他在现实中可能会

[①] [美]约瑟夫·派恩、詹姆斯·吉尔摩著，夏业良、鲁炜等译：《体验经济》，机械工业出版社 2002 年版，第 115 页。

第十二章 寻找生命的意义

遇到许多问题。但是如果他把体验消费理解为一场游戏，那么在特定的时空条件下，他扮演的角色与现实的角色之间就不会产生明显的矛盾和冲突，这叫逢场作戏。作为演员如果扮演角色是他的工作，那么角色本身就成为他生活的一个部分。在一个寻求体验的社会，人们的工作和生活是不是越来越像一个演员？社会是一个大舞台，工作场所是一个小舞台，表演者不仅给观众"制造"了体验，而且在这一过程中，他也给自己制造了体验。

在某些大公司，已经有一些人开始携带多种名片，每一种名片都代表了他所扮演的不同角色。在另一方面，有些公司则要求话务中心的几个服务员共用一个化名，扮演同一个角色，以增加"人情味"，促进与客户的"人际关系"。派恩和吉尔摩认为这也是商业的戏剧化。商业的戏剧化还要求在遇到难缠的顾客时，也要有表演的心态，装出不介意的样子。这样就产生了戏剧性的效果，顾客也会产生愉快的心理体验。实际上，如果员工能记住消费者的名字，熟悉他的工作和人际关系圈，也能产生愉快的体验。

体验的产生基于注意力，体验在注意力经济中被定义为新的力量。用积极的方式俘获消费者注意力并创造难忘的体验将成为未来几年商业成功的关键，当今社会要穿过信息的喧嚣获得注意力已经越来越困难，消费者从产品和服务中获得的不只是质量，体验成为消费者渴望和期待的东西。真正理解消费者体验重要性的公司会有更多成功的机会，如果不能与新经济发展同步，企业就会发现无论是保留老顾客还是争取新顾客都会变得非常困难，从长远来看还会危及企业的前途。消费者的注意力非常有限，而公司的新产品又不得不与其他产品分享消费者的注意力，面对消费者的注意力"瓶颈"，商业正在寻求在产品和服务中建立体验的力量。把体验设计进产品中，帮助消费者有效利用他们的注意力并提供独特的体验价值，是注意力经济的又一重要战略。

物质承载功能,货币承载价值,信息承载意义。[①] 从产品经济、商品经济、服务经济再到体验经济,注意力扮演着越来越重要的角色。

五 娱乐无处不在

娱乐是最古老、最普遍和最重要的体验之一。睁眼看这个世界,娱乐已经无处不在,并正在转化为商业的维生素。

但是,理性生活和理性社会使我们中的许多人丧失了娱乐的能力。有文化的人或社会培养出一种能力,就是做任何事情都要抱相当疏离超脱的态度。没有文化的人或社会却事事经历感情或情绪上的卷入。柏格森[②]认为,如果没有语言,人的智能会全部卷入其注意的客体。[③] 娱乐作为文化产业,似乎与我们所说的知识文化无关。如果说有关,这种关联的揭示却让我们感到沮丧。因为根据柏格森的观点,越有知识,越有文化,其心智的发展似乎越远离了娱乐。我们确实需要对理性做出反思。我们需要理性的非理性。主动放弃一些理性,去寻找情感的愉悦。

18世纪法国哲学家孔迪雅克(Condillac)就认为语言源自人类感情冲动引发的各种叫喊。丹麦语言学家叶斯柏森(Otto. Jespersen)还进一步认为,人类最初是通过"唱"而不是通过"说"来宣泄情感的。歌唱成为娱乐的主要方式,实际上舞蹈也是人类表达情感最主要的方式,当情感不足以用语言、甚至是歌声来表达时,那么人们就以手舞之、以足蹈之。手舞足蹈

[①] 姜奇平在《基于意义的注意力经济》一文中的表述是"物质承载功能,货币表现价值,信息表达意义"。

[②] 亨瑞·柏格森(Henri Bergson, 1859—1941),法国哲学家,生命哲学和现代非理性主义思潮的代表人物,1927年诺贝尔文学奖得主。

[③] 参见马歇尔·麦克卢汉著,何道宽译《理解媒介——论人的延伸》,商务印书馆2000年版,第115页。

第十二章 寻找生命的意义

就是人类开心到极点时表达情感的形象写照。

既然寻找娱乐是人的一种本能倾向,那么顺着体验经济的思路,我们竞争的策略也要做出调整。从事体验经济的企业之所以能够存活和发展,是因为它们强调丰富的体验,为消费者寻找特殊的体验和娱乐提供了一个舞台,在这个舞台上消费者参与其中。娱乐是吸引注意力和消费注意力的活动,按照牛津词典的定义,娱乐是"使人愉快并吸引人的注意力的行为;消遣"。

人生的体验有酸甜苦辣,我们的情感都要经历喜、怒、哀、乐、爱、恨、情、仇。娱乐是我们一直寻求的人生体验。

娱乐的价值在《娱乐经济》一书中有详细的描述。作者米切尔·沃尔夫(Michael J. Wolf)在该书中文版的封面上写道:"用娱乐因素改造我们的经济,以传媒力量拨动顾客的心弦!"

沃尔夫是著名的传媒与娱乐公司顾问,但却有着广泛的社会影响。其中一个重要原因在于他的活动并不局限在娱乐界,而是把娱乐元素推广到广泛的社会经济领域。虽然从严格的意义上来说他不是注意力经济学派的圈中人。但提出经济的娱乐因素对补充和完善注意力经济学派却具有不可忽视的意义。他的书中的第四章的标题就是"为吸引注意力而激烈地争夺"。可见他也不是游离于注意力经济之外的人物。

在新经济中娱乐不只是一般的经济添加剂,它还具有统率的地位。沃尔夫的这种说法不是没有道理。首先娱乐界的明星都是注意力经济时代的资本家,是注意力大富翁、大富婆。不过他不是从这层意义上说的,他认为由于娱乐已经变为社会的通用媒介,其文化的价值、功能、形态也发生了改变。各种文化正在根据自己的特点与新经济相互协调、相互适应。美国拥有主导世界的媒介,拥有强大的娱乐产业,而在美国国内,它只有占世界4%的眼球。这意味着什么?这意味着美国具有非常强大的注意力国际竞争能力。

在西方社会，不仅新闻被娱乐化，政治也开始被娱乐化，成为经济的操作元素。注意力经济大规模来临的一个迹象是不仅娱乐行业花在吸引观众上的费用超过了生产费用，而且一般的消费品生产企业，吸引消费者注意力的费用也在不断上升，占总成本的比例也越来越高。因为娱乐在吸引注意力方面有着特殊的能力，因此经济中的娱乐因素也越来越多。"娱乐业和经济中的其他部分有着可以互相满足的独特需求和能力。"① 不仅生产厂家不断加入娱乐成分，消费者也在寻找这种因素。娱乐（Entertainment）已经成为企业生存和发展不可缺少的"维生素 E"。

在我们这个社会，有时间的人希望休闲娱乐，没有时间的人希望工作成为娱乐，两者都难以获得的人则希望日常的消费也能享受娱乐。流行歌星唱的歌曲："我所做的一切，都不过是要弄来些快乐。"可以说唱出了美国人特别是年轻人的普遍心声。沃尔夫认为上一代人希望拥有更多的家当，而这一代人希望得到的是更多的美好时光。作为消费者，我们现在已经不只是商品和服务的消费者，也是时间的消费者，注意力的消费者。以前我们用时间来换金钱，但是现在我们开始用金钱换时间。这意味着商业性休闲时代的开始。在一个充满娱乐诱惑的时代人们对注意力就不只是需求，而是已经演变为渴求。

沃尔夫说，现代生活带来新的情感需求。过去感到吃一顿饭比看一场电影重要，现在已经倒过来了。笔者认为如果把电影换作网络，沃尔夫的这种说法对年轻人的评价就更准确。年轻人对网络游戏不只是"沉浸"而是"沉迷"，甚至可以说"走火入魔"。过去的余暇是非商业的余暇，在注意力经济时代，所有的余暇几乎都为商业活动所填补，人们不知不觉地加入到注意力的商业活动中。余暇时刻的价值在上涨。"娱乐，作为一种纯粹的

---

① 米切尔·沃尔夫：《娱乐经济》，光明出版社2001年版，第17页。

第十二章 寻找生命的意义

形式，或作为产品中的附加内容，所指的直接是感情。"媒介和娱乐对经济的影响是不可忽视的。色情新闻、重大体育赛事都可能影响华尔街的股票交易。重大的娱乐活动所产生的轰动效应可以形成一个商业氛围，驱动商业性周期。在美国，"一些非娱乐业的公司都开始在公司科层的最上层引入娱乐经理来融合娱乐技巧和管理技巧"。① E 因素开始广泛侵蚀商业的各个领域。"娱乐无疑是一种通过强化消费者体验来树立品牌形象的首要和前卫的方法。这意味着，某一特定的娱乐内容只适合于某一特定的品牌。"②

我们可以把滑雪理解为体验，提供滑雪服务是提供了一种体验。但是不是每一种体验都是娱乐，滑雪只有在现场有观众才成为娱乐。因此娱乐有社会性，但体验并不一定要在注意力场中实现。

在教育中也已经有越来越多的娱乐和体验元素，许多体验经济项目融入了知识的元素。旅游是一种体验，主题公园也是一种体验，在这些体验的消费中，可以获得许多知识。愉悦教育意味着横跨教育和娱乐两个方面的体验。③ 正如《论语》中所说："知之者不如好之者，好之者不如乐之者。"实际上学校也是一个社会。在传统的学校，教室只是教师表演的舞台，现在它也成为学生展示自我的场所。愉悦教育显然是一种明智的注意力经济行为。我们如果把教育与痛苦联系在一起，人类最美好的时光不能享受生命，这是教育的最大失败。因为我们受教育的时间已经越来越长，终身教育成为社会生活的必需。当然，必要的挫折教

---

① 米切尔·沃尔夫：《娱乐经济》，光明出版社 2001 年版，第 63—67 页。
② 同上书，第 102 页。
③ 约瑟夫·派恩、詹姆斯·吉尔摩著，夏业良、鲁炜等译：《体验经济》，机械工业出版社 2002 年版，第 39 页。

育还是不能免除的。

这里需要指出的是,尽管许多学者主张"少工作、多娱乐"是幸福的模式,但这一模式并没有在费恩霍芬的研究中得到证实。比如,拼命工作的美国人在幸福榜单中位列第17,而拼命休假的法国人却位列第39。[1] 这样看来娱乐也并不是幸福的唯一来源。

第三节 探索幸福之路

人生是什么?我们从注意力经济角度给出的回答是体验。积极的体验是对心理现实的价值构筑,这种人生哲学的通俗解释就是游戏人生。人们有一种误解,认为游戏是玩世不恭,是一种消极的人生。笔者并不这样认为,相反笔者认为游戏是一种智慧的人生。我们可以对游戏玩得很认真,也可以玩得很潇洒。我们不能在一种游戏中得到快乐和幸福时,我们完全可以换另一种游戏。生物学意义上的生命是人生游戏的基础,因此生命是最为宝贵的。但是精神世界的生命系统有无限的可能性,它可以赋予人生丰富的含义。

一 游戏人生的经济生活

《第二人生》(Second Life)是人类体验另类生活品质的一项重要实验,它是一款全方位模仿现实生活的网络游戏,是一个三维的虚拟世界。这里的一切都由这一世界的"居民"自己创造。与现实世界不同,在这里人们可以扮演各种社会角色,挑选自己喜欢的职业,参加各类社交活动,营造一个梦想的人生。

---

[1] 卜晓明:《走出幸福经济学》,《新华网》2007年5月26日。http://news.ximhuanet.com/world/2007-05/26/content_6152189_3.htm。

第十二章　寻找生命的意义

该游戏自 2003 年开办以来，那里的居民迅速增加，短短几年已经达到数百万人。这个地方有类似于现实世界的许多东西，包括土地、各种各样的人和娱乐项目，可以说充满着机会，许多东西有待于人们去开发。你可以在这里购买土地，建造房子，开设公司，招聘员工，开发产品，甚至可以建立自己的王国。

在《第二人生》中，生活的环境充满着其他居民创造的物品，因为创造者拥有数字世界的知识产权，因此，这些虚拟物品可以用来买卖。这个市场现在每月有数百万美元的交易量。这种商业活动在虚拟世界内部用虚拟货币林登元（Linden dollar）来进行结算，而这些虚拟货币可以在网络的货币交易所兑换成美元。

在《第二人生》中，游戏内的消费和生产都是惊人的，据官方统计，光在 2006 年 1 月，《第二人生》的注册用户使用游戏币林登元（Linden）发生的交易额就达 1384752765 元，按照现在 276 林登元兑换 1 美元的汇率，这个交易额超过了 500 万美元。这个数据也说明：只要你能在《第二人生》中生财有道，那么你在现实中也可以轻松致富。2006 年 11 月，《第二人生》产生了第一个百万富翁，这位百万富翁出生在中国，现已加入德国国籍，名字叫安瑟·陈（Anshe Chung），她在《第二人生》的财富包括虚拟真实的不动产、拥有的林登元现金和一些在《第二人生》的商标。此外，她还有大量虚拟世界的股票。

在这里虚拟世界的体验和现实世界的经济已经交融在一起。虚拟世界与现实世界相比一点也不缺少什么，包括地下经济。

《第二人生》为什么成功？有人总结了以下几条经验：

1. 用户创造：完全的人格化环境。居民可以观看并对这个世界做改变。人们可以生产各种各样的虚拟产品，提供各种各样的虚拟服务。

2. 自己货币：即林登元。利用这一货币，人们可以在虚拟世界进行各种商业交易活动。2007年2月它与美元的兑换率稳定居于在270林登元兑换1美元左右。这种虚拟世界的货币与现实世界货币的交易可以通过信用卡或网上货币交易所实现，这就像真正的金融市场一样。

3. 探险性的相互沟通和交互作用：用户被称为居民，并以化身出现。《第二人生》提供了一个先进的群居网络，并配以三维形象。

游戏不仅是游戏，它是一种生活，并且是一种实在的经济生活。这个我们在上述《第二人生》的介绍中已经可以体会到。实际上游戏成为一项经济活动不只是对游戏开发商和运营商而言，玩家也可以成为股东，成为注意力的经营者和投资者，下面是笔者收到的一封推广游戏的电子邮件，这封发自2008年4月30日18:00的电子邮件虽然被我的邮件过滤系统置于垃圾邮箱，但是其商业思想的价值却值得在这里转述：

"《帝国传奇》浙东区"开区，"浙东区"将大量发展"股东玩家"，希望玩家与"浙东区"共同成长；"玩游戏，做股东，每月有分红，上市做富翁！"只要能参与进来，在"浙东区"不花钱就可以得到"帝国股票"。

为了让更多的人参与进来，"浙东区"将向玩家招聘"玩家推广员"若干名，具体要求及奖励如下：

1. 每天在线5小时以上，能组织新玩家参与并建立军团担任主帅；

2. 凡军团成员增加1名股东玩家，主帅将得到股票50股和功勋500点；

3. "帝国点将官"点兵时在线人数达到前三名的，将得到50、30、20股的"帝国股票"及50、30、20点功勋奖励；

4. 凡参加活动的，将得到各类奖励；

5. 完成游戏外工作任务的，每月将得到500股以上的股票奖励；

6. 凡安装《帝国传奇》客户端的网吧网管、网吧老板参加"玩家推广员"的，加入即送50股；

7. 积极参与的"玩家推广员"还将得到装备、功勋、股票、道具等奖励。

"帝国股票"——一个可以发财的梦想，当《帝国传奇》上市或并购的时候，您手头的"帝国股票"都将以1∶1兑换成正式的公司普通股。"帝国股票"在游戏里具有可流通性，可以在各大钱庄进行买卖。"帝国股票"每月还将得到约10%的分红，"股东玩家"不花钱也可以成为人民币玩家。同时你还可以自豪地告诉您的家人和亲戚，我有《帝国传奇》的股份。

凡希望加入"玩家推广员"的请与客服QQ：342204×××联系。期待大家的参与！

大家可到www.el-g.com下载游戏客户端并参与！

《帝国传奇》浙东区运营组

实际上，在人类社会还有一个想象的世界，天堂或者冥府。在这个世界。依然有一些模仿人类现实社会的一系列符号化的商品，包括冥钱。据报道，一些商贩在清明节期间公开叫卖"天堂股票"，这些股票面值有1000亿、1000万、100万元不等。这种文化现象会演化成什么结果，值得我们关注。

二　金钱如何买到快乐

2008年出版的一期《科学》杂志发表了一篇报告，告诉我们：金钱或许买不到爱情，但却能换来快乐。诀窍就是把钱花在别人身上。这项研究由加拿大的英属哥伦比亚大学和美国哈佛商学院共同完成。研究人员通过三个渠道证实了那些乐于为别人花钱或者捐钱的人会感到自身更快乐。首先，他们在全美范围内随

321

机抽取 600 多名普通人作为研究样本,结果为别人花钱或者捐钱的人会比为自己挥霍的人感到更快乐;其次,对 16 名刚拿到效益奖的普通工人如何分配奖金进行调查,结果仍然是把奖金与他人分享的人更快乐;最后研究人员还为 46 名学生志愿者提供 5—20 美元不等的一笔钱,其中一半志愿者被要求将钱用于自己消费,而另一半则必须把钱花在别人身上。结果那些把钱用于为小孩子买玩具、为他人埋单、施舍流浪者的人感觉更为快乐。而且,为他人花钱即使是小小的付出也可以带来一天的好心情。如何解释这一现象。实际上,以注意力经济学派的观点观之,这种利他行为可以引起注意力场的变化,利他行为实施者能够获得这种场变带来的价值,这种价值不仅是主观的心理价值,有时还会带来客观的物质价值。《钱江晚报》曾经报道了这样一条新闻:一位丈夫在请客后与朋友争着埋单,因为没有钱而向妻子要,结果妻子不给,气得他开车要撞死妻子。这里的利他涉及他人对自己的看法。而他人的看法对一个社会中的人来说具有生命的最基本的意义。这里可能又回到了乔治·法兰克所说的虚荣市场的问题上。

我们表达感激,是一种注意力的付出,获得感激是一种愉快的体验。因此我们不要吝啬感激。这种感激不仅对生活伴侣、商业伙伴、顾客、员工、朋友,甚至还可以对你的敌人。这种付出将给你带来意想不到的回报。

幸福来自选择的自由,金钱可以增加选择的自由,但是选择金钱也会使我们失去其他的自由。

三 幸福经济学的启示

人类共同的追求和向往是么什么?幸福!这是最没有争议的答案。早在两千多年前,希腊哲人就开始关注和研究"幸福"这个概念。亚里士多德认为,幸福是人人都想得到东西。19 世

第十二章 寻找生命的意义

纪英国著名功利主义哲学家边沁把"效用原则"看做是社会生活的基础和道德的最高原则。主张善就是快乐和幸福,恶就是痛苦。这无疑是人类思想的一次大解放。遗憾的是自资本主义经济发展以来,人们对幸福的追求已经异化为对物质财富的贪欲。人类社会的注意力出现了严重的偏差。

财富并不等于幸福!幸福是一种主观的体验。新经济学通过引导人们的注意力,去感知世界美好的事物或事物美好的一面,来让人们获得幸福的感觉。

幸福经济学是近年来出现的一个经济学流派,这个学派把实现人类幸福作为经济发展的目标。与传统经济学不同的是,除了关注幸福的客观因素,他们还非常重视幸福的主观感受,并且在理论中吸收了大量心理学的研究方法。2002年的经济学诺贝尔奖就颁发给了对于幸福研究有突出贡献的普林斯顿大学教授卡尼曼(Kahneman)。卡尼曼教授是一位经济学家,也是一位心理学家,他与塔夫斯基(Tverskey)的合作研究成果证实了传统经济学的一些基础理论存在着错误。他们的新经济学涉及财富和广义的幸福,认为我们应该关心如何提高人们的幸福本身,而不是增加金钱收入;经济活动追求的不是最大化财富,而是最大化人们的幸福。财富仅仅是能够带来幸福的因素之一,而且在许多情况下不是幸福的决定因素。

幸福的研究来自各个学科,经济学是最贴近生活的科学,在幸福学的研究中应该走在前面。而生活幸福的经济学分析是离不开注意力经济分析的。那么幸福的源泉来自什么地方?

很久以前,哲学家就发现人类的幸福感是多源的,但是到了工业经济时代,物质产品的空前丰富蒙蔽了人们的双眼。幸福与物欲的满足画上了等号,财富成为人们追求的目标。在马歇尔(1842—1924年)的经济学著作里,"幸福"已经被"效用"所替代,其隐含的前提假设是:一旦人们的物质福利水平提高了,幸福程度也会自然提高。

但是事实证明这种观点是错误的。西方一些经济学家研究发现,当人们收入水平较低时,随着收入增加,人们的幸福程度增加;但是当收入达到一定程度,如每月500美元,人们的幸福感不再与收入同步增加,而是随收入呈边际递减。为什么会出现这种情况,笔者认为这里有几个原因:一种原因是收入的增加并没有带来休闲时间的同步增加,人们体验生活的基础性资源注意力并没有明显的变化,甚至减少;二是产业形态没有发生质的变化,因为产业形态的变化是体验生活变化的重要外部条件。

当然从心理学角度看,幸福来自两个向度的比较:一个是纵向;一个是横向。纵向是与自己过去的状况相比,是一种时间性比较;横向是与自己同一层次的人相比,是一种社会性比较。这种差距是产生幸福感的来源。如果这种差距难以被感知,或者被忽视,我们的幸福感就会降低。

这样看来幸福主要来自注意力的分配所产生的愉快体验。幸福归根到底不是物质福利而是心理福利。当然对多数人来说这种心理福利受到了物质福利的制约。

幸福经济学研究的一个重要成果是人们发现幸福的一个重要来源是脉冲式的变化所带来的感受。"如果一个人一直过着优越的生活而没有什么变化,他是不会比一般人幸福的。也就是说,舒适并不是幸福的重要因素。但是如果一个人本身生活水平不是特别高,但是他时不时地会有一些变化,比如旅游、探险等这些脉冲式的快乐,则能使人感觉到更加幸福。"[①] 著名经济家萨缪尔森给出的幸福方程式:幸福 = 效用/欲望。而新经济学家则提出:幸福 = 新增生活内容/原有生活水平面。笔者认为幸福 = 新

---

① 奚恺元:《经济学发展的新方向》,《中国营销传播网》2003年2月27日。http://www.emkt.com.cn/article/96/9637.html。

第十二章 寻找生命的意义

的愉快体验/旧的愉快体验总和。这个公式可以说明为什么儿童总比大人幸福。因为对孩子们来说这个世界每天都是新的。新的体验会带来兴奋和刺激。

传统的经济学把注意力集中在财富上，因此在经济领域我们看到的都是道琼斯指数、恒生指数等，注意力经济学更关注的是与人们生活密切相关的幸福指数。甚至有人提出用幸福学（Hedonomics）来代替经济学（Economics），幸福学成为经济学新的发展方向。

巴西前农业部长何塞·卢林贝格是"不幸福经济学"的创立者。他举了个例子说明自己的"不幸福经济学"：有两位母亲，原来各自在家中抚养自己的孩子，因为是自己的孩子，所以母亲尽心尽力，孩子们也充分地享受着母爱和幸福，但国民经济不会因为她们的劳动而产生任何变化。后来，这两位母亲来到劳动力市场，成为保姆彼此到对方家里照管对方的孩子，她们的劳动因此而产生了经济效益，当地的国民生产总值也因此得到了相应的提高，但双方的孩子享受到的只是保姆而不是母亲的抚养。这种传统的经济行为是不是注意力经济，或许不是。因为把母亲的注意力配置给自己的孩子产生的幸福感应该是更大的。通过注意力的配置和心理现实的构筑不仅能够增加幸福感，还可以减少痛苦指数。历史上遇到灾荒之年，民间都曾经出现易子而食的现象。在注意力配置方面民间蕴藏着经济的智慧。

哈佛大学心理学教授丹尼尔·吉尔伯特在《幸福发现》一书中说，24小时不间断的电视节目和互联网，使得我们所有人都比以往任何时候见到更多看起来更幸福的人，"我们被富人和名人的生活方式所包围。面对别人拥有更多这一事实，我们忍不住搓鼻子"。但是吉尔伯特的观点是错的，首先，媒介上出现的人不是我们身边的人，我们不会与他们比较，如果比较痛苦指数也远没有与邻居、同事、朋友比较来得高。其次，媒介所展示的丰富的生活,给我们展示了生活体验的无限可能。增加了我们对未来的期待。没有经过大众媒介熏陶的意向往往是原始的、单一的,单凭自己的生活经历许多人无法想象生活还有许多选择,还有许多的可能。

幸福经济已经受到英国、澳大利亚和美国等地左翼人士的推崇——政治家不必叮嘱人们努力工作,而是探讨如何实现工作与生活的平衡。英国保守党领袖戴维·卡梅隆说:"我们不能只想着怎样才能让人民的钱袋鼓起来,还要想着怎样才能让人民更快乐。"①

确实,让人民快乐起来,不断提高他们的幸福感,才是经济和社会发展的本质和方向。

问题:

1. "注意就是体验",你赞同这种表述吗?它对注意力经济有什么意义?

2. 生命的意义来自体验,体验经济在多大程度上能够重新定义我们生命的意义?

3. 人生就是一场游戏?如何从积极的角度去理解这里所包含的人生哲理和现实的经济价值?

---

① 转引自卜晓明《走出幸福经济学》,《新华网》2007 年 5 月 26 日。

第十三章 地球脑与资源开放

> "地球脑"是给由地球上的所有人类,通过计算机和将他们联结起来的各种通信方式共同形成的智能网络所取的一个名字,它就像一个真正的人脑,发挥着一个全人类群集神经系统的作用。
>
> ——佛朗西斯·赫里芬

本章重要人物介绍

佛朗西斯·赫里芬(Francis Heylighen),比利时布鲁塞尔自由大学(VUB)哲学系教授,跨学科研究团队的主管,主要研究兴趣是复杂事物的演化。他带领数名来自不同学科背景的博士生,致力于集体知识和智力的开发,并应用于新兴的智能网络和地球脑。他的研究非常广泛,从数学、物理、计算机支持系统到人文领域的心理学以及社会发展和幸福的测量。赫里芬还是一位业余的艺术爱好者,创作了不少的艺术作品,包括摄影、绘画和诗。他被人称为"一个伟大的思想家和幻想家"、"地球脑的倡导者"。在他的研究中也使用注意力经济的概念,但并不经常出现。虽然如此,他的思想隐藏着深刻的、异乎寻常的注意力经济学智慧。

注意力资源是绝对短缺的,因为它受到了人类大脑工作时间的限制。它的极限是每天 24 小时。这是高德哈伯多次强调的一个关键。但是资源的短缺都是相对于资源的需求而言的，个体的短缺可以通过集体的注意力分工来提高效率。对此我们可以通过大雁和麻雀的比较来说明。大雁群体觅食总是有"哨雁"警戒，而麻雀不得不自己担任警戒，它必须在觅食和警戒两项任务之间频繁地分配有限的注意力资源。前者是一种群体的注意力经济，后者是一种个体的注意力经济。显然从经济学角度看，大雁是进化层次更高的经济动物。"地球脑"是现实存在还是一些学者的幻想？它是我们人类进化的必然产物吗？它能最终消除我们的注意力短缺吗？这一系列疑问都需要我们慢慢解开。

第一节　地球脑的生成

"地球村"概念是麦克卢汉在 20 世纪 60 年代提出的。这一伟大的预见毋庸置疑地已经被人类社会的实践所证实。但是这一概念已经不足以表达媒介变革带来的新的革命性变化。事实上智能网络的发展已经把"地球村"变成了"地球脑"(Global Brain)。人类每个人的头脑只是新的庞大的"大脑"的一个"脑细胞"，互联网就像大脑神经把我们这些"脑细胞"紧紧地联系在了一起。人类在新的媒介环境下已经进化为一体。

一　知觉的整体进化

人类的注意力分工和群体的注意力配置方式一直在改进，专业化分工，特别是知识经济时代的专业化分工给注意力经济提供了一条有效的途径。但是如果我们的思考仅仅停留在这个层面就不可能提供人们更多新的观念和新的思考。笔者曾经在第一章中

第十三章　地球脑与资源开放

提到，人类的进化是遵循注意力经济的原则进行的，我们的感觉器官就是这种进化的结果。但是我们前面所说的进化还只是停留在个体的生理进化上。地球脑学派的研究，给我们打开了注意力经济实现的一扇全新的窗口。他们把网络的发展理解为整个人类的一次新的进化，带来人类头脑的革命。这种革命不仅是观念的，更重要的是机能的。

根据地球脑学派的观点：地球有许多进化阶段，其中三次最重大的跃进都是以大数目为基础：

第一次，约一百亿原子交互作用而生成了有生命的细胞。

第二次，约一百亿细胞复杂的交互作用进化成了自我反射系统（头脑和意识）。

第三次，近百亿人口（目前约70亿人）复杂的交互作用（通过计算机、互联网、传真、电话等）形成觉醒的地球脑。

最后宇宙也会因为一百亿觉醒的星球相互作用和复杂关联而成为终极的觉知体。[1]

那么什么是地球脑呢？赫里芬认为，它是指地球人通过计算机等手段连接起来形成的智能网络。它就像真正的大脑，是一个非常复杂的自组织系统，能够以"智力超人"的能力处理信息、制定决策、解决问题、建立关系并发现新思想（见图13-1）。它扮演了全人类集体神经系统的角色。

地球脑的概念可以延伸到全球社会，把这样一个社会看做地球生物体。如果说网络的信息处理系统组成了这个生物体的"精神"，那么所有的人和人工制品（包括工具、建筑、汽车等）构成他的"身体"。这个超级个体由无数个生物个体构成，不仅有能够处理信息的神经系统，而且还有处理物

---

[1] 彼德·罗素著《地球脑的觉醒：进化的下一次飞跃》，黑龙江人民出版社2003年版。

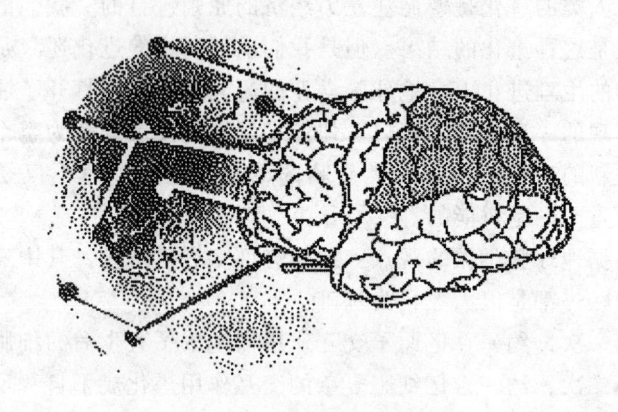

图 13-1　地球脑

图片出处：CHI, a Collaborative Human Interpreter
http://blogoscoped.com/archive/2005-03-25-n43.html

质和能源的功能，比如矿石、水、石油，通过加工处理转变为特殊的产品和服务，运输到需要的地方，循环利用最后排泄。

对全球层面的感知系统这一概念，在西方还有许多不同的名称，如"世界脑"（World Brain）、"全球脑"（Global Mind）、"社会脑"（Social Brain）和"超级脑"（Super-Brain）等。谁最早提出地球脑概念目前还没有完全一致的看法，因为上述各种各样的名称表明许多人独立地发展了社会作为拥有神经系统的生物体的观念，许多人对我们理解的地球脑概念都做了贡献。根据赫里芬的观点，早在古希腊和中世纪，就有人在社会系统和人的身体之间进行过简单化的比喻，如"国王是头"，"农民是脚"。这种比喻为19世纪的社会学奠基人提供了灵感，并被社会学家赫伯特·斯宾塞（Herbert Spencer）广为发展，在他看来社会就是一个生物体。进化神学家查丁（Teilhard de Chardin）则第一个

第十三章　地球脑与资源开放

把这一社会生物体的精神组织称为"人类知识圈",在此前后,科幻作家威尔斯(H. G. Wells)提出了作为知识统一系统的"世界脑"(World Brain)的概念。"地球脑"(Global Brain)的概念是罗素(P. Russell)在1983年最早使用。克雷斯(G. Mayer-Kress)、罗思奈(J. de Rosnay)、赫里芬(F. Heylighen)、鲍仑(J. Bollen)和哥特色尔(B. Goertzel)等人则把这一概念与互联网建立联系,他们的研究提出了把互联网转化为一个智能的、类似头脑的网络的具体方法。

虽然社会与生物体之间的类比在古代就出现过,但技术的发展使得它们之间的类比更为恰当。因为运输和传播变得更有效率,地球的各个部分相互依赖更为紧密,思想的多样化和专门化,亚文化群的增加,所有这些通过综合和分化作用,创造了一个日益连贯、高度复杂的机能系统——地球脑。地球脑的出现在智力机能上要远远超过组成它的人类个体或群体。

赫里芬认为,我们不能把网络仅仅理解为信息的生产、传送和储存系统,为了把全球信息网络真正发展成为具有高智力的地球脑,需要新技术,这些技术我们可以从人脑的工作原理得到灵感:它如何学习、联想、思考、决策,等等。同时,这些技术必须考虑到网络信息不应受中心控制,全球层次的感知过程必须允许无序的、不同种类的信息交互作用以便集体模式的智慧出现,从而提高我们解决问题的能力。

二　集体共生的智能

"群众是真正的英雄",集体的智慧胜过任何一个人的智慧,这种思想就是"集体智能"。最为典型的例子是昆虫社会,如蚂蚁和蜜蜂,它们个体的能力都非常有限,但形成群体生物却具有非凡的才智和能力。如果个体成员很聪明,群体就会更加聪明。地球脑的才智是集体的,因为成千上万的个体通过网络产生了交互感应。约翰逊（N. Johnson）提出的"共生智能"思想认为，智能还可以从本质不同的成分的交互作用中产生，如人和计算机。在这个技术系统的网络环境，人们和智能机器将以共生的形态联系在一起，这将是一个更加高级的智能生物，被人们称为"超个体"。

说到集体共生的智能，不得不提到一个概念："分布式知识系统"，这是约思林（C. Joslyn）提出的一个术语。它是指（人或计算机的）代理群落与网络信息资源相互作用的环境，它引进了全新的结构：人类—机器在集体层次的交互作用，它不只是一个人和一台计算机，而且是使用者与代理共同体内部及信息资源本身之间的相互作用。这带来一场知识的生产、组织和传送的革命。因为分布式知识系统的动力学完全不同于传统的、集中的计算机系统，它需要用多种多样的新方法进行广泛的研究，这种方法正在美国的一个国家实验室进行试验。

虽然许多支撑地球脑的技术首先都是由人工智能（AI）研究发展出来的，但人工智能和地球脑存在着一些基本的区别，人工智能的目标是创造一个独立的智能系统，而地球脑研究的目标是提高现有个体和集体的智能（智力）。这可以称为 IA，即智能放大（Intelligence Amplification）。地球脑方法避免了人工智能牵制的知识获取的瓶颈。需要强调的是地球脑的研究方法是基于开放、交互作用、自组织系统，而不是传统人工智能的预先设计的封闭系统。

三 灵与肉的结合

在中国古代哲学思想中"天人感应"、"天人合一"的思想曾经占据了重要的统治地位。古代认为"天道"和"人道"、"自然"和"人为"是合一的。无独有偶，在西方，也有传说中的大地女神盖雅（Gaia），她能够调节和控制自己体质的变化，

第十三章　地球脑与资源开放

如温度和大气的成分。有人比喻说,与我们前面定义的超个体相比,早期的地球非常原始,"智力"水平就与一个细菌差不多,现在人类社会对地球生态系统的影响越来越明显。地球和人类会进化为一种共生状态,最终可能合二为一。这样,地球脑就不仅把人类大脑合在一起,而且把整个地球合在一起。赫里芬认为这种想法虽然有些疯狂,但也让人难以辩驳。

在《未来的精神》一书中,未来学家格雷(J. Glenn)提出,随着我们感知和处理信息的方法日益精细发达,技术支撑的过程与放大的人类意识将日益融合在一起。因为语音识别、人工智能和软件代理技术的发展,使得机器变得越来越像人类。由于人类对技术的更多利用,如植入器官、医药和可穿戴的计算机支撑着他们的身体和精神,我们已经越来越不是一个纯粹意义上的生物体。当人类身体与技术融合的趋势继续发展,他们与人工智能生命已经难以区分。这样人类意识和技术支持就成为一个完全融合的系统:感知技术将极大地减少人类的注意力负担,有效扩展视野,从而产生更加伟大的才智,增加洞察力,甚至产生神秘主义称为"启迪"的东西。[1]

虽然许多人是从科学和技术角度来研究地球脑的,但一些作者却在精神方面做了探索,有神论者可能把这种整体的意识状态看做是与上帝的一种结合。人文主义者或许把它看做是人类自己创造的一种具有类似神的力量的实体。盖雅信徒的想象暗示我们存在着一个"有生命的地球",地球脑的前景令人信服地提供一个全球意义的类似于感知属性的东西。

人类的发展预示着人类将跃迁到一个完全不同的政权制度,那里遵循的是完全不同的法则。原因在于人工智能能够创造一个

---

[1] *The Social Superorganism and its Global Brain*, by F. Heylighen, Mar 23, 2000 http://pespmcl.vub.ac.be/suporgli.html

更为聪明的系统,地球脑正变得越来越聪明,这种聪明的程度足以改进它自己的思想。这即将到来的更高层次的进化,我们人类凭借现有的智力还无法想象它的情形。

四 成长机理

根据赫里芬的分析,从理论上说,如果没有信息技术也可以有地球脑。如思想从一个人传播到另一个人,它们就会发生演化,吸收了无数他人贡献的观点和思想,社会就成为集体的精神,它不能被简化为任何个人贡献的新思想。然而,在缺乏现代技术的情况下,这一"集体思想"需要数十年的时间才能产生新的见识。全球媒介使得这一过程的效率大大提高,它能够让思想在数小时内就得到传播和发展。

互联网具有分散和自组织的天性,这使得它特别适合于地球脑,万维网使得人们创造的、分布在全球的各种各样的信息产品天衣无缝地联系在一起,毫不费力地实现整体化。把这些信息集合在一起并不是因为它们地理位置的相近,而是它们关联(联想)的程度:链接建立了网页之间的相互联系。从这个方面来看,超媒体体系结构类似于我们的大脑,在人脑中概念以联想的方式建立联系,相应的神经细胞通过神经键链接在一起。

万维网功能像一个巨大的社会记忆。然而,这个大脑不仅仅是静态的记忆,它还可以学习和思考。学习行为通过经常使用联系而加强,反之学习行为就会削弱,通过学习地球脑不断增加它的组织和知识的储存。思想的生产通过概念和概念的传播激活,并激活相关的概念,根据相关性强度建立联系。思想能够让头脑解决问题、做出决策和进行创造,它可以发现以前从来没有出现过的概念的结合。通过对它的静态结构的简单改变,我们能够在万维网实现类似的过程,这样就能极大地提高它的智能和整体的有效性。

第十三章 地球脑与资源开放

在人的头脑中,学习遵循赫博(Hebb)法则:如果两个神经细胞在建立和关闭联系方面有活性,它们的联系强度会增加。鲍仑(J. Bollen)和赫里芬把它类推到万维网:如果两个网页被使用者频繁链接和参阅,存在于两个网页之间的超链接就容易出现,或者新的链接就会被创造出来,而没有充分加强链接的网页会被人们忽视,最终可能会消失。

在实践中,这种最有相关性的网页之间引起的直接链接,可以让许多人少走弯路,这样网络的使用就变得非常有效率。

实现网络"思考"的最简单方法是创造特殊的软件。这是一个用户"代理"程序,它自动收集用户有兴趣的信息。这个代理只要通过观察用户对网页的不同使用频率或者从用户那里收到的特殊指令(如关键词)就能够了解用户的偏好。有了这个偏好的轮廓,代理就能够锁住满足这一轮廓特征的网页,然后利用有关工具做进一步寻找,以获得相关文件。

五 界面改善

网络成为一个巨大的集体记忆,我们可以随时请教以获得问题的答案,就像在自己的头脑中搜索,虽然答案有时可能不同寻常或者比较含糊,但赫里芬认为它常常会提升和扩展我们的思想。

移动通信上网已经普及,无论我们在那里,随时随地都可以上网。未来的小型化便携式计算机可以与我们的衣服合在一起,把图像投在我们的眼镜上。自动识别系统让我们通过语言、手势甚至表情就可以与网络直接沟通。赫里芬指出,从长远来看我们甚至可以设想建立一种神经系统界面,只要通过思考就可以与计算机进行沟通。这样我们的思想就可以被直接感觉、了解和放大。当我们用地球脑订一份比萨饼、要出租车或打开暖气以便回家能够享受温暖和舒适时,我们的思想也可以直接被转化为行动。

就目前来说，除了直接的人脑—计算机界面，所有这些技术都已经存在，并且在一些特殊的领域已经有了原形和初步的应用。接下来的工作就是要使它简单化、更有效率并综合到一个整体，实现全面的协调，其中包括资源开放与共享，这是最难处理的，因为这里充满着技术、经济和政治问题。

第二节　惊异中的期待

人们对地球脑的力量感到惊奇不已，他们带有一丝恐慌，但更多的人充满期待。那么，地球脑的出现和"发育"会给我们带来什么呢？对于这个问题，赫里芬在自己开设的网站中专门做了回答，虽然结论并不是那么明确，但也引发我们许多思考。

一　地球脑与新经济的联系

第一，信息过载的处理。信息社会的现实是信息不断丰富，并且始终存在着大量未被消费和利用的有价值的信息，这些信息为了实现自己的价值不得不对着我们"大声喊叫"，以获得我们的注意力。但是，由于注意力资源的限制，我们需要一种方法来帮助我们获得我们感兴趣的信息。目前，处理信息过载的最为常用的方法是利用软件过滤，如搜索引擎，它只找到满足一定标准的文件。这些标准基于严格限制的条件，如关键词。但是文件的价值是很难用这种关键词决定的，有些相关的文件可能采用不同的关键词，因此就可能无法找到，反之，有些没有价值的文件却因包含了这些关键词而大量涌入。而地球脑从它全体用户含蓄的评价中获得知识。因此地球脑是寻找相关信息的更具有普遍性和灵活性的工具。

第二，从市场方面考虑。它是帮助供给与需求匹配的集体交易系统，并以此实现消费者对产品和服务的需要。传统的市场是低效能的，在供需的两端，往往需要许多复杂的中介环节。互联网使得所有这些交易更加快捷、透明，而且成本低、费力小，这极大地减少了"摩擦"，使经济更有效率以便需求能够以更低的成本更快、更精确地满足。地球脑不仅推动买卖双方直接沟通，而且帮助买方寻找最佳价值，得到最实惠的价格。网络促进新经济的发育成长，减少通货膨胀和经济的不稳定性。不仅如此，它还可以减少浪费。

第三，地球脑在世界范围内提供了沟通的渠道，能够有效减少无知、偏见和误解，使得不同国家、不同语言和不同文化之间的讨论和解决思想分歧变得容易。好的思想观念和解决问题的办法更容易在全球范围传播，从而在事关每个人利益的全球性问题上增加达成一致意见的可能性。自由的信息流动将使得独裁政体和战争更加困难。经济越有效率，对短缺资源的竞争就越少，因此，冲突也就会间接减少。

第四，地球脑能够提高幸福感。不同国家有关生活满意度的统计显示，当他们的社会提供他们足够的健康、财富、安全、知识、自由和平等保障的时候，人们感受最为幸福。地球脑能够直接或间接地提供这些基本的价值。地球脑向全世界所有的人提供所有的人类知识，这样间接地增加了人们选择自己道路的自由，从而提供了他们更多公平的机会。它作用于经济将直接创造更多的财富，它支撑的知识创新将推进科学和技术的发展，帮助人类解决医学、社会和生态等全方位的问题。

从赫里芬的上述观点来看，在地球脑的问题上，他是一个乐观主义者。

二 人类退化还是进化

费西尔指出："昆虫社会比人类社会更像一个单一动物的躯体……整个生物体的繁衍局限在专门化的组织内，而躯体的其他部分则不参与繁殖。"① 对于地球脑许多人也有担心,如地球脑会不会让人退化到一个昆虫群落,每个人都成为另一个人的复制品,彻底丧失自己的个性。赫里芬指出,情况恰恰相反,地球脑起源于它的参与者分工与智力差异。如果每个人都做出相同的选择,那么地球脑就不会比一个人聪明。因为不同的人有不同的观点和经历,他们集合在一起就能够解决更为复杂的问题。控制论专家阿斯比(Ashby)指出:如果蚂蚁总是遵循它的同伴走过的路,从来不创造一条自己的路,那么种群就会在它们现有的道路食品资源枯竭的时候饿死。显然个体的方法和路径越多样化,集体的解决方案越好。

哈佛大学经济学教授迈克尔·克雷默收集了人类历史和史前100万年的资料,证明了如下观点:人口增长可以促进科技进步,科技进步能够推动经济增长,这个良性循环会一直往下延伸,经济增长反过来又会促进人口增长,因为更富裕的社会能够养育得起更多的孩子。克雷默教授论断的基本前提是,如果世界人口增加1倍,那么全世界出生的天才也会增加1倍。天才会互相激励,因此和1000个天才相比,2000个天才更加能够彼此分享灵感,碰撞出更多智慧的火花。②

或许有人会认为网络学习是"多数人的暴政",因为网络学习法则促进多数人喜欢的链接并且削弱少数人喜欢的链接。这看起来少数人的观点和非墨守成规的思想会受到压制,从而减少了网络世界的差异性。赫里芬显然不同意这种说法,他解释说:首先,网络学习只是在离开当前网页时建议另外的链接。因此它只

---

① 哈伊姆·奥菲克著,张敦敏译:《第二天性——人类进化的经济起源》,中国社会科学出版社2004年版,第63页。
② 参见兰兹伯格著,蒋旭峰译《性越多越安全——颠覆传统的反常经济学》,中信出版社2008年版。

第十三章 地球脑与资源开放

增加了可能性。其次，网络学习推进的链接是那些特殊社区网民赏识的东西，不同的群体访问不同的网站，他们的链接只适合特殊群体的口味，而不是"全部公众"的口味。因此即使是最古怪的少数人也都能找到自己的"同党"，他们相互链接与他们的兴趣有关的所有的文件，从而有效地增加了差异性。最后，即使你建立的网页不适合任何群体，协作过滤技术和传播活化还是允许你建立私人化的信息，你还是可以利用人们与你类似的经历来增加对你的网页浏览的可能性。

还有一个问题，因为地球脑在用户行为监测方面更为有效，人们担心它了解每个人在网络上所做的一切，包括他们的隐私行为。赫里芬认为，网络学习并不需要了解个人的行为，它们仅仅需要集体的一定行为的频率，而与具体谁访问网站无关。事实上，运算法则甚至根本就不登记用户的身份，因为这只会增加存储器的负担。如果这些算法应用到全部的网络，那么就要建立标准，用户数据匿名化。但现在这种标准并不存在，许多公司就是依靠收集他们的客户和使用者的这些数据赢利的。数据匿名化有点类似数据现金支付，它保证一定数量的钱被转移，但不允许你跟踪这钱来自什么地方，这不像信用卡交易。尽管是匿名的网络学习，算法还是能够提供基于用户偏好轮廓的私人建议，但这一轮廓严格地保留在用户自己的计算机上，远离那些好打探的人。

地球脑受所有参与的人的控制。地球脑的智力，甚至它的"精神"和"人格"来自于所有人的行为。地球脑不是代替人类，而是对人类的补足和增强。

全球化的趋势，传播和信息技术的发展，不同国家、不同文化之间相互依赖和思想交流的增加，这些都是地球脑进化的迹象。进化的动力来自于参与地球脑获得的竞争优势，如果不参加地球脑就会落后。因此人们不得不模仿地球脑的参加者，成为这一"超级智能动物"的一个部分。网民数量的急速增加从另一个角度提供了地球脑形成和进化的又一个很好的佐证。青少年对网络具有天然的亲和力,他们的快速融入意味着地球脑成长的机体演化能力。网络成瘾、网络依赖症的出现,从另一个侧面说明了人类与智能媒体的一体化进程,儿童接触计算机已经导致了其生理性大脑与技术性计算机的同生共长的事实。

当然也不否认,或许还有一些个体、群体或国家会有意识地远离地球脑。但赫里芬认为这并不奇怪,因为历史上都出现过隐士、流浪者或冒险家,他们生活在社会之外。现在也有少数人拒绝用汽车、电话或电视。从原则上说,地球脑没有理由不能容忍那些不参与地球脑的人的存在,除非他们的存在危及地球脑内部的人。不过在实践中不会有太多的人作这种选择,因为地球脑有如此多的好处,一般人很难抗拒它的诱惑。

地球脑会分裂为地球脑之间的竞争吗?赫里芬认为这也是可能的,不同的国家之间可以形成同盟,每个国家在发展共享智能网络问题上都遵循他们自己设立的规则。这种现象在冷战时期曾经出现过,资本主义国家和社会主义国家形成两大阵营,虽然两大阵营互相竞争,但它们的发展不是处在同一水平上,因为技术的积累永远是加速的,它是指数增长的过程,发展速度上小小的差别会导致距离的拉大。当人们清楚一个阵营比另一个阵营更为成功时,就会在不那么成功的阵营产生压力迫使他们向更为成功的阵营开放,以吸收它的成功经验。全球范围内思想、商品和服务交换的增加使得在国家与国家、群体与群体之间制造或维持严格分离的可能不断减少。因此地球脑看起来不大可能分裂为几个独立的系统。

虽然地球脑技术对富人和受过良好教育的群体来说适应和流行更快,但赫里芬坚信地球脑并不会把穷人排除在外,因为它不能阻挡低层人群的迅速跟进。互联网技术的安装相对便宜,而且随着地球脑智能化程度的提高,它会变得更加容易使用。语音技术会使文盲都可以使用网络,在此过程他们可以在网络学到许多在这一环境生存的本领。因此地球脑是第三世界国家跨越与富裕国家之间鸿沟的桥梁。

三 地球脑的情感和意识

地球脑不是一个自治的实体,只是一个形成于所有的人的知识、行为和偏好的系统。因此赫里芬认为人类的价值和目标在引导着地球脑的演化,如果公众要求降低污染,地球会引导人们选择无污染的产品或服务。然而,因为拥有一个比个人大得多的"大脑容量",地球脑不仅会了解多数人的共同目标和要求,而且也能够了解无数特殊的、甚至一个用户的目标和要求。如果你要听早期的爵士乐,地球脑就会设法为你制造许多早期爵士乐的访问链接。这样地球脑的价值系统将比个人的要复杂得多。

在地球脑自然也有价值冲突,就如同个人自身的价值冲突,个人自身的价值冲突可以通过心理调节自己解决,也可以借助外部的咨询和疏导。地球脑解决这个问题也应该与此类似。它在许多情况下需要自己的"反省"。

人们关心的另一个重要问题是地球脑有没有感情。对于这个问题赫里芬的解释非常有意思。他认为感情或情绪可以理解为一个目标寻找系统在特定情形下的反应,如果某种情形有助于目标达成就表现为积极的情绪,如果有碍于目标的达成就表现为消极的情绪。感情的力量是"激励"和"活化"的程度,相当于情况"意外"的程度:常规的事件不会产生强烈的刺激,但是一个突然的惊奇或危险会产生大量的活化作用。从这个意义上说,地球脑也有感情。任何积极或者消极的事件,目标都高度联结着地球脑的"情绪",都会引起大量的"活化"作用沿着地球脑的虚拟神经"传播",动员人们、机器或资源产生强有力的反应,以抓住问题或利用机会。例如,一个突发的危险,如一个新病毒的出现（计算机或者生物的），会在地球脑立即产生大规模的反应行为。因为成千上万的人将突然开始寻找关于这个病毒的信息或者讨论如何应对。一个更为准确的例子是 2008 年中国的四川大地震，由于大量的媒体广泛报道的刺激，在成千上万的人身上释放出集体悲痛的情感。

情感可以看做低层次的环境发生变化的知晓或意识，在这个意义上，地球脑会知道影响它的目标的重要事件。一个较高层次的意识——自我意识需要地球脑能够反省它自身的机能。广义上说，地球脑群落正逐渐意识到它自己。因为运算系统使得网络更聪明，但目前还没有包括自我控制这样的一种能力。虽然简单的能够自我反省的人工智能系统已经建立起来，但整个地球脑的自我反省机制目前还不是很清楚。

因为地球脑会处理成千上万人的知识和意向，赫里芬感到目前要对它做出结论是不可能的，但有一点是明确的：我们向地球脑寻求答案恰恰是因为它能够提供特殊的建议。信息膨胀已经到了我们的大脑根本无法消化的程度，聪明的地球脑能够简化推理，把我们的注意力聚焦在最重要的要素上，并且过滤掉那些不重要的东西，以便使得思想过程尽可能清晰。我们没有能力了解所有的事情，但这并不重要，我们没有必要为此担忧：没有人能够声称自己完全了解社会正在发生的事情，但是这并不妨碍多数人对他们的生活感到满意。事实上，如果我们全部都了解，也就没有意思了，也不会产生新的刺激。这样人类的情感都可能会消亡。

作为激进的思想家，赫里芬认为地球脑从某种意义上说可以让一个人的精神永远活下去。可以想象我们精神的内容将与我们的头脑分离，并且直接储存在计算机中，成为地球脑的一个部分。人类精神内容可以像那些能够复制和储存在各种媒介的信息一样进行处理，这在理论上是说得通的。大脑的功能单元（精神模式）

第十三章　地球脑与资源开放

是遍布的神经细胞，这种认识已经被广泛接受，这使得大脑切除了部分物质以后还保持它的功能成为可能，计算机的功能并不完全依赖存储在它的记忆中的每个比特。问题是：精神的模式是什么？什么是精神的代码？我们现在还无从知晓。但我们可以确定，人类一定可以揭开这个谜，就像我们解开遗传密码一样。事实上，网络学习技术已经向这个方向迈出了第一步，因为它们能够不断增强有关用户兴趣和经验的精确模式。经过长时间的训练，软件代理吸收了它的用户的思考方式可以无差别地模仿用户的行为。如果用户死了，代理会继续与网络相互作用，表现出与它去世已久的主人相似的人格和欲望，就像他的不朽"灵魂"。

计算机是否有"生命"，是有争议的。主要观点有三种：行为等价原则、反应等价准则和功能等价原则。

克劳斯把这些比较总结为四个层次：

第一个层次是计算机与人脑不同的行为方式而能达到相同的结果；

第二个层次是计算机与人脑相同的行为方式达到相同的结果；

第三个层次是计算机与人脑相同的结构产生相同的行为方式，从而达到相同的结果；

第四个层次是计算机与人脑相同的行为方式、相同的结构以及构成这种结构的相同材料，并达到相同的结果。

这四个层次由低到高，从类似到接近最后达到完全等同。无论计算机处在那一层次，只要我们真正感受到它是一种生命的存在，从注意力经济学的观点看，我们就可以把它视同于生命。

高德哈伯提出虚假的注意力的概念，认为机器（计算机、媒介）产生的注意力是一种幻觉。但是彻底的注意力经济学强调的是感觉，事情的真相是什么并不重要，重要的是价值。他们甚至对事物有没有真相都可以怀疑。以这种观点来看注意力，看待生命,我们就有了新的视角。

第三节 迎接资源开放时代的到来

地球脑的形成和发展依赖于资源的开放。所有的开放形式都可以被注意力短缺推动,这是注意力经济的关键。注意力经济常常被人们误解为只是一个金钱经济的变量。而实际上它是一个全新的系统,并且这个系统很快会在网络世界和整个世界占主导地位。资源的免费开放显然与传统的经济学思想背道而驰。

一 一次开放的尝试

注意力经济学派假设,人类有尽可能获得更多注意力的欲望。这一理论给开放类型学的建立提供了依据。可以推测注意力经济活动有助于建立这种类型经济的优势。基于开放和支持开放的组织会不断增加并最终代替营利性的公司,而非营利性组织如大学反而去追求与金钱有关的东西。

在《第一个星期一》(First Monday)出版10周年的纪念会上。高德哈伯发表了题为《注意力经济中的开放价值》的长篇论文。[①] 系统阐述了他对注意力经济时代资源开放的认识。

《第一个星期一》是网络中的第一个开放性杂志。它之所以这么做是受到了高德哈伯的影响。1997年网站编辑大胆地发表了高德哈伯的另类文章——《注意力经济和网络》。那篇文章提及开放使用权问题。那时高德哈伯一直在寻找网站发表自己的新论文,但发现许多网站都要求读者必须付订阅费才能阅读。这让他感到不快,因为他要的是注意力。因此高德哈伯立即给网站编

---

① *The value of openness in an attention economy*, by Michael H. Goldhaber, http://www.firstmonday.dk/issues/issue11_6/goldhaber/index.html.

辑发了一封电子邮件，指出他们的订阅政策与自己文章的观点相矛盾，也与杂志获得关注的愿望相左。《第一个星期一》网站采纳了高德哈伯的建议，不久它们就改变了政策，实施开放。因为《第一个星期一》自身的示范作用，围绕着该网络杂志形成了群落，杂志的编辑们也成了明星。目前该杂志有184个国家的读者，如果不是开放杂志，情况不可能是这样。

这次周年会议的主题是"互联网各种形式的开放"，包括开放资源软件、开放科学论文、开放科学数据使用权以及开放各种各样的知识和其他形式的"内容"。

二 实施开放的理由

语言是最原始的开放媒介，任何人都可以免费获得和使用词语。这为人类带来了巨大的进步。

实施开放来自人类各种不同的动机，可能是出于博爱和帮助他人的欲望，也可能出于与他人同乐的需要，还有可能是为了吸引他人一起解决疑惑，或者仅仅是为了满足好奇心。高德哈伯认为这些出于各种动机的行为也是一种人性的自私表现——注意力经济的行为。在注意力经济中，人们的主要动机是增加一个人的注意力收入。实际上，大明星之所以变得富有恰恰是因为他们的资料盗版所带来的注意力。在一个资源开放的社会，成功的程序设计者和网络作者都获得了名声。

一些人把信息看做产品，而另一些人把信息看做获取注意力的工具，他们之间存在着尖锐的矛盾。比如音乐界与唱片公司就存在着利益冲突。前者要获得注意力，后者要获得金钱。在注意力经济时代，明星的优势日益增长。

高德哈伯指出，要实现注意力价值最大化就要排除价格障碍，因此在迅速发展的开放使用权的世界，金钱成为外围的东西。金钱虽然在获取物质资料、工业产品、房子等生活用品时还是必需的。但这些领域的从业人员已经越来越少。而在另一方面,拥有足够的注意力意味着一个人能够直接满足自己的需要,在需要的时候至少还可以从迷恋者那里获得金钱。虽然今天这么看问题有些简单化,但是金钱跟着注意力走这是一个大致的方向。因此,如果一个人拥有了足够的注意力,他就可以赚得大量的金钱,而如果一个人不能吸引注意力,他赚钱就会变得困难。在旧经济领域从事重复性工作的工人身上已经出现这种现象。有理由相信拥有注意力和能够获取金钱之间存在着因果关系。

如果是这样,金钱作为流通就不再是必需的,它只不过是复制了很容易在网络流动的注意力。高德哈伯认为金钱带来的便捷只是"狭带",而注意力带来的便捷则是"宽带"。新经济与市场经济不会永远共存,因为每一个体系都需要它自身的社会结构、心理趋势、生活模式和价值观念。

三 开放的形式

当今社会的发展意味着开放的价值,而开放有许多形式。高德哈伯建议:

(1) 尽可能大范围地表达自己的思想。

(2) 开放使用权,尽可能减少障碍。

(3) 积极地暴露自我。一个人表达自我越多,积累的注意力也越多。

(4) 尽快发布自己的新思想以争取优先权。这样就有可能增加人们对自己思想的关注,增加他们与自己心理结盟的机会,从而奠定自己在这一领域的重要地位。

(5) 除了公开发布一个新思想,另一个步骤是定义事业,并尽可能把自己定位在进一步发展的关键点上。你应该列出自己看到的下一步,然后选择最好的解释。

(6) 如果你还不是明星,应该鼓励一个围绕着你的追随者的形成,甚至可以让这种身份公开。

(7)建立半独立的迷恋者,他自己应该是一颗新星,并作为一个迷恋者暴露自己。

(8)如果你是明星,对你的迷恋者提供他们之间互相密切交谈的机会,并且适当增加他们与你交谈的机会。

(9)要努力创造或多或少平等沟通的团体。

在注意力经济时代,还有许多的资源开放形式,其中包括如下内容。

1. 开放代码和免费软件

开放资源软件程序可以促使自己在互联网上广泛分布并占据领先,因为使用的有效性是它的一个关键支柱。要从一个创始人的观点看待,开放资源项目,可应用的开放种类包括宣布和运行项目,公开发布代码可以让其他人了解和使用,这意味着会有他人与开发者的心理结盟。

2. 开放科学

人类基因组测试是资源开放成功的典范,它给项目带来了世界性的关注,加快了基因组计划的进程,也给开创者带来注意力,并产生大量追随者。

3. 开放内容

在高德哈伯看来,把出版物看做"内容"是无视这个世界多数人对获得注意力使用权的巨大需求,在注意力经济活动中,内容往往只是获取注意力的手段。

四 开放性项目

出于注意力寻找的热情,基于资源开放的社会中各种各样发明会越来越多。这样就出现了无奇不有的开放性项目和开放性组织,从而代替公司和许多非营利组织的功能。许多工作会外包给有关的临时性的"团队",这些团队的核心一般是少数几个明星,外围是一些追随者,他们自身也像开放资源。这些追随者的核心成员在不同的公司以不同的目的分化重组。高德哈伯认为,一个开放资源项目可以成功地与丰田等大公司竞争,而不必像它们一样拥有厂房、机器、设备和销售渠道。

如一个开放资源的汽车设计项目,就可以不受专利限制设计出更高级的车。同样,生产工艺过程以及必要的机械都可以是开放资源,总之一切自己不必要的相关过程都可以从开放资源中获得。

开放资源和公司模式肯定有冲突,其中一个原因是知识产权。如果没有专利、著作权和商标权,当今的大公司就很少能够赢利。然而,高德哈伯认为这些在根本上是违反注意力经济规律的,因为它给注意力付出和寻找设置了障碍。

也有人以宗教的思维方式去认识注意力经济与资源开放。他们认为注意力经济是一种信仰,最高质量的注意力是爱,爱是一种理解的方式,广博的爱心可以促进资源开放。有这一真理指引,我们就能够找到自我拯救的方法。健康的注意力经济是界面的友好,好的信息应该乐意对所有的人开放。把知识当成控制他人的力量,不管是否必要都千方百计限制人们使用关键信息,这是无知的表现。他们不知道自己在与上帝无限的力量对抗,注意力经济的发展是上帝的意志,违背这一意愿是危险的。

当然对待注意力经济,很少有学者真会像宗教信徒对待宗教一样虔诚。但是,注意力经济学派的学者们确实对它充满热情,这种热情和爱使得他们对注意力经济有着更多的了解。而注意力经济作为工作和生活的习惯被社会广泛理解和接纳,则是注意力经济发展的关键。到那个时候,或许真的像一些学者所预见的:免费的开放性资源成为常态,金钱的地位和使用价值都会下降。

五 开放性商业

开放性商业(Open Business)我们可以概括为"以传统的

第十三章　地球脑与资源开放

商业资源换取注意力资源,再以注意力资源获取商业价值的方式"。

从开放资源到开放内容,越来越多的商业以各种形式"开放自己",如提供免费服务和内容。组织、生产和分配的新形式正在出现,但是这些冒险怎样才能产生收入并维持自己的运营?我们提供免费的内容到底能够支持多久?这是许多人都非常关心的问题。

但回过头来看,我们发现不少网络公司似乎并没有真正的商业模式。它们并不赢利,是一种完全彻底的开放,但是却被其他公司高价收购。那么它们的商业模式在哪里?

伊思特·迪森(Esther Dyson)认为,这需要注意时机。我们可以用一种基于注意力的战略进入市场,然后对已经建立的东西进行调整,转移到一种有效的商业战略上。

首先我们可以建立一个有用的资源或服务,以免费的方式提供,并以这些资源和服务为核心建立一个社区。然后,设法建立一个平台,加入可以获得收入的服务。这些服务可以是广告,也可以是必须付费的额外功能。

因此网络注意力经济活动的一个重要表现形式是一个共享服务的虚拟社区的建立。

伊思特说:"我们可以把它想象为自己喜欢的酒吧。我们去那里不是因为那里的啤酒味道与其他地方不同,而是因为那里的人。任何酒吧的价值在于它的客户。"人们在那里可以互相交流,互相观赏。一个人成为另一个人的风景,一个客户成为另一个客户消费的对象。当然这里还包括了服务员和管理者。有了顾客你才可以卖啤酒或者咖啡,等等。不过有些零售商卖衣服,但是提供免费的咖啡。两者都是好的商业模式并且都行之有效。当前流行的商业都先免费提供某些东西,然后再为自己寻找商业机会。比如商场提供具有观赏价值的环境,顾客可以在此免费参观

349

旅游，但是商品并不免费；商场提供免费舒适的空调环境，但是购买空调却要花钱。网络社区就是聚集人气。网络环境与物理的商业与娱乐空间大不相同，它是全球的、虚拟的、没有身体的亲临现场，只有注意力到场。正是注意力聚集的虚拟空间与传统的物理空间不同，它才创造了与现实世界不同的机会。在网络世界人们拥有了更多的选择。而在这些选择内部，蕴藏着为商业创造注意力的机会。

这也是许多人感到迷惑的地方。在信息过剩的时代，在网络这样一个信息海洋，除了创造注意力，没有其他更多的商业机会。注意力是基本的通货，但竞争不只是通过免费获得注意力，许多公司在网络通过各种方式获得注意力，然后卖给雅虎、谷歌或其他需要注意力的企业或客户，这也是一种战略。

伊思特把注意力理解为有关前后关系的一个概念。注意力是占主流地位的基本通货，但它有许多不同的形式和创造它的不同的战略，因此定义它也是不同的。有时它与偏好有关，有时它是人们在你所提供的空间所花费的时间。一旦得到注意力（人们的商标偏好、要加入并逗留的社区、个人得到的赏识、网络软件平台等），我们要解决的问题就是如何从相关事项的服务中获得收入（如照片储藏、设计或培训服务，个人虚拟饰品销售，或社区会员注册费等）。

谷歌和雅虎都非常开放，它们提供非常杰出的免费服务，从电子邮件、搜索引擎、地图到社区服务，它们对内容的拥有权并不感兴趣，却创立了把注意力转换为商业的许多灵活的方式。这就是典型的"开放性商业"。这种商业模式对内容产业形成巨大的挑战。雅虎与谷歌相比，对提供高质量的内容感兴趣——如服务信息、新闻、娱乐和社区，在许多方面雅虎的信念是聪明，"聪明的设计"和精心的战略；而谷歌则遵循自然的进化，依据达尔文适应环境的原则来发展组织，它们创造服务，把它们放在

第十三章　地球脑与资源开放

那里,让人们解决它们的使用问题,如谷歌地图是一个基础的服务(提供地图的使用权),但它不仅让人们熟练掌握它的使用,而且让人们不断改善它。从这个意义上说,谷歌提供了一个平台,然后让用户的创造力之花四处开放,它们并不提供明确的方向。

在传统的观点看来,价值链由内容生产者和大量的中间人组成。在这个世界版权是核心要素,因此它是通过控制内容使用权来主张权利和管理收入来源的。但是现在大量的商业活动正在对这种传统的成功模式形成挑战。我们可以预见商业模式将进一步改变,比如传统的音乐和出版业不得不从根本上转换思路,否则必将死亡。它们把大量的投资花在营销和配送上,但价值却在急速下降,导致企业入不敷出。新的数字和网络在线环境并不需要大量的中介,此外收入能够直接流向艺术家而不是中间人。这并不是说它们在职业管理、生产、编辑、行销中不能发挥作用,而是说它们不再从销售中获得太多的收益。

这里的问题是,如果所有的东西都是免费的,谁会对它们投资?作者靠什么生活?如果作者把他们的书的内容全部以 PDF 的形式放在网上,这种方式与其他方式相比很可能会从印刷版本的书中赚取更多的钱。因为书的网络版成为了广告,它可以让更多的人知道他的作品,但是读者一般不会自己打印,因为不便和昂贵。因此,如果需要,他们还是会去买书。据此,伊思特得出结论,在这里存在着个人的商业模式。

但是整个行业如何支撑?例如新闻业如何在这样的世界生存下来?目前还没有人能够回答这一问题。根据伊思特的看法,对作者有利的并不意味着对(传统的)出版商有利。最终,出版商不得不设法找到另外的非传统的价值。

有品质的新闻业越来越难以获得财政收入,但是有许多新的答案正在等待着解开。在某些领域,我们已经看见了中世纪赞助形式的复兴：个人可以找到一位喜欢自己作品的富人给你提供帮助，或者在自己创造的注意力的基础上在其他领域创造另外的收入。开放性阅读和表演是一种战略，如果从商业方面看，一个人可以通过自己获得的影响力，再从提供的咨询服务中获得收入。

传统的新闻业获得收入确实越来越困难，但是，还是有许多可以解决的新方法。如果人们真的需要高质量的新闻，那么总有一种市场能够支撑它存在下去，可能是赞助，如 BBC 的公众服务，或者广告。

现在有一种开放的教育模式，它可以由基金会主办，也可以由政府主办，这些都是有价值的免费资源。伊思特认为，网络虽然是一个好的工具，但并不是进行教育的好媒介。教育是一个过程，它不只是内容。虽然利用网络生产和发送内容能够大大降低成本，但我们还是需要质量保证和保持这样一种服务质量的相应成本。

在欧洲，人们拥有传统的公共广播电视，税收是保证多样性、差异性和新闻独立性的最好办法。有人曾经提出，这种方法会不会延伸到网络世界，就像法国人要求的那样，欧洲是否应该组织起来并创立欧洲谷歌？针对这个问题伊思特指出，法国对自己拥有谷歌的兴趣是被误导的，这不是一个免费服务，它是一种审查和过滤服务。如果政府要用征税来养活，那么就可以这样做。但是如果要获得互联网上所有的法语内容，就不需要法国政府做这些。

那么我们只由私人公司提供信息服务，还是需要像 BBC 这样的公共广播电视服务作为网络信息的主渠道？如果所有的信息都是由像谷歌这样的商业服务公司提供当然让人难以接受。但是网络有各种各样的内容，其中部分内容政府是作为一个投资者角色出现的，因此商业也难以完全排除公益。但是伊思特认为，政府对内容的管理会遇到很大的难题。

第十三章　地球脑与资源开放

资源开放代表了一种趋势，开放性商业是一个全新的问题，通过非市场的经济，我们可以发现从传统的市场经济中难以发现的东西。

问题：

1. 地球脑是实在的进化中的生物体还是人们的想象？智能媒介在这里发挥什么作用？
2. 地球脑概念的提出会影响你对生命的重新思考和现实行为的选择吗？
3. 你对资源开放的前景如何看？在主张版权和废除版权的斗争中，如何取得社会的和谐发展？
4. 基于免费的市场，未来的商业形态会发生什么变化？

第十四章　并存的社会制度

> 我们在寻找和创造让我们摆脱等级社会的技术。
> ——米歇尔·伯温斯

本章重要人物介绍

米歇尔·伯温斯（Michel Bauwens），比利时人，生于 1958 年，哲学家和对等网（Peer-to-Peer）理论家，互联网顾问，曾经担任英国石油公司信息经理，现在任职泰国的清迈大学。他创立了对等网基金会，发表了这方面大量的论文。他还编辑出版了两本法语版有关数字社会人类学方面的文选，并开设了研究生课程。米歇尔·伯温斯极力主张对等网不只是技术，而是一种全新的生活方式。他是一位有着共产主义思想倾向的学者。虽然现实世界这种理想的社会离我们还非常遥远，但他在网络社会看到了共产主义的曙光，并开始积极投身到这项运动中。

对于注意力经济时代所带来的社会制度革命，不同的学者有不同的看法，主要的观点有三种：第一种观点认为这是资本主义经济在精神领域的延伸。这种观点主要以乔治·法兰克为代表。第二种观点认为，它导致一个全新的社会形态，注意力经济社会，它既不同于资本主义，也不同于共产主义和社会主义，它是一种马克思没有预见到的新的阶级社会。这种观点以高德哈伯为代表。第三种观点认为，媒介革命带来的是一个新的美好社会，真正的共产主义社会形态首先在网络世界出现。米歇尔·伯温斯就持这种观点。

第一节　精神资本主义

注意力经济现象在当今社会表现出明显的资本主义特征。这是乔治·法兰克持有的主要观点，他对这种现象有着生动的描述："任何事情都带有宣传的意味。目光所及，总有各种标识出现在我们的眼前，任何一项活动都在提醒着我们主办者是谁，广告给大众文化提供经费，也为高雅文化提供资助。……我们见证了品牌的入侵。我们眼前的城市和风景已经演变为广告媒体，商业宣传信息就像霉菌在公众的视野到处疯长，它要把所有的事情都进行一番包装打扮，以给人们留下一个印象。……政党就像一个注册商标一样进行广告宣传，满足政治欲望的政治促销费用已经腐蚀了政党系统，并且成为政治丑闻的主要滋生源。"[①]

一　商业信息的入侵

那么上述这种洪水猛兽般的宣传，到底是技术的进步还是经济的影响，是社会信息公开的文明迹象还是资本主义力量的展示？对此，经济学理论提供的答案非常明确：它是资本的产物，因为广告的投入可以产生规模经济。

规模经济是资本主义生产方式的一个特点。信息商品的生

[①] *Mental Capitalism*, by Georg Franck, http://www.iemar.tuwien.ac.at/publications/Franck_2005c.pdf.

产可以达到任何其他产品前所未有的规模,因为信息的生产虽然先期成本可能比较高,但是其复制成本几乎可以忽略不记。在传播泛化和网民急速增加的情况下,经济效率与吸引力的关联性越来越大。因此在工业时代的广告人所扮演的角色在信息社会开始扩展开来。但所有这些还不足以解释宣传的过滥。人们可以解释公司日常经济活动对注意力的刺激、引导、诱惑的原因,但是他们不能解释为什么今天对注意力的争夺会转变成高于一切的目标。

虽然我们可以关闭电视和网络,但我们还是无法逃避广告。广告的无处不在意味着这个社会正在发生重要的变化。这个变化是什么呢?乔治·法兰克认为我们已经从物质资本主义社会进入"精神资本主义"社会。我们正经历一种新型的公共空间私人化(公众体验空间的私人化)过程。而这一"体验空间"的私人化是与新的市场促销活动紧密联系在一起的。之所以说它"新"是因为它不是用金钱交换产品,而是用注意力来交换信息。

公众体验空间私有化表现在:即使是私人所有的建筑物或土地,在城市空间或开放景区还是应该保持它们的公共性。但恰恰这一公共空间的公共产品性质现在却被私有化。公共空间布满了广告牌,成为争夺眼球的装置,转化为广告媒介。同样的情况在公共电视和公共财政支持的文化中也可以看到。公共空间的公共利益通过"商业化"转化为私利。

新市场则表现为:注意力原本是非常个性化的东西,但广告把它变为同质化、可测量的东西进行交易。注意力作为支付的手段促使技术的发展与变化,并形成了新的贫富差别。法兰克指出,"吸引大众"是一个高度专业化和技术化的行业。在技术的概念体系中吸引技术具有举足轻重的地位。如果我们在考虑和研发技术时把吸引技术排除在外,这对新经济的发展来说就是一个严重的疏漏。

二　注意力鸿沟

按照信息沟和知沟理论，在信息社会阶级是以信息富有和信息贫困来划分的。这种观点已经被许多所谓的知识分子认为是常识。但是这种观点存在着两个方面的问题，一是把复杂的问题简单化；二是忽视了事情背后的真正原因。法兰克认为在新经济中，财富的积累不是由知识组成，贫穷并不只是意味着人们对知识的渴望没有得到满足。在新经济中获得成功的富人是在公认与赞誉方面的富有，贫穷是因为缺少人们的赏识和赞誉。新经济中的富人是那些注意力的获得大大超过他们的花费的群体，而穷人则是那些不能得到足够的注意力以保持他们自尊的完整性的社会群体。他们常常被忽视，被认为无足轻重。这种少数人的富有和多数人的贫困，原因在于社会上流动的注意力资源是有限的，一个人之所得意味着另一人之所失去。因此可以获得的"重视与赏识"（recognition）的分配总量也是有限的。这个新的市场被法兰克表述为虚荣市场，或者我们所熟悉的名利市场。注意力的富有者成为这个社会的精神贵族。

过去和现在财富的重新分配一直是社会关心的问题。但是传统财富分配的焦点是物质财富，不是注意力财富。除了寻找最基本的物质财富（这是生存的保证），现代经济中人们要赢得机会越来越多地决定于一个人获得、保持和改变他人注意力的能力。各种人、各种群体都在为自己特定的目的和利益竞争注意力，这就产生了注意力经济中的正义问题。什么是注意力经济中的正义？我们又如何为正义而斗争？这似乎难以理解却又让人着迷。法兰克认为注意财富可以作为遗产继承，名人的后代就因为他们的祖辈而受益。我们曾经关注过他的父亲，所以我们还继续关注他；我们曾经关注过他父亲的父亲，所以我们关注他的父亲。注意力财富在不知不觉中完成了继承，而且常常在继承中进一步扩大。在注意力经济中什么是新的公平、公正或者说"同情"运动，谁会为此发出声音，他们会发出什么样的声音？又有谁会注意到这种声音？一些注意力经济学家希望是他们自己。

但是凯西（Casey）指出，如果注意力经济的力量来自观众，那么高雅的、严肃的、有深度的内容就会在竞争中失败，而娱乐性的节目将会取得胜利。这很可能会给民主蒙上一层阴影。在注意力竞争中我们应该学会尊重那些专家的意见，因为除此以外我们还没有一个更好的解决办法。这是一种无奈。

不过我们也要看到事情的另一面：以前，贵族、才子或者美女都拥有在注意力方面变得富有的特权，他们引人关注、受人追捧。但是今天，任何一个人都可以变得卓越，成为显要。在新经济时代，许多年轻人成为百万富翁是因为会作秀，他们往往是秀出来的媒介明星。媒介创造的"著名"产品，既促进吸引技术的进步，也促进新型市场的发展。这是同一事物的两个不同方面。它们之所以可能是因为注意力已经被铸造成货币，成为匿名的支付工具，这样流通的货币就被扩展了。

三 精神流通

媒介通道中的注意力容量与社会上流通的注意力总量并不相同，只有媒介中流动的注意力才被同质化定量测量，并作为匿名支付的手段；只有这个流通量和流通速度的增加，"媒介著名"（Media Prominence）这样的财富才会产生；只有大众商业的发展才能带动大众吸引技术的进步。在乔治·法兰克看来，理解精神资本主义发展的关键是回答如何挣得和花费注意力，明了技术在这里扮演的重要角色。

注意力经济与文化产业密不可分，用信息来获得注意力回报是文化产业化的特点。因此，要寻找新经济的驱动力就必须追踪和分析文化生活是如何融入大众商业的，从而发现它们之间的内在联系。只有大众文化才有可能成为大众媒介寻求投资并赢得大量吸引力的东西。

明星在注意力经济中具有举足轻重的地位，是注意力经济的中心。因为明星要获得大量观众不能只靠金钱，他们还必须有出色的表现。媒介的生存法则是首先必须有注意力信誉，只有确切保证能够吸引大量的注意力，媒介才能获得信用，才能向广告商出售吸引服务。迫于竞争的压力，媒介有时也会投资注意力以进一步增强自己的吸引能力。法兰克指出，不仅明星在注意力经济的生态系统中获得利益，捧红他们的媒介也是主要的得利者。媒介通过追捧明星获得了注意力信誉，使自己成为所创利润的分享者。按照这种逻辑发展下去，媒介就会演变为类似银行性质的行业。注意力信用创造的精神通货就像银行创造的货币。如果银行的信用超过它的保证金，货币的供给就会增加。同样如果媒介的注意力信用超过它的吸引能力，媒介注意力营业额也会增加。

显然注意力经济的资本主义规律，导致高德哈伯所说的两大群体的出现——明星与追星族。因为媒介的参与，社会出现了注意力鸿沟，富的更富，穷的更穷。精神上的不平等将成为社会不和谐的一个重要因素。

四 精神资本主义的金融业

在西方，媒介与政治的相互作用为媒介承担银行功能提供了例证。资本主义国家的政治推广就像商品广告，他们急切地冲到媒介面前寻求公众的注意力。法兰克以自己独特的视野揭示了政治与媒介的关系。他指出，政治家已经不再满足于一般的作秀，他们还要在最佳的时间通过最吸引人的渠道以最好的方式展示自己。他们要求媒介提供注意力的信用保证。反过来媒介对政治家也有注意力吸引方面的要求。因此，要得到媒介的注意力金融服务，条件依赖于政治家个人在媒介的表现。如果一个政治家看起来会增加媒介的注意力收入，他就获得了媒介给予他的注意力信用。如果政治家的表现不能让媒介有利可图，或者获得的利益不够，那么他就必须用金钱支付他的宣传费。

媒介在注意力"融资"过程中，对待政治就像银行融资对待商业一样。与商业活动类似，政治家被各自的注意力财政状况所包装。政治家会努力用增加媒介注意力收入的方式展示自己，他们不但注意自己的外表，而且也非常关心自己的观众数量的多少。如果他们愿意成为媒介的"牛马"，他们就能够最大化自己的信用并最小化自己在媒介露面的金钱花费。因此，他们愿意学习和利用专业化的吸引技能，他们乐意把自己委托给精通这方面技能并熟悉注意力信用的广告和公关代理。

当前的西方资本主义国家已经从政党民主政治转换到媒介民主政治，政客们不再满足于他们作为一个操作对象的角色，他们已经成为媒介商业活动的合伙人。在这一新角色中政治家不仅利用媒介推销他们的政策主张，他们同时还服务于媒介的私利以尽可能获得广告和宣传的机会。这一角色转化带来政治职业条件和模式的变化，今天作为成功的政治家，适合广播电视是必要条件，但还不是充分条件，他还必须成长为媒介名人。一个职业政治家既要在党内升迁，也要不断提高媒介关注度，提升自己在注意力财富榜上的排名，这已经成为成功的典型模式。根据注意力经济学的理论观点，所谓的杰出人物是这样一些人：他们因为注意力的富有而成为名人，并且这种财富（如名声）本身已经转化为资本，成为一种新的注意力收入的来源。

媒介与政治的这种合作显示，它们在注意力经济内部担当的角色就像金钱资本主义中的金融机构。媒介对注意力进行资本化：它们有规律地获得注意力，这样它们就能够提供注意力并把它作为信用资本。它们通过注意力财富的转让来利用财富，它们用测量自身吸引力的方法来给注意力财富进行市场标价。

如同银行扩大货币供给来促进经济发展，媒介也以增加注意力数量的方式来服务于扩大的信息市场。金融市场把公司的内部资本化战略转换到了一个整体的经济水平，而媒介则把注意力资本化从个体的水平转换到了一个有组织的全球开放的水平。

五　精神资本主义存在的理由

乔治·法兰克上述的这种精神资本主义的推论是不是立得住脚？对于这样的疑问他有自己的解释。他说，如果注意力经济被假定为资本主义体制的高度，那么广告所营造的体验空间的东西就应该用新的眼光去审察。资本主义是一个极具推动力、能够全面动员并且具有侵略性扩张的经济体制，精神资本主义经济意味着注意力竞争成为专业的、技术的和必不可少的，任何东西都会以引人注目的形式存在，并参与到注意力这一普遍使用的核心资源的竞争。可以说不能抓住人心就无法销售，没有宣传的战略计划就不会有社会影响。

当然，法兰克本人也意识到，讨论资本主义的新阶段不是一个小问题，因为资本主义借助注意力比任何文化批判都要走得更远，它超过了历史上任何一位思想家的想象。在注意力经济时代，文化上层建筑不仅反映经济基础，而且它还同化了经济基础。这并不是一个假想，而是社会的现实。精神资本主义的说法要立得住脚，必须满足资本主义观念的所有标准。为了证明自己的观点，乔治·法兰克指出：

第一，对市场来说，资本主义的生产关系比生产更为重要。这些关系的特性是通过交换价值实现使用价值的交换。因此用数量的差异实现不同品质产品的交换应该在文化的自我意识中表现出来。

精神资本主义的一个现象是注意力性质的差异消融在注意力数量的差异中。后现代主义到来的一个标志是文化的自我意识，他们讨论的东西远离现代主义。典型的现代派被指责为在自然与文化、男性和女性、高雅艺术与大众艺术、艺术与科学、经济学和认识论之间做明显的区别，它把类别刚性化，非此即彼。但是现在本质差别已经被变化和不同的系统所取代，本体论的特性也让位于变化的社会结构。历史的起源和逻辑的有效性、发现的关联和认定的关联，假定的创立和事实的发现之间的边界变得模糊不清。人们到处可以发现变化的程度、移动的比率、模糊的界面。这个世界充满各种各样的混合物。

解构主义确信没有最终的极限，否定任何中心，解构削弱了根据官僚体制设立的文化范式。这种传统的范式被无序的以市场形式的自组织系统所取代。市场是一个分散的交易系统，它的结构使人们习惯于寻找交易关系和建立交换价值。

如果文化生活确实已经处在精神资本主义的阶段，这种范式的改变无疑是一种高度灵敏的反应。在经济领域，使用价值导向的统治法则已经被一个交换价值导向的统治法则所取代，这种现象也正在文化和注意力领域发生。在资本主义社会，实际的有效性都呈现在资本形式上——资本信心、信用价值、名誉，等等。有效性的建立与维持是基于竞争，只要满足有效需求，就能够生存下来。有效需求在于是否存在支付的意愿，当然也包括注意力支付的意愿。

激进的解构主义者把目标对准科学理论与事实的地位。以社会科学的眼光看自然科学理论，它也只是用于其他理论生产的生产工具。他们断言，即使是科学事实也具有社会性，受到社会结构的影响。科学的有效性只是对其他事实做出有利的解释，因此具有赢利性。这种极端的相对主义影响了精神资本主义的论点，它意味着科学的注意力经济必须加以考虑。这是一个"科学战争"的宣言。

第二，成功建立资本主义生产关系，是以空前生产力解放和

第十四章 并存的社会制度

某种程度的创造力的破坏为先兆。这一显著的特点在精神资本主义也清晰可辨。

关于精神资本主义对生产力的解放，乔治·法兰克的分析是从科学领域入手的。科学是一个少数人的注意力经济。某些科学家投入自己的注意力以获得其他科学家的注意力，他们不仅满足于他们自己的好奇心和探索的欲望，他们也希望被评论和引用，评论和引用可以衡量科学信息的价值——表明其他科学家愿意支付给一个科学同行的注意力。科学家付出自己的注意力给其他科学家的研究成果可以增加自己的生产率。

科学的注意力经济是资本主义的一种形态。知识生产输入的主要东西是以前生产的知识和鲜活的注意力。科学信息是生产研究成果的手段，是一种重要的商品。这一市场交易也就是科学传播。

科学活动尊重它的资本主义模式，因为它在生产上是有效率的。使用以前的劳动创造是资本主义生产方式的特点，把不同类型的生产要素组合在一起并进行同质化称为"资本"（资金）。科学信息作为生产手段是由假定、理论、定理、事实等组成。这些大量的信息科学家不能自己生产制作，不同种类的"配件"转化为一个个资本单元，科学的资本主义生产必须对这些资本单元进行估价——同质的单位测量。在产品资产的情况下，可以有效地用转化为金钱资本的形式进行测量，如持有者获得的利润。在科学资产的情形中，没有利润增值。（除非获得专利，但是专利的获得就使得它的信息在科学传播的资本市场完全消失。）在这一市场的利润让渡产生的是注意力增值，其测量单位是"引用"，引用信息表明研究成果被利用的情况，也表明作者获得注意力的情况。引用数据清单等同于金融资本，科学的真正资本必须采取这种形式以便作为资本概念一样进行运转，科学家个人的引用账户代表了他们的财富，这个财富被称为"科学声誉"。

不管经济的其他部分是不是以资本主义的方式组织，法兰克认为，科学始终是精神资本主义的一个部分。科学也是通过引进资本主义生产关系解放生产力的一个例子。科学的注意力经济自科学劳动分工开始，资本主义就成为普遍的实践形式。科学资本主义的引发与工业资本主义类似，这两种资本主义都表现为空前的破坏性，它们都对传统的生产关系进行了革命，并且都伴随着新的、无情的理性方式。它们都走向了达观的反面，而且至今还在继续。然而，与工业资本主义形成对比，知识资本主义生产模式并没有成为激进主义的经济批评对象。如果精神资本主义是应该受到批评的经济类型，那么这必定是某些基础性的东西发生了变化。在这一市场，信息和注意力交换必然呈现一个新的特征。

第三，对资本主义生产关系来说，它们要在意识形态上证明是合理的，并且美化为商业的自由化。这些意识形态的压抑在精神资本主义社会已经明显消除。

在精神资本主义社会，经济基础和意识形态的上层建筑是一种什么关系？乔治·法兰克分析说，精神资本主义在广告领域已经暴露无遗，这是一个与科学传播市场完全不同的市场。科学传播是一个资本市场，这里生产者为其他生产者提供生产工具，而媒介主要是一个消费商品的市场。智力资产的市场小而精，在这个市场注意力的获得在数量上受到限制，但因为来自专业人士的共同兴趣和爱好，因此质量高。这一市场一旦向普通消费者开放，那么小的、高贵的注意力收入就成为普通和大量的注意力收入。

科学本身的这种开放道路已经出现。现在科学信息潜在的消费者不仅是科学家，还包括大众媒介和娱乐行业。科学家可以出现在报纸专栏、谈话节目，也可以以其他各种方式进入大众化的商业活动中，从而获得大量的注意力辅助收入。许多科学家抵挡不住这样的诱惑，他们也开始服务于大众市场，乐于把科学信息作为产生热情的元素。

社会科学与自然科学的"科学战争"是意识形态争论掩饰下的市场份额争夺。战争在非常高的智力水平上发生，但是战争的延伸则是纯粹的经济利益。开放稳固、密闭的科学资本市场要求解除一定程度上的压抑，放松以前严格的专业操作的限制。而当整个社会智力的放荡不羁成为时尚的时候，这种压抑就会得到解放。

在科学的注意力经济内部资本的工具市场（科学作为生产工具）和消费品市场（科学作为消费品）之间存在着非常明显的差别。高雅文化是自治的，因为自身的标准而具有排他性，只在内部产生需求回应。一个人自己的个人标准与同行其他人的生产标准相同，高雅文化是为合作生产者搭建的舞台并且为同行所评价。在高雅文化的注意力市场，只有那些精于交易规则的人才被允许发表自己的观点，但是在文学领域人们还是可以看到这种限制的消融，一个最好的例子是文学在电视上的商业表述。然而，即使没有电视卷入，在文化资本工具市场和文化消费品市场之间的边界正在消退，这种边界的崩溃是因为广告的存在。人们不可能无视高雅文化的大众化和大众文化的资本化这种趋势。高雅文化和大众文化普遍渗透着资本的气息。基于暴利的意识形态理由和理性克制的消除在精神资本主义已经毫不新奇。

第四，资本主义不可能没有剥削和社会矛盾。精神资本主义必将在精神贫困阶层反抗精神富有阶层的斗争趋势中证明自身的存在。

真正资本主义的矛盾并不是不同资本之间的竞争，而是资产阶级和那些供养资产阶级的阶级之间的矛盾。表面看起来精神资本主义似乎比金融资本主义的危害性要小，我们面临的只是出现在媒介和没有出现在媒介的人之间的注意力分配不平等，但是仔细审视，我们就可以发现问题远不止于此。我们见证了品牌和标志的入侵与反入侵、渗透与渗透的斗争。今天，全球化反对者的反占据立场还包括了视觉的占据，视觉遭受入侵是全球化负面影响的一个方面。全球化负面影响的另一方面是对低工资工人和低工资国家的剥削。但这还不是全部，这里还存在着西方文化的全球的输出。全球化抗议运动的反应有足够的敏感性，但是分析起来却相当困惑。因为剥削发生在两个不同的层面：劳动力市场层面和信息交换注意力的市场层面。

在注意力经济方面，对应于国民经济的单元是不同的文化。不同文化之间的交易就像不同国民经济之间的交换。文化出口是信息与注意力的交易，一方出口信息产品进口注意力；而另一方则出口注意力进口信息。因为交易是公平的并且有利可图，因此贸易的平衡对个体交易行为来说是没有必要的，但是全球范围的贸易平衡却是需要的。可是，今天全球的文化情形是，先进的精神资本主义文化和世界其他文化之间存在着极端的不平衡。先进的西方文化大量出口信息，并因此获得大量鲜活的注意力进口，而世界其他地区则只有少量的信息出口，获得的注意力也很少。

法兰克指出，世界被西方的大众文化所湮没，以多元文化点缀的文化输出也仅仅是对它的优势的伪装。文化贫困和注意力富有之间的鸿沟就像经济贫困与富有国家之间的鸿沟一样在不断扩展。文化鸿沟有许多迹象：一个人或许不能依靠注意力收入生活，但注意力收入养育了自尊，人们的注意力收入决定他们能够感觉和享受到多少自身的价值，个体的自尊和文化的自尊都依赖于他们获得的赏识。如果他们的自尊受到动摇，个人和国家都会奋起自卫，他们被迫建立自信，并坚信不值得为那些拒绝给他们注意力的人付出自己的注意力。无法容忍尊严损害的人往往采取暴力的形式来维护自己的尊严，以毁坏他人名誉的方式来找回自己的尊严。历史上的决斗和战争在许多情况下都是为名誉而战。在精神资本主义社会，就像过去一样，当人们发现自己处在被剥削的一方的时候，自然的防卫机制就会产生作用。

精神资本主义剥削的典型是那些总是付出注意力但却很少获得尊重的人们。这种类型的资本主义常见的防卫形式是毁坏一个人渴望的声誉，这样一个人会减少因缺少尊严而带来的痛苦。自尊的贫困所受到的伤害就像身体缺乏营养所遭受的痛苦一样，渴望尊重就像饿狼扑食一样具有侵略性。恐怖主义对西方文化象征符号的攻击就是这种行为的表现，他们在毁坏西方人的自尊中为自己赢得自尊。纳粹也曾经利用符号的象征来吸引注意力以唤起注意力经济的流氓无产者的自尊，否则他们将永远无法获得关注。社会的阶级分化，遵循注意力资本的法则，富者更富，穷者更穷。那些不能获得注意力的人只能互相关注，他们往往被主流社会忽视，处在相对不利的地位。

六　自恋文化

精神资本主义虽然与物质资本主义有所不同，但是乔治·法兰克认为，从某种意义上说，精神资本主义也是野蛮和凶悍的，因为它占领我们自我的内核并且干涉身份的构筑。注意力的不平等造成严重的奢侈和浪费。一方面，名人拥有奢侈的舞台，他们沐浴在社会的注意力中；而另一方面，许多社会底层的人处在注意力的饥饿状态，他们甚至采取绝望的行为以引起人们的注意。这样的不平等以前就存在，它并不是全新的，新的是大量的注意力被收集起来并被重新分配；新的是自发的经济规律通过自由的注意力竞争显示了自身的存在；新的是注意力财富重新分配所造成的新的阶级分化。

当前社会的种种迹象表明人们对身份的渴望已经开始超过对物质财富的渴望，没有注意力就没有身份。对注意力的普遍竞争导致意义的大量生产以刺激注意力，同时开发了公众注意力收入登记的方法。广告作为精神资本主义的典型特征，意味着"显著事物"和"符号"的生产。

很清楚,在一个注意力收入成为主要目标的社会,消费将遵循"自尊引领"的法则。消费屈服于自尊的欲求意味着大量的劳动将被消耗在个人的魅力上,宣传和自我宣传、展示与自我展示成为劳动的主要形态。围绕着自身魅力礼拜的自恋文化成为社会文化的重要形态,当这样的消费风格成为一种文化的特征时,产品就不得不携带着吸引注意力的承诺。精神资本主义的本性就是这样,广告依然会不知疲倦地发出嘈杂的声音。这是法兰克给我们揭示的一个并不令人乐观的前景。

第二节 新的阶级社会

精神资本主义所描述的是整个社会的现实还是现实的一个部分,注意力社会主义存在吗,注意力社会主义何以产生?高德哈伯在《纳普斯特革命与法律》[①] 一文中有精彩的描述。

一 版权革命与封建特权的崩溃

纳普斯特(Napster)是一个免费音频网站,借助这个平台,任何数字音频作品都可以储存在这里供大家共享,现在它已经成为一个巨大的声音图书馆,这里不需要付钱,一切免费提供。

实际上纳普斯特只是一个免费音乐共享软件,但音乐出版公司却对此感到非常震惊,因为这触犯了它们的根本利益,于是它们起来反击,试图诉诸法律和政治力量来维护自己的权利,并以盗用版权的名义把这家网站推到了被告席,这场官司引发了广泛的争论。高德哈伯认为,纳普斯特行为并不是一种偷窃,而是天

---

① *The Napster Revolution and the Law*, by Michael H. Goldhaber, 28.09.2000. http://www.heise.de/tp/r4/artikel/8/8806/1.html.

第十四章 并存的社会制度

赋的自然权利。他指出,双方对权利主张的争论已经离开了应该作为永恒真理的财产的历史属性,这种属性就像自然法则,是天赋的。信息本身不需要任何东西,这和鸟、蜜蜂和花不知道什么是版权一样。财产的概念是人类创立的,但这个概念一直在变化。

随着苏联的衰落和解体,一些人认为资本主义是历史的最终形态。高德哈伯坚决反对这种观点,相反,他认为有足够的理由说明我们正处在一个历史性变化的过渡时期,这是一个对旧的经济法则全面、彻底的破坏过程,我们将迎来一个全新的社会。而这场关于财产争论的事实表明,我们的经济已经走得有多远。不同财产观念的争论不可避免地导致整个社会秩序的本质和统治阶级问题的争论,现在这种斗争已经公开化。

资产阶级革命以后,资本主义暴发户的大量出现横扫了贵族和他们设置的对交易的限制,如贵族收取的关税。现在出现的注意力经济也开始抛弃那些过时的公司,转而支持那些注意力收入高、投入少的各种各样的明星。这种现象出现在西欧、美国、日本等经济发达、物质产品丰富的国家,在这些国家,注意力本身的重要性超过了大众化的物质产品。

早期经济制度之间的斗争,或者说新旧阶级之间的斗争是长期而复杂的,现在的情况也是一样。在封建社会,传统观念中产权的核心是贵族世袭的领地权,而当它越来越成为实践中的障碍的时候,新的唯一的商品所有权取代了它的地位,物质产品、工厂和土地都成为可以买卖的商品。产权首先让我们想到的是人们可以拥有的各种各样的物质商品。根据这一思路,财产是拥有某些市场价值的东西,拥有的财产总是能够以一定的价格出卖。这种情况在几百年前西欧封建主义鼎盛时期是看不见的。

在封建社会,市场和可以买卖的东西并不多。土地、城堡、教堂、房子、贵族头衔甚至居住在封建主领地上的农民,这些都是财产，它们不能出卖，只能使用或者传给继承人。地位高的贵族还有许多特权，这些特权可以通过血统继承，那个时候产权还不如血统特权更为重要，因此人们对通奸、私生子、战败和战败的耻辱的担忧要远远超过对偷窃行为的担忧。

一旦封建秩序普及和巩固下来，它就有和平的条件让商业慢慢发展起来，虽然在开始的时候贵族的保护对商人和产品制作者来说非常重要，但它渐渐地成为了一种障碍，因为贵族的教养和训练并不适合新经济，所以他们试图通过传统特权的利用如提高进口关税、税收和其他他们想得到的办法来获得新财富。这严重阻碍了经济的发展并招致普遍的愤怒情绪。

根据高德哈伯的说法，我们现在观念中的知识产权也就在这一过程出现。我们常常想当然，以为版权是对作者、音乐人和其他艺术家利益的考虑，因为他们获得了对自己作品的控制权。而事实上，版权最早进入法律还是在封建主义的残余势力仍然有力量的时候，包括国王的神圣的权利。因为他们拥有全部的权力，这就意味着他们可以拥有一切东西。根据封建主义制度，国王可以委以无限的权利给他们选择的对象，包括土地、贵族特权，并且用作为君主代表的国家力量来支持和保证这些授予的特权。版权是在出版商业化以后不久，最早由17世纪的英国君主建立的，它不是属于作者而是属于出版商。此后获得国王特许权的那些人把它推广到所有私人的出版和销售活动中，版权从特许权开始逐渐发展起来。与版权紧密联系的国王的另一个权力是出版审查制度，未经当局许可的作品包括"盗版"都被王室审查员禁止。

这样版权开始被国家作为一种权力行使，这个被自由市场诅咒的东西从封建时代延续了下来。只有作为赠品，知识产权才会真正排除在被特定国家许可的范围。根据高德哈伯的观点，版权、专利、商业秘密是一种类似封建残余的许可权，而不是一个正常的东西和商业世界的本性，这是封建持续霸道的一个象征。

知识产权与其他自由市场意识形态统治下的普通财产有很大差别，它不仅有时间限制，而且割断了普通财产的快乐，它剥夺了我们对自己财产处置的自由。如果版权思想是合理的，那么如果我是一个农民，我为什么不能控制谁吃我种植的粮食，为什么不能控制他们从这里获得的精力用在什么地方？如果我是和平主义者，我是否能够阻止农作物用作战士的食品？

这些例子说明任何东西的制造者强迫他们的消费者的观念，从市场运作来说是根本不平等的，一旦东西被购买，就成为购买者的私人财产，免打扰的概念包括一个人对它的处置意愿。

知识产权的立法意图是"推动科学和艺术"的进步，这实际上与艺术家控制他们作品未来命运的权利一点关系都没有。

知识产权在知识产品以一定的物质形态为载体的时候大体上还可以适用。它的广泛运用可以营造一个更为自由的商业世界。但是当人们能够不借助任何物质产品形式直接从一个脑袋向另一个脑袋传递思想以及视频和音频体验时，这已经接近了心灵感应。虽然可能永远达不到真正的"心灵感应"，但今天的技术已经接近了这个极限。这样强制执行知识产权法的唯一方法是绝对的精神控制。有人会调查每个人头脑中到底有些什么东西，以确定哪些是合法的、哪些是侵权。这根本不可能的。因此，高德哈伯相信这种形式的所有权不会长久。

二　一个新的后资本主义社会

因为封建主义成功地为商业打开了道路，这最终导致了它自身的死亡，这只不过是资本主义生产大量物质产品的巨大胜利，而这又产生了当前新的矛盾。首先，物质产品不再短缺，短缺的是注意力，这样新型的经济就成长起来。其次，因为免费市场的盛行，资本主义企业难以存活下去，资本主义行将崩溃。资本主义要苟延残喘，至少它需要另外一种形式的国家支持，对知识产权的保护就是其中的方式之一。但是知识产权法是资产阶级需要的东西而不是新兴阶级——明星需要的东西，明星需要免费的市场来获得注意力，他们的财富来自注意力而不是"内容"。从历史发展的规律看，就像封建贵族不会放弃贵族特权一样，资本家绝不会自动放弃它们。这是新旧阶级较量的必然结果。

在注意力经济中存在着两个基本的阶级：那些注意力收入远大于付出的人，也就是一般人所说的明星，和注意力的付出远大于所得的人，也就是追星族。注意力产生于头脑，因此，新型的财富并不是存储在银行、物质商品或者股权上，而是在追星族的记忆中。如果注意力经济占支配地位，货币就没有多大意义。货币的财富依赖单一的数据，是一个非常狭窄的通道，它是一条窄带。而注意力作为财富，依赖于人的个性和表达的许多方面，这是一个广阔的通道，是宽带。在一个宽带世界，作为窄带的金钱的作用是微不足道的。

群体越大，把大量注意力集中在少数明星身上的可能性越大。网络世界大量观众的存在使得少数明星对外部成员来说也变得更加具有可见性。这形成了这样一个自然的机制，网络让注意力经济产生作用，但是并不意味着通过网络人人可以获得相等的注意力。而是恰恰相反，注意力贫富分化开始进一步加大。问题是人们一般并不希望平等地分配他们的个人注意力，他们更喜欢把注意力赋予那些他本人或者其他人先前已经注意过的那些人。这导致注意力的不平等。虽然要成为明星很难，但名声确实越来越成为人们渴望的东西。而要改变这一现实，需要人们决定在原则上平等地把自己的注意力分配给他们注意的所有的人，这确实不容易。

在原则上说，高德哈伯非常主张人类平等和个人价值平等，这就是为什么他赞成社会主义的原因。社会主义限制财富继承，强调重要财富的平等分配，当然也包括注意力。但是，就像其他人一样,高德哈伯发现在实践中要平等赋予每个人注意力非常困难。因为上面阐述的理由,这需要难以想象的自律程度。如果我们能够设计一种工具,使得人人都具备相同的表达和吸引他人的能力,那么我们就可以称那是"注意力社会主义"了。尽管完全做到这一点是不可能的,高德哈伯还是鼓励人人都向这个理想努力。虽然这种努力会有不足,但只要利用一切可能,还是可以在一定程度上消除明星与追星族之间的差距,或者说能够消除注意力经济固有的某些不平等。他相信只要我们尽可能地对发展的趋势采取现实主义的态度,我们就能够建立一个更加美好的未来。对于自己所看到的注意力经济现实,他并没有感到欢欣鼓舞,反而觉得有些无奈,因为它还是一个阶级社会,但是这又无法避免。他要求人们擦亮眼睛,看清这一切。

作为一个有社会主义思想倾向的人,高德哈伯非常清楚卡尔·马克思的思想仍然在许多政治领域占有重要地位,他依然相信,资本主义只是通向社会主义的一条道路。但是他也指出马克思并没有预见到在这两个社会之间还有注意力经济的可能性。最终资本主义就像封建主义一样,可以给一个全新的注意力经济制度打开一条道路,但后继者仍然是一个阶级体制,它只是以明星和追星族取代了企业主和工人。

第三节 网络共产主义

与高德哈伯一样有着社会主义思想倾向的另一位注意力经济学派学者是米歇尔·伯温斯,他写了一篇非常出色的论文,题目是《对等网:从技术到政治再到一种新的文明》,引起了注意力经济学者的关注。米歇尔·伯温斯怀有远大的理想,并积极为理想奔忙。他生活在泰国的清迈,这是泰国的第二大城市,但他却拥有自己的国际学术舞台。

一 一种新的文明

伯温斯把对等网称为困扰世界的幽灵（可能是借用《共产党宣言》中所说的"共产主义幽灵"），因为它与现行的信息资本主义势不两立。人类社会在现有的经济制度上又增加了一个选择。

米歇尔·伯温斯所说的新文明是建立在对等网（Peer to Peer 或 P2P）技术基础上的。这种网络没有固定的客户和服务器，但网络上同行的某一节点对另一个节点来说既充当客户，又充当转移到其他节点的服务器。这种网络安排模式与客户——服务器模式相反，任何节点都可以启动、支持或完成任何交易，同行的节点可能处在不同地方并且拥有不同的配置，具有不同的处理速度、网络带宽和存储容量。由于有了这种先进的点对点联网的架构，我们不需要中央服务器，也可以在我们的计算机之间做一些事情，包括文档的生产、交易和共享，这是最成功的应用模式之一，是互联网爱好者公认的为某种神圣的理想而进行工作的方式。伯温斯认为从这里可以走向民主和自由，最终建立一个人人平等的社会。在这里人们一起愉快地工作，不需要等级控制，这是一种全新的工作方式，对等网不只是技术，它越来越成为一个"生产过程"，一种非物质产品的生产、分配和消费方式。

这一思想最早来自免费软件运动的倡导者理查德·斯杜曼（Richard Stallman），成千上万的程序员合作生产最有价值的知识资本——软件。他们以小组的形式开展这样的工作，对全球性项目进行天衣无缝的合作，这是一个真正的平等团体，没有传统的等级，这样的生产模式比传统的商业模式明显优越。

其实，这并不是一个全新的东西，这种工作方式在科学领域已经有很长的历史并且效果一直不错。对等网的工作模式可以说

第十四章 并存的社会制度

是科学长期以来"同行审查"方法论的发展。科学的进步应该归功于科学家的工作对同行的有效性，而不是对基金或官僚机构的有效性。免费软件运动的早期创始人是美国麻省理工学院的一些科学家，他们期望交换他们的知识和软件产品。麻省理工学院发表的资料显示，在美国因为大量的研究私有化，创新的步伐实际上已经放慢，科学技术发展的事实表明：当采用资源开放的方法时，它得到了整个网络社区的支持，微软与此相反，发展几乎没有什么大的进展，原因是它是微软的财产。

作为开放软件资源的对等网的生产有可能比科学的发展做得更好，科学毕竟还是保持着根深蒂固的等级制度，不是任何人都能够进入门槛。对等网之所以做得好，是因为它可以让最好的东西进行最广泛的传播和分布，我们可以把这看做是一个以更好的生产组织方式代替过时、低效、复杂的旧式做法的自然过程。之所以出现这种情况，是因为后工业时代的复杂性使得建立在中央集权基础上的控制方法失效，在网络时代人们真切地感受到群众中蕴藏着无穷无尽的智慧。

伯温斯提醒我们注意，历史的一幕今天正开始重演：当资本主义生产方式出现的时候，封建制度、行会和工匠起初试图反对和阻止它们，但最终都失败了。现在也有行业协会与网站进行版权斗争，这里继续上演着新的技术、新的生产方式和新的社会行为摧毁旧的生产方式的历史剧目。对等网的免费共享方式摧毁基于商品生产的知识产权的法律基础，新的技术和社会行为更破坏了现有的生产过程。在短期内，旧的势力会组织各种力量反抗，面对颠覆势力，它们会加强法律和镇压机器，但是从长远来看，它们不可能阻挡更为先进的生产力的前进，在免费市场，新生的力量已经显示了自己强大的威力。

当然我们也应该清醒地认识到，网络世界不可能是一个完全免费的市场，我们正处在一个过渡时期，各种经济形式和经济制度并存。这个时期的特点我们还可以在《长尾理论》的一段话中得到解释。在《长尾理论》一书中,作者克里斯·安德森把过渡时期所有的产品置于一个长尾坐标框架:

"在长尾坐标中,一维是数量,一维是品种。……头部是销售数量较大的少数品种;尾部是销售数量较少的多数品种。越靠近头部,越靠近专业者领地,越受金钱驱使;越靠近尾部,越靠近业余者领地,越受信誉驱使;越靠近头部,越靠近精英孤立生产;越靠近尾部,越靠近草根的网络智慧;越靠近头部,越靠近版权经济,越倾向商业代理;越靠近尾部,越靠近礼品经济,越倾向自我出版。之所以产生这种变化,是由于生产工具已经完全普及,生产者也在以指数的速度扩大。这使得生产者与消费者之间的传统界限已经模糊。"[①]

对等网也适用于政治组织。从政治上讲,在这样的网络社会没有任何集中的等级化的组织,没有明确的领袖。传统上,把权力转向人民的运动都被称为"左"派,但这种运动通常意图染指政府的权力,而一旦他们这样做就又成为另一个等级,其结果是并没有把权力真正交给人民,历史上有许多这样的例子。伯温斯认为现在的情形发生了根本的变化,网络上的自由人能够很好地组织起来,但又是一种灵活的非等级制的方式。这样传统压迫力量要镇压反抗显然非常困难,因为它们不知道谁是发动者。

从经济上看,网络存在着不同的流通体制,可以"物—物"交易,可以"钱—物"交易,也可以"注意力—物"交易,这里的"物"当然也包括信息产品。对等网提供了广泛的交易渠道和交易对象,在很大程度上不再受政府与银行的限制。

---

① 克里斯·安德森著,乔江涛译:《长尾理论》,中信出版社2006年版,第42页。

二 富裕的社会

如果说社会主义是后资本主义的一种社会形态，那么真正的社会主义是应该建立在社会总体财富相当丰富的基础之上。以经济学的眼光看，传统的所有资源都是稀少的。而今天对发达国家而言，所面临情形却大不相同，就某种意义上说，这些国家的社会资源相当丰富，物质产品丰富、信息产品更丰富，甚至注意力也是丰富的。注意力之所以丰富是因为网络聚集了大量的注意力，使得我们每一个人都有获得大量注意力的可能。

当然在西方还有一些学者提出，信息超载问题可以通过信息的私人化和注意力技术的人格化给予解决。实际上这是一个注意力替代的问题，也就是说传统思维方式中需要消耗注意力资源的许多领域，其实并不一定需要消耗人类的注意力。从这个角度看，绝大多数注意力经济学派的学者们无论在原因分析还是范围考量上都存在着缺陷。他们认为信息越丰富，注意力就越短缺，注意力的管理也就越难。这种供求关系的分析方法是基于"稀缺的"经济学的观点。但是世界上可以掌握的资料更多，并不意味着注意力的缺乏。当前的信息社会是由"丰富的"经济学驱动的。有更多的信息并不意味着我们必须消费更多，无视并非等于无知。如果转变了信息消费与注意力付出之间的平衡，那么我们的社会就可以成功地继续发展。

随着网民的增加，西蒙提出的信息过滤问题就会逐步得到解决。我们就不会被大规模的信息所压倒，因为交际网络是一个有效的是一个有效的过滤器。我们低估了群体在过滤信息中发挥的作用。但是大部分关于注意力的讨论都是基于稀缺经济学和心理学的框架，即假设注意力是有限的，认知和情感的分配已经不堪重负。然而，如果注意力是基于丰富的经济学和社会学的分析，情况就会发生变化。在注意力短缺的背后，还要看到"我们有丰富的欲望付出注意力"。这种欲望比以往任何时候都更为强烈，说明社会注意力变得富有，而且从全球人口的增长和注意力富集和分配技术的发展看，对每个人来说都增加了潜在的、可利用的注意力数量。注意力的付出不只是注意力的问题，它还涉及时间。许多情况下如果我们以群体分工的方式付出注意力，就可以节约大量的时间，因此也节约了大量的注意力资源。从这个意义上说，竞争可以导致注意力资源的溢出效应。总之，注意力的付出不仅是注意力的问题，它还有一个时间、空间、对象和人的精神的协同问题，协同产生效率。

在一个资源丰富的世界我们必须对传统的价值观和经济学思想进行重新审视。

三 "公地喜剧"

传统的经济学中，有一种"公地悲剧"说。但是在注意力经济时代出现了一种传统经济中罕见的"公地喜剧"现象，即免费共享产生价值提升。"公地共享"是指每个人都有平等权利获得资源。自然的公地常常会发生叫做"公地悲剧"的现象，如环境，如果大家都可以出于自身的利益考虑免费使用地球上的自然资源，结果可想而知，我们就会发生公地悲剧。"公地悲剧"是传统经济学的一个重要概念。但是，随着信息、思想、经验等非物质产品的丰富，这个悲剧就不大会再发生。

米歇尔·伯温斯在他的一篇文章中提到了所谓的"公地喜剧"。公地上演的是"悲剧"还是"喜剧"取决于产品的性质。如果一个产品是"竞争性的"，换言之，如果我的消费是以牺牲你的消费为代价的，那么公地悲剧就可能会发生。如果产品是"非竞争性的"，就是说不存在一方的消费牺牲另一方的现象，或者更进一步：如果我的消费给其他人带来更多、更好的消费，那么这里就会上演公地喜剧。

第十四章 并存的社会制度

　　这个道理我们可以从语言的使用中获得。一种语言只有一个人会使用是没有用处的。语言价值的增加在于更多的人了解它并知道如何利用它去理解和沟通。这个经济学原理同样适用于各种通信设备，如果你是唯一拥有传真机、电子邮件的人，你就无法实现它的价值，这些东西只有共享才有意义，而且共享的人越多，它就越有价值。这就是公地喜剧。

　　为了刺激人们生产，我们采取各种措施防止公地悲剧的发生，此时我们想的只是交换价值，我们给他人金钱和某些权利以交换他们产生的产品。但是在网络世界寻找的往往不是交换的价值，而是它的使用价值、个人价值、社会价值和文化价值，等等。对很多人来说，参加一个网络是出于兴趣，他们可以从其他参与者那里学习，这里有着难以通过市场计算价值的东西。许多业余爱好者的行为出于自己的喜好，他们具有专业水准，但却并不想在网络社区寻找交换价值，人们一起生产价值，但不是直接为了市场而生产。在网络世界资源的分配并非由市场价格决定，产品的生产也只是出于使用价值的考虑。伯温斯指出，当其他的利益代替了利润目标的时候，事情就发生了根本的变化。在资本主义社会绝大多数创新活动都是为了赢利，这样当天下不再为金钱竞争的时候，就没有任何为金钱而创新的需要，因为已经没有额外的钱可以赚了。但是人们但是出于兴趣的创新还会继续。

　　我们以前的多数法律都是在假定资源稀少的情况下制定的，人们需要它们来保护自身的经济利益。那么，当我们经济富裕、资源丰饶，人们的创造不是为了钱而是因为兴趣，人们需要共享的时候，我们需要什么样的法律？我们应如何处理喜剧性公地？在这里我们必须了解交换价值以外的其他价值。这种价值是什么呢？根据注意力经济学的基本观点，显然是注意力的价值。即在自身、他人和社会注意力的有效配置中获得自身生命的意义和生命的价值。

四　网络公社

"对等网"作为一个术语，通常是指在线文件共享网络，用户可以在这里生产和交换他们的文件。这是一个全球范围的生产交易系统。

在一次接受采访中①，米歇尔·伯温斯较为系统地阐述了自己对对等网的看法，分析了它的本质以及对我们生活方式的影响，并提出了日益网络化时代的协作前景。

对等网这个词或多或少意味着平等，当然对它的定义还有些困难。这是一个分布式网络，存在着独特的发展动力学机制。在对等网网民的活动都是自愿的行为，任何人都没有强加的义务和责任，与其他人的联系也没有任何限制，这是一种全新的关系。在这里我们可以得到三个不同的东西：

(1) 平等产品——这是人们为了让大家共享所生产的东西，如大量的免费的文字信息、音乐、图片、视频和软件。

(2) 平等管理——既然大家共同做了那么多东西，那么就应该平等管理。

(3) 平等产权——保护这些公共产品不被私人或社团法人占有，保证它为所有的人共享，而不是少数人从中牟利。

对等网出现的现象既是一个旧事物也是一个新事物。说它是旧的，是因为早在远古时期，人们生活在一个没有国家也没有压迫的部落小社会，在这样一个群体中人们是互相平等的，他们做一些平等的事情。但是只要人数达到一定的规模，社会就会变得复杂，并且有了等级，这种等级化的设定是对关系的一种简化，我们突然发

---

① Network Collaboration: Peer To Peer As A New Way of Living — Video Interview With Michel Bavwens. http://www.masternewsmedia.org/news/2006/09/29/network_collaboration_peer_to_peer.htm.

第十四章　并存的社会制度

现自己只能根据上级的指令以一定的方式相互发生关系。

现在的平等不同于过去。我们发明了一种技术，这种技术可以让我们以小群体的形式工作，即使人们不能聚集在一起，也可以完成一项巨大的工程，这是一个极大的变化，虽然不能说技术导致这一现象的发生，但技术肯定是其中的重要因素，我们寻找并发明了那些能够让我们远离等级的技术。

现在维基百科（Wikipedia）和丽纳科斯（Linux）[①]都有许多人在上面工作，但是如果我们仔细观察，就会发现他们的工作都是基于小群体。当我们做丽纳科斯或维基百科的时候，我们都是这项计划的志愿者，我们的产品免费提供给大家共享，任何人都可以使用。伯温斯认为这种情形与马克思所说的"各尽所能，按需分配"有点类似。从这一意义上说它与共产主义存在着某种联系。在网络社会，这种"各尽所能，按需分配"的理想已经不再是空想，因为这是基于人们不同的自利行为。

网络上的自利行为可以分两个阶段：

在初级阶段，我们只是为自己做，但是为自己做的事情实际上却对群体有利，而我们自己却浑然不知。如我们在搜索的时候，我们的搜索数据也在被人利用。

第二阶段，我们虽然是为自己做，但却知道自己的工作同时也被共享，像共享书签、共享照片、共享视频。这一步已经上了一个台阶。

人们在共同创造和共同享受过程自然而然地会融入人际关系的精神因素，从这里我们获得了满足。而在市场，人与人的关系是一种非私人的关系，它的本质是物不是人。这是两者之间的主要区别之一。

[①] Wikipedia 是一种免费的百科词典；Linux 是一种免费使用的 UNIX 操作系统，运行于一般的个人计算机上。

381

当对等的观念成为共同体中每个人精神世界的一个部分,并且人们实际也是以这种方式处理与他人的关系的时候,网络世界的理想社会就展现在我们的面前,人们平等对待消费者、生产者、合作者,不同的人和谐相处,共享共同创造的成果。

从历史上看,"公用"这个现象已经存在很长时间了,任何一个传统的社会、传统的乡村都有一些公有的领域,在那里人人都可以使用树木、采集草药和其他东西。到了 16 世纪,资本主义兴起圈地运动以后这些公共领域才被私有化。

不过,伯温斯认为工人们的工会组织创造了这样一种相互之间的联系:他们生活在一起,共担风险,人人投入,人人获得基本的生活保证。现代福利国家的体制实际上也是基于工人这种公共行为的普及。在各个时期和各个领域,人们总是以各种各样的方式做类似于这样的事情。现在不同的是我们有了更为有利的条件,我们拥有丰富的物质资源和网络资源,利用这些现有的资源我们可以创造出更为丰富的产品供人们共享。

对等网上也存在等级,但形式与传统的等级不同。根据伯温斯的看法,传统等级的定义是有一个小群体,他们超出体制之外,决定其他人该做些什么,因此在等级里面存在着一种压迫的成分,而这一点在对等网上是不必要的。在这里更多的是平等和自愿。所谓等级也只有经验的等级、知识的等级和能力的等级,虽然通常有某种类型的核心领导层设定主要的战略或者构造项目的框架,但是在团队内部他们只是真正的知识精英,根据工作的类型和特点的变化,等级具有非常大的流动性。

人们对物质产品的寻求越来越少,而对非物质产品的需求增加越来越快,我们从非物质产品中获得越来越多的利益而不是越来越多的利润,这是一个社会发展的趋势。因此对等产品和对等网将会得到不断的扩张与发展。

伯温斯指出网络是一种组织结构,它把我们组织在一起,与农业生产方式、工业生产方式形成对比，它属于第三种生产方式，在此基础上产生了第三种管理模式和第三种财产形式，它比传统的做事方式更为有效。对于个人来说，在不远的将来，如果我们发现自己可以自由地生产某些东西而并不需要依靠任何其他人，那时，我们的生活和工作都会发生根本的改变。我们的工作只是出于自己的兴趣和热情，这样每个人的工作几乎都在最佳状态。我们在一起是为了生产最好的产品，而不是为了钱，与朋友一起工作，与怀有相同理想的人一起工作是一件非常有趣的事情，这比为一家公司工作要好得多。

本来，伯温斯一直在企业工作，但最后他还是离职了。原因之一是他认为那种工作关系在今天已经严重机能不良，它没有效率，他发现越来越多的发明创造来自公司之外。

五 徘徊在市场与公益之间

当然大多数人开始生产公用产品并能够以此为生还需要数十年的努力，但是它正在兴起、成长。现在关键的问题是仅仅凭借对等网创造的财富形式在系统内部还无法维持自身的独立生存。鉴于这种情形，一些对等网理论家提出用"普惠公民工资"制度来替代现有的失业保障制度，这样对等网活动就会更为普及。不过在这种现在看起来还有些空想的措施出台之前，它的发展速度在一定程度上取决于那些志愿者的人数，他们愿意为大家做一些免费使用的东西。事实上我们常常扮演两种角色：一种是职业者，作为职业者我们工作的主要目的是金钱；另一种角色是业余爱好者，这种角色的付出并不需要金钱的回报，我们只是在过程中享受快乐。

目前的状态是对等网的生产和市场互相依赖。市场越来越依赖对等网社会的创造发明，而一个对等网的生产者也必须经常回到市场去赚钱，从市场上获得金钱的支持。

但是把金钱渗透到对等网生产的产品,会不会破坏对等网的整个动力系统呢?这要具体分析,在网络世界存在着弱共享和强共享的区别,弱共享会受到金钱的较大冲击,而强共享则不容易受到金钱的冲击。在一些网络平台,网民只能做公用的东西,这些共享产品受到法律的保护,任何人不得随意买卖。人们在这里为大家生产的公用产品越多,学到的东西也越多,这样就增加了自己的知识资本。不仅如此,人们还可以因此带来关系资本,获得个人声誉,增加信用资本。所有这些都有利于一个人走向市场。因此它不是直接而是间接地让免费提供公用产品的人得到好处。当然一个人不可能总是在为对等网项目免费工作,这样我们就可以发现,他们会走向市场,获得一些金钱。当项目完成以后,他们并不马上要新工作,他们之所以要这个项目是因为他们对它有热情。

热情可以投入市场也可以投入公益,现实社会中许多人是在两者之间徘徊。谈到这一点,伯温斯以封建社会中期为例,在那个时候许多人可以成为僧侣,从事带有公益性质的工作。伯温斯生活在泰国,在这个国度,即使是现在,对普通百姓来说当几年僧侣也是非常平常的事情。这是一个与对等网网民类似的经历。你出世,然后再入世。你可以脱离市场,做一些对等网的生产,当你需要金钱的时候,你可以再踏入市场。

六 穷人的福音

对发展中国家和穷人来说,对等网会有什么影响?伯温斯认为一个有利条件是他们可以使用基础结构,因为它是被共同体生产出来并且可以免费得到,因此那些人可以非常便宜地进入网络世界。如果他们自己从事这些工作,从事免费软件生产,就会在这里学到许多。这恰恰是在为他们自己的国家创造智力资本(人才资本)。如果一个国家的国民只知道从货架上购买商品,他们就不会有创造，这样利润就会流入其他国家。

伯温斯把对等网上新型社会的建立作为自己的一项事业和理想。事实上他的基金组织就像一面旗帜，吸引人们共同参与，这样个人的事业就成为集体的事业。现在与他志同道合的约有30—40个人，他们在一起为自己的理想工作。伯温斯雄心勃勃，希望把对等网共同体和它的精神从虚拟世界推向现实世界。大家平等相处，共同思考，互相学习，这在某种程度上可以改变世界。因此他要求所有投身于这场运动和那些正在为此努力的人们，共同参与和见证这一重大的政治和社会变革。他发出呼吁："让我们拥有一个人人平等的世界！"他坚信这样的世界是存在的。

总之，西方注意力经济学派的思想观点可以说是五彩纷呈，我们付出注意力，期待从中觅得价值和真理。

问题：

1. 精神资本主义最为本质的东西是什么？精神资本主义的发展对人类来说意味着什么？

2. 注意力经济时代，新旧阶级围绕着哪些根本利益进行较量？

3. 网络是一种组织结构，它把我们组织在一起，与农业生产方式、工业生产方式形成对比，它属于第三种生产方式，在此基础上产生的第三种管理模式和第三种财产形式有什么特点？

4. 什么是"公地喜剧"？网络共产主义存在吗？它只是对现实社会的一种补充，还是具有更为深刻的意义？

后　记

　　商业传播与注意力经济是浙江工业大学传播学学科的一个具有特色的研究方向，并招收硕士研究生。

　　本书是在我讲授的研究生学位课程《西方注意力经济学派与传播学前沿》使用的讲义基础上修改完成的。它融合了三部分的内容：西方学者对注意力经济的研究，我对这些观点的研究和我自己对注意力经济独立的见解。与本人2002年出版的专著《注意力经济学》不同，这本书更加全面地展示了西方注意力经济学派的面貌，包括主要的学者、他们的思想和一些重要的活动。

　　在国外注意力经济的研究成果最近几年大量出现，并有明显的加速趋势。由于本人的精力和能力有限，本书还不足以把所有的精华都囊括其中，只有留待以后与大家共同努力。

　　应该提醒广大读者的是，本书中一些西方学者的学术观点（比如第十章"意向的神秘力量"）带有浓厚的唯心主义色彩，与马克思主义哲学的基本原则是相悖的。作者介绍这些观点的目的，是希望广大读者和相关研究人员，能够以批判的眼光，吸取精华，剔除糟粕，以提高自己的理论水平。

　　这项课题的立项和研究得到了浙江大学邵培仁教授的大力支持。课堂讨论中，我的研究生给予了我不少启示，他们是姚利权、李威、陈雯雯、段慧慧、吴晓平、陶雨沁、叶菁、兰刚、张

后　记

振翔、吕淑敏、孙迎怡、陈沈玲。在国内不乏对注意力经济有着独到见解的学者，从他们那里我汲取了不少知识，在此向他们一并表示感谢！

张雷
于杭州现代雅苑
2008 年 8 月 29 日